मानस के अनसुलझे सवाल

AF756674

डॉ. पी. आर. कोसरिया

KAVYA
PUBLICATIONS

Publisher:

SDR INNOWAYS INDIA PVT. LTD.
667, Rajaward, Kulpahar, Mahoba - 210426

Imprint:
KAVYA PUBLICATIONS
Abhinav R.H.4, Awadhpuri, Bhopal - 462002

Centre:
Kavya Publications
107c, hanuman khand. street no 8, Gulab Vatika
Near Jawahar Nagar, Delhi NCR

Mob. : 7905266820, 9918801353
Website : www.kavyapublications.com
E-Mail : editor@kavyapublications.com

ISBN : 978-93-6431-352-0

Year : 2025

This book is printed at MTL and published by author Ajay Agrawal, CEO of SDR Innoways India Pvt. Ltd. Kulpahar Mahoba with its imprint and centre, Kavya Publications Delhi.

समर्पण

यह किताब– ''मानस के अनसुलझे सवाल'' मैं अपने पिताश्री स्वर्गीय परदेशी एवं माताश्री स्वर्गीय श्रीमती गनेशिया देवी को समर्पित करता हूँ, जिन्होंने मुझे इस लायक गढ़ा कि मैं न केवल शिक्षा के उच्च पद तक पहुँच सका बल्कि साहित्य के क्षेत्र में भी अपनी उपस्थिति दर्ज करा पा रहा हूँ।

– डॉ.पी.आर.कोसरिया

अनुक्रम

प्रथम खण्ड

द्वितीय खण्ड

नम्र निवेदन

मुझे मालूम है मैं कविता नहीं लिख रहा हूँ। लेख लिखने जा रहा हूँ, ओ भी तुलसी और उनके रामचरितमानस को लेकर। गद्य के संबंध में आचार्य रामचन्द्र शुक्ल जी ने कवियों के लिये कसौटी कहा है, उसे यों ही नहीं लिखा जा सकता। लेकिन यहाँपर प्रश्न यह भी उपस्थिति हो रहा है कि क्या लिखूँ ? तुलसी और रामचरित मानस पर आलोचनात्मक ग्रंथ लिखूँ ? पर उस पर तो बड़े–बड़े मानस मर्मज्ञों ने बहुत कुछ लिख लिया है। मैं अदना–सा जानकार उनकी बराबरी नहीं कर सकता और जहाँतक राम कथा का संबंध है वो मैं लिख नहीं सकता। इस संबंध में तुलसीदास ने भी कह ही दिया है कि –

कहँ रघुपति के चरित अपारा। कहँ मति मोरि निरत संसारा।

लगभग ऐसी की धारणा मैथिली शरण गुप्त के भी हैं। देखिए साकेत नामक महाकाव्य में लिखे उनकी ही पंक्तियाँ–

राम तुम्हारा वृत्त स्वयं काव्य है।

इसे लिख कोई कवि बन जाय सहज संभाव्य है।

तो क्या करें ? अच्छा हो कि हम रामचतिमानस रूपी सरोवर में गोता लगा लेते हैं, शायद कुछ मिल ही जाय ? उसे लिख देंगे। कबीरदास ने कहा भी है –

जिन खोजा तिन पाइयाँ। गहरे पानी पैठ।

मैं बचपन से अपने गाँव – 'गिधवा' के तालाब में गोता लगाया करता था। माने मानस मंडली में मानस की टीका कर लिया करता था। दूसरे शब्दों में कहूँ तो गोता लगाते रहने का कुछ तो अनुभव रहा है मेरे पास। इसलिये आज लग रहा है कि मानसरुपी सरोवर की गहराइयों में भी गोता लगा ही लेते हैं। यहाँपर यह बता देना भी उचित ही होगा कि मैं बहुत अच्छा गोताखोर भी नहीं रहा हूँ। छोटे–मोटे तालाबों में गोता लगाना अलग बात है पर जब बात रामचरितमानस

जैसे महासरोवर की हो तब तो डर लगना स्वभाविक ही है। तुलसीदास ने मानसरुपी सरोवर के संबंध में लिखा भी है कि –

अति खल जे बिषई बग कागा।

एहि सर निकट न जाहिं अभागा।

जानते हुए फिर भी हिम्मत कर रहा हूँ कि यहाँ गोता लगाने से कुछ न कुछ तो मिलेगा ही। देखते हैं क्या कुछ हमारे हाथ लगता है। जो कुछ हाथ लगेगा उसे क्या कहेंगे क्रिटिसिज्म माने आलोचना, समीक्षा या खोज ? इस सवाल का जवाब हम पाठकों पर ही छोड़ देते है। शायद यही हमारे लिये उचित होगा ?

जब मैं छोटा था तभी से रामायण माने रामचरितमानस का सस्वर पाठ और टीका अपने गाँव के रमायण मण्डली में किया करता था। पहले बाल मंडली में और बाद में बड़े मंडली में शामिल होकर। गाँवों में प्रायः टीका करने वाले अन्यान्य लोग भी मानस के टीका करते समय मानस के विभिन्न संदेहों–सवालों का अपने–अपने ढंग से समाधान देते रहते हैं। ऐसा करके वे खुद को ज्ञानी समझते है और दूसरे लोग भी उसे एक प्रकार के ज्ञानी ही समझते हैं। इसलिये हमें लगा कि क्यों न एक बार फिर से हम ज्ञानी हो जाँय ? इसी मोह ने हमें यह किताब– **"मानस के अनसुलझे सवाल"** लिखने को प्रेरित किया। अब हम दूसरों की निगाह में कितने ज्ञानी हुये यह तो हमें नहीं मालूम ? इसे तो पाठक ही किताब को पढ़कर बता सकते हैं पर अपनी निगाह में मानस के अनसुलझे सवालों का समाधान ढूँढकर हम ज्ञानी तो हो ही गये, जैसे गाँव में हो जाया करते थे। यह हमारा मानना है। जैसे रामायण मण्डली में हम मान लिया करते थे। ऐसा समझने से हमें कोई रोक भी नहीं सकता। क्योंकि तुलसीदास ने भी तो यही कहा है–

निज कबित्त केहि लागि न नीका।

सरस होई अथवा अति फीका।

खैर जो भी हो पर इसे लिखने की दूसरी प्रेरणा हमें हमारे एक मित्र – योगेश समदर्शी से मिली थी। 'मानस के अनसुलझे सवाल' नाम पर जोर उसी ने दिया था। कारण भी बताया था। कारण हमें अच्छा लगा।

इसलिये काफी सोच–विचार करने के बाद हमने तय किया कि इस पुस्तक का नाम– 'मानस के अनसुलझे सवाल' ही रख लेते हैं। हमें लग रहा है कि इस किताब को पाठकों की सुविधा के लिये हमें दो भागों में बाँट देना ही बेहतर होगा ? इसीलिये पुस्तक के पहले भाग में हमने रामचरितमानस के उन सवालों को रखने का फैसला किया जो हमारे विचार से अबतक अनसुलझे ही रहे थे। जैसे – राम कथा लिखने की चुनौती, राम कौन हैं ? सूर्पनखा के नाक का काटा जाना क्या आवश्यक था ? बाली–वध क्यों ? नाम सुमिरन का रहस्य या रावण ने विभीषण को लात क्यों मारा ? इत्यादि–इत्यादि कुल मुख्य तेरह शीर्षकीय सवाल और एक सामयिकी।

पाठक चाहे तो इसे क्रिटिसिज्म कह सकते है परन्तु हम इसे मानस के अनसुलझे सवालों की पड़ताल करना ही कहना चाहेंगे।

पुस्तक के इसी भाग में हमने मानस के उस पंक्ति का अर्थ माने व्याख्या को भी रखा है जो पिछले दिनों राजनीतिक हलचल या कहें प्रोपेगेण्डा के केन्द्र में बना हुआ था। वह पंक्ति है –

ढोल गँवार सुद्र पसु नारी। सकल ताड़ना के अधिकारी।

पंक्ति को लेकर हम तुलसी की निंदा या उनका बचाव करने का प्रयास नहीं करेंगे बल्कि समुद्र के कथन की व्याख्या करना चाहेंगे। इसके लिये हमें –

गगन समीर अनल जल धरनी।

इन्ह कर नाथ सहज जड़ करनी।

प्रभु भल कीन्ह मोहि सीख दीन्हीं।

मरजादा पुनी तुम्हरी कीन्हीं।

ढोल गँवार सुद्र पसु नारी।

सकल ताड़ना के अधिकारी।

को भी समझना होगा। देखिये पंक्ति का अर्थ –

अर्थ– प्रभु आपको रास्ता न देने में मेरा कोई दोष नहीं है। क्योंकि हम जड़ हैं और हम वहीं कर सकते हैं जैसा करने के लिये आपने हमें निर्देशित किया हुआ है माने बनाया है अर्थात आपने हमें माने (गगन, समीर, अनल, जल और धरनी) को ऐसी शक्ति ही नहीं दिया है कि हम दूसरे का कार्य कर सकें। इसीलिये मैं चाहकर भी धरती माने ठोस वस्तु की तरह दो भाग में बँटकर आपको रास्ता नहीं दे सकता था। तो बताइये इसमें मेरा दोष क्या है?

समुद्र का यह कथन सारगर्भित ही नहीं पूरी सच्चाई से भरा है। इसलिये कथन राम को सोचने के लिये बाध्य कर देता है। हमें लगता है कि यह आलेख जहाँ पाठकों को सोचने के लिये बाध्य कर देगा, वहीं शंका का मनोवैज्ञानिक समाधान भी प्रदान कर सकेगा। इस दृष्टिकोण से आलेख पठनीय और रोचक साबित होने की संभावना है।

पुस्तक के दूसरे भाग में हमने मानसरूपी सरोवर में गोता लगाने के बाद प्राप्त रत्नों को रखा है। ये रत्न हैं – महाकाव्य में समाया है – नाटयशास्त्र और उसके तत्व तथा अभिनेता राम : लेखक–निर्देशक तुलसी। इसी कम में हमने मानस के उन अकाट्य कथनों जो मानव समाज से सीधा–सीधा सरोकार रखता है को भी स्थान दिया है। उसको नाम दिया है– रामचरितमानस में सामाजिक सरोकार।

जैसा कि हमने पहले ही सूचित किया है कि तुलसी और उनके रामचरित मानस पर बहुत कुछ लिखा जा चुका है। इतना कि लगता है अब लिखने को कुछ बचा ही नहीं है। लेकिन ऐसा नहीं है। कम से कम इस किताब को पढ़ने के बाद तो पाठक और लेखकों को लगेगा कि अभी बहुत कुछ उस पर लिखने को बाकी है। क्योंकि यह किताब तुलसी और उनके रामचरित मानस के पाठक और समीक्षकों के लिये एक नया आयाम लेकर आया है ऐसी हमारी सोच है।

रामचरितमानस पर लिखी यह किताब आकार में भले ही बहुत बड़ा न हो पर इसके कथ्य बहुत ही तीखे हैं बिल्कुल धनमिर्चई की तरह। (धनिया के दाने से थोड़ी ही बड़ी मगर तीखा, बहुत ही अधिक – तीखी मिर्ची। यह मिर्ची छत्तीसगढ़ के सरगुजा क्षेत्र में पाई जाती है। उस क्षेत्र में लड़कियाँ जो बहुत ही तेज–तर्रार किस्म की होती हैं उसे

धनमिर्चई कहकर संबोधित करते हैं) इसलिये हो सकता है पुस्तक का तीखापन कुछ लोगों के लिये कष्ट का कारण बन जाये या कुछ इसकी तीक्षता से अत्यधिक बेचैन होकर तिलमिलाने लग जाये ?

लेकिन बुद्धिमानों, साहित्कारों, समीक्षकों और शोधार्थियों को इसमें नया विचार मिलेगा ऐसी हमारी धारणा है ? खैर जो भी हो तुलसी की ही पंक्ति –

जेहि की जेहि पर भावना भई जैसी।

प्रभु मूरत देखी तिन तैसी।।

के तर्ज पर किताब पाठकों के समक्ष है। वे इसे किस रूप में देखते और स्वीकार करते हैं ? इसका निर्णय पाठक किताब को पढ़कर स्वयं ही तय कर सकते हैं। अंत में इस किताब में वर्णित तथ्यों के संबंध में हम रीतिकालीन कवि के कथन –

आगे के कवि रीझिहैं तो कविताई।

नहिं राधिका कन्हाई को सुमिरन को बहानो है।

की भाँति यही कह सकते हैं कि –

आगे के लेखक रीझिहैं तो लेखिकाई,

नहिं रामसीता प्रसंग कहनो को बहानो है।

जहाँ तक ग्रंथ के अलेखों का संबंध है तो इन आलेखों में तुलसी और उसके मानस को अलग ही नजरिये से जोकि तुलसीदास जी की ही पंक्तियाँ है के आलोक में देखने का प्रयास किया गया है। मेरी समझ के अनुसार यह हिन्दी साहित्य के लिये नया आयाम सिद्ध हो सकता है ?

सामान्यतः अब तक रामचरितमानस के नायक राम को ईश्वरीय अवतार और मर्यादा पुरुषोत्तम के तौर पर ही देखा–समझा जाते आ रहा है, इसमें किसी को संदेह भी नहीं होना चाहिये। बावजूद इसके तुलसी के ही अन्यान्य पंक्तियों के आलोक में इसकी सत्यता को जाँचने और तथ्य को समझने का लघु प्रयास ग्रंथ के आलेख – राम कौन है? में हुआ है।

इसी क्रम में साहित्यिक और मनोवैज्ञानिक दृष्टि से विभीषण को रावण के द्वारा लात मारे जाने के तथ्य को खोजने के साथ–साथ सूर्पनखा जैसे विवादास्पद प्रसंग पर भी चर्चा की गई है और उसका तथ्यात्मक विश्लेषण करने का लघु प्रयास किया गया है।

हो सकता है हमारा यह प्रयास कुछ लोगों के लिए धनमिर्चई सिद्ध हो जाय ? पर हम कर कुछ भी नहीं सकते। क्योंकि यही समीक्षा का स्वभाविक प्रवाह है और इस स्वभाविक प्रवाह को रोक सकना हमारे बस में नहीं है। इसलिए जो कुछ भी वहाँ से हमें मिला उसे स्वीकार करना हमारी मजबूरी है।

ऐसे ही मानस की पंक्तियाँ जो संदेह और प्रश्नों से युक्त है जैसे– नाना भाँति राम अवतारा।

अथवा –

''हरि अनंत हरि कथा अनंता''

के साथ–साथ रामकथा को जिसे तुलसीदास जी ने त्रेतायुगीन कहा है–

एक बार त्रेतायुग माहीं। संभु गये कुंभज रिषि पाहीं।

उसी समय श्रीराम का जन्म होना बताया गया है –

'तेहि अवसर भंजन महिभारा। हरि रघुबंस लीन्ह अवतारा।

का परीक्षण ऐतिहासिक तथ्य माने प्रमाण के आधार पर करने का प्रयास भी हुआ है'। हमारा प्रयास कितना सार्थक है इसका मूल्यांकन पाठक किताब को पढ़कर ही कर सकते हैं।

कुछ ऐसा ही नजरिया महाकाव्य में समाया है– नाट्यशास्त्र और उसके तत्व' में भी देखने को मिलेगा।

भक्ति की दो पद्धति– सगुण और निर्गुण को तो सभी लोग जानते हैं पर बहुत कम लोगों को पता होगा कि तुलसीदास ने एक अलग पद्धति– नाम सुमिरन का भी निरूपण किया है, की चर्चा भी इसी ग्रंथ के आलेख– भक्ति की नई पद्धति तथा नाम सुमिरन में देखने को मिलेगा।

द्वितीय खण्ड में हमने ऐसे आलेखों को रखा है जिसके बारे में हमें लगता है कि किसी के द्वारा अब तक लिखना तो दूर सोचा भी नहीं गया हो सकता है ? जैसे– महाकाव्य में समाया है– नाट्यशास्त्र और उसके तत्व, अभिनेता राम लेखक–निर्देशक तुलसी।

दरअसल अब तक तुलसी और उनकी रचना – रामचरितमानस को काव्य के आधार पर देखा और समझा जाते रहा है। हमने इस आलेख में रामचरितमानस का परीक्षण नाटक और नाट्यतत्वों के अधार पर करने का प्रयास किया है। इसके लिये हमने मानस की कथा और उसकी पंक्तियों को ही उद्धरण के तौर पर प्रयुक्त किया है। इसमें अन्यान्य संदर्भो जैसे– अन्यान्य राम काव्यों, किंवदन्तियों, कल्पनाओं, और क्षेपकों को कोई तवज्जों नहीं दिया है। यह अलग बात है कि हमें प्रसंगानुसार बाल्मीकि रामायण से लेकर विभिन्न ग्रंथों से उदाहरण लेना पड़ गया है। इसलिये हमारा निवेदन है कि लेख में दिये तर्कों को अन्य राम काव्यों, किंवदन्तियों, कल्पनाओं और क्षेपकों या किसी श्रापों के संदर्भ में तुलना करके न देखें।

नाट्यतत्वों के आधार पर परीक्षण करने पर जब हमने पाया कि रामचरितमानस नाट्यतत्वों में भी उतना ही खरा उतरा है जितना कि महाकाव्य के आधार पर उतरा है, तब हमने अभिनेय क्षमता और तुलसी को नाट्यलेखक मानते हुये मानस के प्रमुख पात्रों – नायक, नायिका और तथाकथित खलनायक के अभिनेय क्षमता का परीक्षण करने का निर्णय भी लिया। देखा जाय तो नाटक के मुख्य गुण अभिनेय क्षमता ही है। क्योंकि बिना अभिनय के नाटक की कल्पना ही नहीं किया जा सकता। हमारा यह निर्णय कितना सार्थक रहा है, इसका निर्धारण भी पाठक इसे पढ़कर कर सकते हैं।

रामचरितमानस के प्रमुख पात्रों में अभिनय क्षमता का परीक्षण करने पर हमने पाया कि मानस के पात्र न केवल अभिनय क्षमता में निपुण हैं बल्कि वहाँ तुलसीदास ने बड़ी चतुराई से अपने कुशल निर्देशन–क्षमता का भी परिचय दे दिया है।

तुलसी की इस चतुराई को सामने लाने के लिये ही हमने एक अध्याय इसे दिया है। इस अध्याय के लिये हमने शीर्षक दिया है – अभिनेता राम : लेखक–निर्देशक तुलसी।

वैसे भी जब हम बात नाटक और नाट्यशास्त्र की करते हैं तब नाट्यनिर्देशन या निर्देशक अपने आप ही सामने उपस्थित हो जाता है। इसलिये रामचरितमानस नामक काव्यनाटक के निर्देशक की चर्चा करना हमारे लिये आवश्यक हो गया था।

हमें लगता है कि हमारा यह प्रयास हिन्दी साहित्य के लिये अनुठा होना चाहिये। क्योंकि हमारा यह प्रयास समीक्षकों, शोधनिर्देशकों और शोधार्थियों को नया आयाम देगा ऐसा हमारा विश्वास है। हमारा ऐसा सोचना कितना सही है इसके निर्धारण की जिम्मेदारी भी हम पाठकों को ही देना चाहेगे।

संकेत के तौर पर देखना चाहें तो अभिनेता राम का मानस में कथन – मैं कछु करब ललित नर लीला और सीता के लिये – तुम पावक महँ करहु निवासा, रावण का कथन – तो मैं जाई बयरू हठ करिहौं और सीता के लिए तुलसी के कथन – मरम बचन सीता जब बोला इत्यादि को प्रमाण के तौर पर रखा गया है।

रावण ने विभीषण को लात क्यों मारा ? नामक आलेख में राजनीतिक दृष्टिकोण से तथ्यात्मक विश्लेषण और समाधान को तलाशने का प्रयास हुया है। हमें लगता है कि यह हिन्दी साहित्य के लिये नया आयाम हो सकता है। हमारे हिसाब से यह भी रोचकता के साथ–साथ समीक्षकों, शोधनिर्देशकों और शोधार्थियों को नया पैमाना प्रस्तुत करने में अपनी भूमिका निभा सकता है।

इसी तरह के और भी गुणों से युक्त अन्य आलेख हैं जो निश्चित रूप से समीक्षकों, शोध–निर्देशकों और शोधार्थियों का ध्यान अपनी ओर आकृष्ट करेगा। ग्रंथ के आलेखों जिसे शोध–आलेख कहना ज्यादा उपयुक्त होगा, को पढने के बाद मुँह से निकल ही जायेगा कि सच में मानस के कुछ सवाल हैं जो अनसुलझे ही रह गये थे।

हम यह दावा तो नहीं करते कि हमने इस किताब में मानस के उन सभी अनसुलझे सवालों को ढूँढ़कर उनका समाधान कर लिया है पर इतना तो कह ही सकते हैं कि हमने पूरी ईमानदारी से कोशिश की है। अब यह पाठक ही तय करेंगे कि हमारी कोशिश कितना सफल रहा है ?

अस्तु किताब विज्ञ पाठकों को सादर समर्पित है।

– डॉ. पी.आर.कोसरिया

मिसियाबाड़ा, डोंगरगढ़

जिला – राजनांदगाँव (छ.ग.)

वार्ता सूत्र – 9479121991

प्रथम खण्ड

निवेदन

कबीरदास जी ने कहा है –

जिन खोजा तिन पाइयाँ, गहरे पानी पैठ।

मैं बौरा डूबन डरा, रहा किनारे बैठ।

सो हमने भी सोचा कि मानस के सरोवर के अंदर घुस ही जाते हैं। देखते हैं क्या कुछ हासिल होता है। हमें जो कुछ हासिल हुआ वह "?" (प्रश्न) ही था। अंत में तुलसीदास का ही कथन जो कलियुग के बारे में है–

सत्य कहे तो मारन धाई। झूठे जग पतियाई।

ने हमें सिखा दिया कि हम कलियुग में ही रह रहे हैं। इसलिए कलि प्रभाव को समझते हुए हमने इस किताब में अपने आप को अपनी ओर से कुछ भी कहने से रोके रखा और जो कुछ कहा वह तुलसीदास जी के कहे का ही उद्घाटन मात्र रहा है। इसलिए इसमें हमारा कोई दोष न मानते हुए तुलसीदास को ही कटघरे में खड़ा कर उनसे ही सवाल करना सही होगा कि उसने ऐसा क्यों लिखा ?

विनीत

– डॉ. पी. आर. कोसरिया

सवाल - एक

राम कथा लिखने की चुनौती

वैसे रचना करना आसान नहीं होता। तब जरा सोचिये रामचरितमानस जैसे महाकाव्य की रचना करना कितनी चुनौती भरा काम रहा होगा ? आपको इसका अंदाजा है या नहीं मुझे नहीं मालूम पर लेखक के तौर पर हमें अंदाजा है कि तुलसीदास के लिये उपलब्ध रामकथा में से किसको कितना और किस रूप में स्वीकार करना है, आसान तो नहीं रहा होगा ? तुलसीदास बाल्मीकीय रामायण का रूपान्तरण भी नहीं कर सकते थे। हाँ इतना अवश्य किया होगा कि वे बाल्मीकीय रामायण से लेकर संस्कृत और अपने काल तक के उपलब्ध सभी रामकाव्यों का पहले संकलन कर उनका गहन अध्ययन किया होगा और तत्पश्चात उस पर चिंतन–मनन भी किया हो सकता है। क्योंकि कोई भी रचनाकार किसी भी कथानक को ग्रहण कर माने जब उसे माध्यम बनाकर नई रचना करता है तब वह कथानक को ज्यों के त्यों प्रस्तुत नहीं करता। ऐसा करने को रूपान्तरण कहा जाता है, रचना नहीं। जबकि तुलसीदास ने रामचरितमानस की रचना की है। वैसे तुलसीदास के बारे में हमारे कहने के कई कारण खोजे जा सकते हैं। जिनमें प्रमुख हैं–

1. बिखरी राम कथा को तत्कालीन परिवेश के लिये कैसे सूत्रबद्ध किया जाय कि उसे सर्वमान्यता और सर्वग्राह्यता प्राप्त हो सके ?

2. निर्गुणोंपासक कबीर का उस समय के समाज पर गहरा प्रभाव था। ऐसे में रामकथा लिखना और उसे समाज में स्थापित करा सकना एक बड़ी चुनौती रहा होगा। उस चुनौती से कैसे निपटा जाय ? इस पर भी तुलसी को काफी चिंतन–मनन करना पड़ा हो सकता है ? तुलसीदास इस चुनौती से वाकिफ अवश्य रहे

होंगे ? बहुत संभव है इसीलिये दोनों को साधने के लिये उन्हें बीच का रास्ता अपनाते हुये लिखना पड़ा होगा कि –

अगुनहिं सगुनहिं नहिं कछु भेदा।

3. उस कालखण्ड में भारत में कृष्ण काव्य रामकाव्य के अतिरिक्त ज्यादा लोकप्रिय था। इसका अंदाजा उस काल के साहित्य, मूर्ति और मंदिरों की भव्यता तथा संख्या को देखकर आसानी से लगाया जा सकता है।

4. आदिकवि बाल्मीकि के राम लगभग प्रभाशाली राजपुत्र से ज्यादा कुछ नहीं थे इस बात को श्रीमद्वाल्मीकीय रामायण की भूमिका (नम्र निवेदन) में कहा गया है कि– ''कुछ लोग रामायण में नरचरित्र मानते है''।

यह बात इसी पुस्तक के इसी अध्याय में आगे परशुराम के उद्धरण जो मानस के साथ तुलनातमक प्रस्तुतीकरण है में भी देखा जा सकता है। बाल्मीकीय रामायण के परशुराम राम को ईश्वर या भगवान संबोधित न कहते हुए नरश्रेष्ठ कहता है। पंक्ति देखिये –

अनुसृष्टं सुरैरेकं त्र्यम्बकाय युयुत्स्वे।

त्रिपूरघ्नं नरश्रेष्ठ भग्नं काकुत्स्थ यत्त्वाय।।

बाल्मीकीय रामायण पृष्ठ 171 श्लोक – 12

अर्थ – नरश्रेष्ठ ! इनमें से एक को देवताओं ने त्रिपुरासुर से युद्ध करने के लिये भगवान शंकर को दिया था। ककुरत्स्थनन्दन ! जिसमें त्रिपुर का नाश हुआ था, वह वही धनुष था, जिसे तुमने तोड़ डाला है।

लेकिन नम्र निवेदन में ही आगे यह भी स्वीकार किया गया है कि – ''किन्तु ध्यान से पढ़ने पर श्रीराम की ईश्वरता सर्वत्र दिखती है''। याने ध्यान से न पढ़ें तो कथानक नर चरित्र ही लगता है। उसे सहज में अवतारी रूप लगे ऐसा करना तुलसीदास के लिए आसान नहीं रहा होगा। (देखिये बाल्मीकीय रामायण नम्र निवेदन श्रीराम की पर–ब्रह्मता पृ. 6) जबकि रामचरितमानस के परशुराम राम की शक्ति से

परिचय होते ही राम की स्तुतिगान माने ईश्वरावतारी समझकर उसकी वंदना करने लग जाते हैं पंक्ति देखिए –

जय रघुबंस बनज बन भानू । गहन दनुज कुल दहन कृसानू ।

जय सुर बिप्र धेनु हितकारी । जय मद मोह कोह भ्रम हारी ।

कहि जय जय जय रघुकुलकेतू । भृगुपति गए बनहिं तप हेतू।

5. तुलसी को सगुण भक्ति शाखा में ही सूरदास जैसे कवि से भी मुकाबला था।

6. उस कालखण्ड में भारत में जितना प्रभाव कृष्ण भक्ति का था उससे कहीं अधिक शिव भक्ति और उसकी उपासना पद्धति का था। ऐसे में रामभक्ति को कैसे स्थापित किया जाये ? यह एक चुनौतीपूर्ण काम रहा होगा ? शायद इसीलिये तुलसीदास को राम से कहलवाना पड़ा होगा कि –

शिव द्रोही मम दास कहावा । सो नर सपनेहु मोहिं न पावा।

दरअसल तुलसी के काल में शैव्य और वैष्णव सम्प्रदाय में विरोधाभास इतना था कि दोनों सम्प्रदाय के लोग एक–दूसरे को फूटी आँख देखना नहीं चाहते थे। तुलसीदास जानते थे कि राम जिसे उसने विष्णु का अवतारी कहा है को शैव्य सम्प्रदाय से विरोध के होते कृष्ण काव्य के समकक्ष स्थापित नहीं किया जा सकता। इसलिये उनके लिये दोनों में समन्वय स्थापित कराना आवश्यक हो गया रहा होगा।

यही नहीं संभवतः रामचरितमानस में वर्णित रामकथा को ईश्वरीय महत्व प्रदान कराने के लिए ही तुलसीदास ने अपनी रचना में शिव को राम कथा के न केवल प्रथम जानकार बता दिया बल्कि यह भी बता दिया कि शिव ही राम कथा के प्रथम शिल्पकार भी हैं अर्थात् शिवजी ने राम कथा की रचना तो कर लिया पर उसे संसार के सामने प्रकट नहीं किया था। जब सती अपने दूसरे जन्म में पार्वती हुई तब पार्वती के आग्रह पर पार्वती के साथ–साथ मनुष्य की भलाई के लिए शिव ने राम कथा को सुनाया था। रामचरितमानस की तत्संबंधी पंक्ति देख लीजिए–

कीन्हि प्रश्न जेहि भाँति भवानी। जेहि बिधि संकर कहा बखानी।

सो सब हेतु कहब मैं गाई। कथा प्रबंध विचित्र बनाई।

इसके पहले का वर्णन देखिये –

मैं पुनि निज गुरू सन सुनी कथा सो सूकरखेत।

भाषाबद्ध करबि मै सोई। मोरे मन प्रबोध जेहि होई।

अब आप तुलसी के ही कथन "मोरे मन प्रबोध जेहि होई।" अर्थात् मेरे मन को उस समस के उपलब्ध राम कथाओं तथा –

मैं पुनि निज गुरू सन सुनी कथा सो सूकरखेत।

में जो "प्रबोध" माने उचित लगा उसे ही मैंने भाषाबद्ध करने का निर्णय लिया है।

तुलसीदास जी जिस राम कथा को भाषाबद्ध करने जा रहे हैं उसका नाम क्या हो ? इसका खुलासा करते हुए उन्होंने जो कुछ कहा है उसमें भी शिव को ही आगे कर दिया गया है। देखें तुलसी के कथन–

रचि महेश निज मानस राखा । पाइ सुसमय सिवा सन भाषा।

तातें रामचरित मानस बर । धरेउ नाम हियँ हेरि हरषि हर।

अब सवाल उत्पन्न हो सकता है कि तुलसीदास को राम कथा लिखते समय किसकी लिखी, कही या सुनी राम कथा अधिक प्रभावित किया होगा ?

हमारे हिसाब से तुलसीदास के लिये शिव द्वारा पार्वती को सुनाये राम कथा से प्रसंग लेना उतना महत्वपूर्ण नहीं रहा होगा जितना कि अपने गुरु से सुनी कथा जिसे उसने सूकर खेत में सुना था। क्योंकि शिव–पार्वती प्रसंग न केवल काल्पनिक है बल्कि शैव्य सम्प्रदाय को खुश करने तथा रामकथा को ईश्वरीय रूप प्रदान कराने के लिये गढ़ा हुआ प्रसंग प्रतीत होता है। इसीलिये उन्हें कहना पड़ा होगा कि–

.......................................जेहि बिधि संकर कहा बखानी।

सो सब हेतु कहब मैं गाई। कथा प्रबंध बिचित्र बनाई।

मानस की रचना करते समय तुलसीदास ने न केवल अपने गुरु से सुनी कथा बल्कि बाल्मीकीय रामायण की कथा को भी प्रमुखता प्रदान करते हुये देश में अन्यत्र प्रचलित बिखरे कथा से सूत्र प्राप्त किया और तत्कालीन परिवेश को देखते हुये उसे सूत्रबद्ध करने का न केवल जोखिम उठाया बल्कि उस कथा को प्रभावी बनाने का स्तुत्य और दमदार प्रयास भी किया। इसके लिये प्राप्त रामकथा में आवश्यक संशोधन माने कथानक जोड़ भी दिया जैसे– परशुराम प्रसंग या सूर्पनखा के नाक–कान काटे जाने का प्रसंग इत्यादि। चूँकि सूर्पनखा के नाक–कान काटे जाने का प्रसंग की विस्तुत चर्चा इसी किताब में अन्यत्र हो चुकी है, इसलिये पुनरुक्ति दोष से बचने के लिये हम उसकी चर्चा यहाँपर नहीं कर रहे हैं। हाँ थोड़ी सी चर्चा परशुराम प्रसंग के लिये बाल्मीकीय रामायण और रामचरितमानस से उदाहरण देकर करना चाहेंगे। मसलन–पहले बाल्मीकीय रामायण से–

बाल्मीकीय रामायण में राम शिव धनुष को धनुष यज्ञ में राजाओं की उपस्थिति में नहीं बल्कि अन्यान्य लोगों की उपस्थिति में तोड़ता है और परशुराम जनकपुर तब आता है जब राजा जनक शिव धनुष राम के द्वारा तोड़े जाने के बाद सीता के विवाह के लिये राजा दशरथ को सम्मानपूर्वक जनकपुर बुला लिया होता है। माने दशरथ की उपस्थिति में ही परशुराम का आगमन बताया गया है। जबकि मानस के अनुसार परशुराम धनुष यज्ञ में ही आ जाता है। वहाँ दशरथ नहीं रहता है तथा वह लक्ष्मण से वाद–विवाद करता है राम केवल मधुर वचन बोलता है, जबकि बाल्मीकीय रामायण में परशुराम थोड़ा प्रतिवाद ही सही केवल राम से करता है लक्ष्मण से नहीं। इसके पहले बाल्मीकि ने राजा दशरथ से परशुराम के क्रोध को कम करने के निमित्त उसकी प्रशांसा करते हुए याचना करवा दिया है कि –

क्षत्ररोषात् प्रशान्तस्त्वं ब्राम्हणश्च महातपाः।
बालानां मम पुत्राणामभयं दादुमहर्षि।
भार्गवाणां कुले जातः स्वाध्यायव्रतशालिनाम्।
सहस्त्राक्षे प्रतिज्ञाय शस्त्रं प्रक्षिप्तवानसि।।

बाल्मीकीरामायण पंचसप्ततितमः सर्गः (प्रथम खण्ड)
पृष्ठ संख्या–171, श्लोक–6–7

अर्थ– ब्राम्हण ! आप व्रत में शोभा पानेवाले भृगुवंशी ब्राम्हाणें के कुल में उत्पन्न हुए हैं और स्वयं भी महान तपस्वी और ब्रम्हज्ञानी हैं, क्षत्रियों पर आपका रोष प्रकट करके अब शान्त हो चुके हैं, इसलिए मेरे बालक पुत्रों को आप अभयदान देने की कृपा करें, क्योंकि इन्द्र के समीप प्रतिज्ञा करके शस्त्र का परित्याग कर दिया है।

नोट– पूरा वृत्तानत देखें बाल्मीकीय रामायण पृष्ठ 171–72

और राम से कहता है कि जिस धनुष को तुमने तोड़ा है वह –

अनुसृष्ठं सुरैरेकं त्र्यम्बकाय युयुत्वे।

त्रिपूरघ्नं नरश्रेष्ठ भग्नं काकुत्स्थ यत्त्वाय।।

बाल्मीकीय रामायण, भाग –1 पृष्ठ171 श्लोक–12

अर्थ – नरश्रेष्ठ ! इनमें से एक को देवताओं ने त्रिपुरासुर से युद्ध करने के लिये भगवान शंकर को दिया था। ककुरत्स्थनन्दन ! जिससे त्रिपुर का नाश हुआ था, वह वही धनुष था, जिसे तुमने तोड़ डाला है।

दोनों रचना में जो समानता है वह यह कि दोनों (बाल्मीकि और तुलसी) ने राम से एक और धनुष जो परशुराम अपने साथ लाया था को परीक्षा लेने के लिये श्रीराम से उसकी प्रत्यंचा चढ़ाने को कहता है। तब राम उस दिब्य (यहाँ दिव्य शब्द का अर्थ श्रीमान मोदी और उसके बाद मीडिया के दिव्य, जैसे दिव्यांग से ग्रहण न करें अपितु पूर्व प्रचलित दिव्य से अर्थ ग्रहण करें जैसे – दिव्यौषधि, या महाभारत के संजस की दिव्य दृष्टि इत्यादि) धनुष की प्रत्यंचा सहज में चढ़ा देता है। देखिये पहले बाल्मीकि रामायण से –

इत्युक्त्वा राघवः क्रुद्धो भार्गवस्यः वरायुधम्।

शरं च प्रतिजग्राह हस्ताल्लधुपराक्रमः।।

बाल्मीकीय रामायण (प्रथम खण्ड) पृष्ठ–173 श्लोक – 4

अर्थ – ऐसा कहकर शीघ्र पराक्रम करने वाले श्रीरामचन्द्र जी ने कुपित हो परशुराम जी के हाथों से वह उत्तम धनुष और बाण ले लिया।

आरोप्य स धनू रामः शरं सज्यं चकार ह।

जामदग्न्यं ततो रामं रामः क्रुद्धोऽब्रवीदिदम्।।

बाल्मीकीय रामायण (प्रथम खण्ड) पृष्ठ–173 श्लोक–5

अर्थ – उस धनुष को चढ़ाकर श्रीराम ने उसकी प्रत्यंचा पर बाण रखा, फिर कुपित होकर उन्होंने ....।

रामचरितमानस से –

इस संबंध में मानस की पंक्ति देखिये इसी प्रसंग पर –

राम रमापति कर धनु लेहू। खैंचहु मिटे मोर संदेहू।

रामचरितमानस पृष्ठ 255 दोहा क्रमांक–283

दोनों रचनाओं मे कथा एक है धनुष पर प्रत्यंचा चढ़वाना पर उद्देश्य अलग–अलग है। बाल्मीकि के परशुराम राम से उस नये धनुष जिसे वह अपने साथ लाया था पर प्रत्यंचा चढ़वाकर यह जानना चाह रहे थे कि सचमुच में राम पराक्रमी है या नहीं, जबकि तुलसीदास के परशुराम यह जानना चाह रहे हैं कि राम भगवान हैं या केवल पराक्रमी राजपुत्र मात्र। क्योंकि परशुराम के द्वारा लाये धनुष की प्रत्यंचा तुलसीदास के अनुसार भगवान ही चढ़ा सकते थे। इसी भ्रम माने संदेह का निराकरण वह चाह रहे थे।

वैसे देखा जाय तो तुलसीदास को रामकथा लिखने के अपने प्रयास में अपेक्षित सफलता भी मिली थी। इसमें जनभाषा 'अवधी भाषा' का भी विशेष योगदान रहा है। जनभाषा का साहित्य पर योगदान कितना हो सकता है, इसे भवानी प्रसाद मिश्र की कविता की पंक्ति–

जिस तरह हम बोलते हैं

उस तरह तू लिख

और उसके बाद भी

हमसे बड़ा तू दिख।

के आलोक में बेहतर ढंग से समझा जा सकता है।

इस प्रसंग को और अधिक मुखर होकर स्पष्ट कहा जाय तो रामचरितमानस तुलसी की कल्पना से भी अधिक शीघ्रता से जनमानस में समा गया था। इतना कि कर्मकाण्डियों के धार्मिक पाखण्ड–व्यापार दम तोड़ने लगे थे। तब आखिर में उन्हें स्वीकारोक्ति के लिये रामचरित मानस को ईश्वरीय प्रमाणिकता प्रदान करने संबंधी रामायण महात्मय का ढोंग रचना तक करने को विवश होना पड़ गया रहा होगा।

अब सवाल उत्पन्न हो सकता है कि क्या रामचरितमानस राम कथा के कारण ही बहुसंख्यक हिन्दू समाज के लिये अत्यधिक ग्राह्य हो सका है ? नहीं, मात्र ऐसा नहीं है। क्योंकि यदि ऐसा होता तो तुलसी के पहले भी अनेक लोगों ने राम कथा लिखी है (जिसका उल्लेख तुलसीदास ने ही मानस लेखन के पूर्व रामकथा लिखने वालों की वंदना करके सूचित भी कर दिया है। (वंदना संबंधी पंक्ति को इसी पुस्तक में ही अन्यत्र देखा जा सकता है) वे सभी मानस की तरह ग्राह्य हो जाते। यदि नहीं तब पुनः सवाल उत्पन्न होता है कि वे कौन से तत्व हैं जो मानस में तो हैं पर अन्यान्य राम कथाओं में नहीं हैं। दूसरे शब्दों में कहें तो वे कौन सी बातें हैं जो रामचरितमानस को अद्भुत और सर्वग्राह्यता प्रदान करती है ?

अब पुनः सवाल उत्पन्न हो सकता है कि मानस में रामकथा के अतिरिक्त ऐसा क्या है जो मानस को ग्राह्यता और जीवंतता प्रदान कर रहा है ? इसका उत्तर तलासने के लिये हमें पुनः रामचरितमानस में गोता लगाना पड़ेगा। क्योंकि हमने तय कर लिया है कि हम रामचरितमानस की पंक्तियों से ही उत्तर की तलाश करेंगे, अन्यान्य पौरणिक कथाओं या क्षेपकों में नहीं।

तत्संबंधी उत्तर की सूचना हमें सर्वप्रथम मानस के ''प्रथम सोपान'' के श्लोक में ही मिल जाता है। जब इसे –

नानापुराणनिगमागमागमसम्मतं

कहा गया। आगे जाकर ''नानापुराणनिगमागम'' की पुष्टि तभी से होने लगी थी जब तुलसीदास ने व्यास जी की भी वंदना वैसे ही कर डाली जैसे कि रामकथा लिखने वाले कवियों की थी। मानस की ही पंक्ति देखिये –

ब्यास आदि कवि पुंगव नाना। जिन सादर हरि सुजस बखाना।

अतः स्वभाविक है तुलसीदास रामकथा लिखने के पहले जब सोचना प्रारंभ किया होगा तब उसके मस्तिष्क में यह बात अवश्य ही आई होगी कि केवल रामकथा के भरोसे रामचरितमानस को निर्गुण शाखा और कृष्ण काव्य के समकक्ष खड़ा नहीं किया जा सकता। इसीलिये राम कथा को अपने अनुसार ढालने के अतिरिक्त तुलसीदास ने 'नानापुराणनिगमागम' के सार तत्वों का भी संकलन किया होगा ? शायद यही वजह रहा होगा कि व्यास द्वापरयुगीन कवि होने के बाद भी तुलसी के लिये रामचरितमानस में वंदनीय हो गये थे।

जब बात व्यास की आती है तब गीता को नजरअंदाज नहीं किया जा सकता। रामचरितमानस में गीता के अनुकरण की कुछ पंक्तियाँ दृष्टव्य है। पंक्तियाँ देखिये –

गीता से –

कर्मर्णेवाधिकारस्ते मा फलेषु कदाचिन

मानस की पंक्ति –

कर्म प्रधान विश्व करि राखा।

गीता से –

यदा यदा ही धर्मश्य गलनिर्भवति भारत।:

अभ्युत्थानमधर्मस्य तदात्मानं सृजान्यऽहम्।

परित्राणाय साधूनां विनाशाय च दुष्कृताम।

धर्मसंस्थापनार्थय संभामि युगे युगे।

मानस से –

जब जब होइ धरम की हानी। बाढ़हिं असुर अधम अनिमानी।

तब तब धरि प्रभु मनुज सरीरा। हरहिं कृपा निधि सज्जन पीरा।

यदि तुलसीदास जी ने जब व्यास और उनकी रचना के सार का संकलन कर मानस में समाहित करने का निर्णय लिया होगा तब स्वभाविक है मनुस्मृति और चाणक्य अछूते नहीं रहे होंगे ?

इस प्रसंग पर चर्चा करने का मतलब यह भी नहीं है कि हम उन संपूर्ण "नानापुराणनिगमागम" पर चर्चा करने वाले हैं जिनका स्पष्ट प्रभाव रामचरितमानस में दिखाई देता है। यह एक वृहद कार्य हो जायेगा और ऐसी चर्चा के लिये एक स्वतंत्र किताब लिखी जा सकती है। इसलिये हम यहाँ पर उस पर विहंगम दृष्टि डालते हुये केवल अपने कथन की पुष्टि भर करना चाहेंगे।

वैसे देखा जाय तो तुलसीदास ने अपने मानस में वेदों और ब्राम्हण शब्द का अन्य शब्दों की अपेक्षा सर्वाधिक बार प्रयोग किया है। इसलिये मानस में वेद के अतिरिक्त शतपथ ब्राम्हण के साथ–साथ मनुस्मृति का प्रभाव ज्यादा स्वीकार किया जा सकता है। वेद सम्मत होने के मानस से कुछेक उदाहरण यहाँ दृष्टव्य है।

1. करि लोक वेद विधानु कन्यादानु नृपभूषन कियो।
2. वेद पुरान संत मत एहू। कल सुकृत फल राम सनेहु।
3. सगुनहि अगुनहि नहि कछु भेदा। गावहिं मुनि पुरान बुध बेदा।
4. पन्नगारि असि नीति श्रुति, संमत मंजन कहहिं।

दूसरा सर्वाधिक प्रयुक्त शब्द ब्राम्हण है। उनके लिये रामचरितमानस में अत्यधिक सम्मान दिखाया गया है। यहाँ तक कि –

पूजिये विप्र जो वेद विहीना

कहा गया है। मनुस्मृति जिसे ब्राम्हणों का समर्थक रचना बताया जाता है वहाँ भी ब्राम्हणों को ही श्रेष्ठ बताया गया है। पंक्ति देखिये –

उत्पत्तिरेव रवप्रस्य मूर्तिर्धर्मस्य शाश्वती

स हि धर्मार्थमुत्पन्नो ब्रह्मभूयाय कल्पते।

मनुस्मृति प्रथम अध्याय पृष्ठ–32 (श्लोक 99)

अर्थ – केवल ब्राम्हण का जन्म ही धर्म की मूर्ति के रूप में होता है। इसका कारण यह है कि धर्म के लिये उत्पन्न ब्राम्हण ब्रह्म ज्ञानी होने से मोक्ष की प्राप्त योग्य होता है।

कहने का मतलब यह कि मनुस्मृति के अनुसार–ब्राम्हण ही मोक्ष की प्राप्त करने के लिए योग्य होता है, अन्य नहीं।

इसके अतिरिक्त यह भी कहा गया है कि –

ब्राह्मणेषु च विद्वांषे विद्वत्षु कृतबुद्वयः

कृतबुद्विषु कर्तारः कर्तृषु ब्राह्मवेदिनः।

मनुस्मृति प्रथम अध्याय पृष्ठ–32 (श्लोक 98)

अर्थ – ब्राह्मण में भी वे ब्राह्मण श्रेष्ठ हैं जो वेद ज्ञान से युक्त है। वेद ज्ञान से युक्त ब्राह्मणों में भी वे ब्राह्मण श्रेष्ठ हैं जो वेदोक्त कर्मो से युक्त बुद्धि रखते हैं। इस श्रेणी के ब्राह्मणों में वे ब्राह्मण श्रेष्ठ हैं जो वेदोक्त कर्मों को करने वाले हैं। क्योंकि ज्ञान और बुद्धि की उपयोगिता तभी है जब उनके अनुसार कर्म किया जाय। ऐसे वेदोक्त कर्मों को करने वाले ब्राह्मणों में वे ब्राह्मण श्रेष्ठ हैं, जिन्होंने ब्राह्म अर्थात् परमपिता परमात्मा का ज्ञान प्राप्त कर लिया है अर्थात् ब्रम्ह ज्ञानी ब्राह्मण समस्त प्राणियों में श्रेष्ठ है। इस श्लोक से यह भी पता चल रहा है कि केवल जाति में उत्पन्न होना ही श्रेष्ठता का प्रमाण नहीं है बल्कि उसके लिये आवश्यक कर्म करना भी अपेक्षित रहा है।

तात्पर्य यहाँ पर जाति में उत्पन्न होने को ही श्रेष्ठता का प्रमाण नहीं मानते हुए कर्म करने को भी अपेक्षित, माने आवश्यक बता दिया है। मानस से तत्संबंधी मानस की पंक्ति जिसे तुलसीदास ने कागभुशुण्डि के मुख से गरुड़ के साथ संवाद में श्रीराम से कागभुशुण्डि के समक्ष कहलवाया है। देखिये राम कागभुशुण्डि से क्या कह रहे है ? जो भी कह रहे हैं उसे कागभुशुण्डि जी गरुड़ को सुना रहे हैं। राम के कथन की पंक्ति देखिये –

मम माया संभव संसारा।

जीव चराचर विविध प्रकारा।

सब मम प्रिय सब मम उपजाये।

सबतें अधिक मनुज मोहि भाए।

तिन्ह महँ द्विज द्विज महँ श्रुति धारी।

तिन्ह महँ निगम धरम अनुसारी।

तिन्ह महँ प्रिय बिरक्त पुनि ज्ञानी।

ग्यानिहु ते अति प्रिय बिग्यानी।

उत्तरकाण्ड दोहा क्रमांक–85 (ख) के बाद की चौपाई संख्या–1, 2, 3

तुलसी के पूर्व बुद्ध भी सर्वाधिक प्रभावशाली व्यक्तियों में से एक रहा है। विशेष रूप से उनके मध्यमार्ग का प्रभाव समाज में आज भी देखा जा सकता है। अतः तुलसीदास ने उनसे भी कुछ न कुछ सार अवश्य ही ग्रहण किया होगा ? इस संदर्भ में हम तुलसी के मध्यमार्ग को स्वीकार सकते हैं। इसे ही समीक्षकों ने तुलसी का समन्वयवाद कहा है। चाहे वह शिव और श्रीराम के मध्य समन्वय का प्रसंग हो चाहे निर्गुण–सगुण के मध्य का समन्वय हो। यहाँ पर उदाहरण देने की आवश्यकता हम महसूस नहीं कर रहे हैं क्योंकि उसका उल्लेख उदाहरण सहित इसी किताब में अन्यत्र हो चुका है।

चाणक्य नीति –

चाणक्य अपने समय और आज भी अत्यधिक प्रभावशाली व्यक्ति के तौर पर जाना और पहचाना जाता है। उनकी नीतियाँ इतने सटीक और अकाट्य हैं कि चाणक्य नीति आज भी अत्यधिक प्रासंगिक रचना सिद्व हो रही है। इसलिये स्वभाविक है तुलसी उनसे अछूते नहीं रहे होंगे। विस्तार से बचने के लिये हम एकाध उदाहरण देकर ही अपने कथन की पुष्टि करना चाहेगे। यथा –

कोऽर्थान प्राप्य न गर्वितो विषयिणःकस्यापदोऽस्तं गतः

षोडश अध्याय – (पृष्ठ 187)

अर्थ – इस संसार में ऐसा कोई व्यक्ति नहीं, जिसे धन और ऐश्वर्य की प्राप्ति होने पर अभिमान न हुआ हो।

मानस की पंक्ति –

प्रभुता पाइ मद केहि नाहीं।

चाणक्य नीति से –

मित्रं चाऽऽपत्तिकालेषु भार्या च विभवक्षये।

प्रथम अध्याय – (पृष्ठ 14)

अर्थ – कष्ट आने पर मित्र की तथा धन नाश होने पर अपनी पत्नी की वास्तविकता का ज्ञान होता है।

मानस की पंक्ति –

धीरज धर्म मित्र अरु नारी। आपदकाल परखिये चारी।

उपरोक्त तथ्यों को जान और समझ लेने के बाद अब हमारे मन में मानस की ग्राह्मता और जीवंतता को लेकर कोई संदेह व भ्रम नहीं रह गया है। हमें लगता है कि पाठकों के मन में भी कोई संदेह बचा नहीं रह गया होगा। यही नहीं अब हम यह कह सकने की स्थिति में भी पहुँच चुके हैं कि तुलसीदास जी ने जितना संभव हो सकता था राम कथा को तत्कालीन परिवेश के अनुकूल बनाने का प्रयास किया था। इसीलिए रामचतिमानस में कलियुग का प्रभाव बताते हुये पूरे मानस में तुलसीदास ने अनेक समाजोपयोगी उपमाओं का सृजन कर इसकी उपादेयता सिद्ध करते रहे हैं। कुछेक उदाहरणों का यहाँ अवलोकन किया जा सकता है। यथा–

1 – नहिं दरिद्र सम दुख जग माहीं।

2. – पराधीन सपनेहु सुख नाहीं।

3. – दैव दैव आलसी पुकारा।

4. – समरथ को नहिं दोष गुसाईं।

5. – जेहि कर जेहि पर सत्य सनेहू। सो तेहि मिलहिं न कछु संदेहु।

6. – परहित सरिस धरम नहिं भाई। पर पीड़ासम नहिं अधमाई।

7. – पराधीन सपनेहु सुख नाहीं।

8 – भय बिनु होई न प्रीति।

9– जाके पैर न फटे बिवाई। सो क्या जाने पीर पराई।

तुलसी के पूर्व जो भी रामकथा प्रचलन में था वह अभिजात्य वर्गों के लिए ही सुलभ था। क्योंकि वे सभी के सभी संस्कृत भाषा में लिखे गये थे, उसे गोस्वामी तुलसीदास जी ने जन भाषा में लिखकर सर्वसुलभ बनाया। इस तरह के रामकथा लिखने के लिये उन्हें अनेक प्रकार के विरोधों का सामना भी करना पड़ा था, यहाँतक कि उसे जाति बाहर भी कर दिया गया था। जाति बाहर कर दिये जाने से वे दुखी भी हो गये थे। इसीलिये सर्वप्रथम मानस में ही उन्हें लिखना पड़ गया रहा होगा कि –

सब ते अधिक जाति अपमाना

और बाद में अपने मन को प्रबोध देने के लिये अपनी दूसरी रचना में उन्हें लिखना पड़ गया होगा कि –

धूत कहौं अवधूत कहों रसपुत कहौं कोऊ

और आगे बता दिया कि – जाति उनके लिये सिरदर्द है जिन्हें अपनी बेटी के ब्याह की चिंता हो जबकि मुझे यानी तुलसीदास को इसकी आवश्यकता ही नहीं है। मेरा यानी तुलसीदास का तो ....

माँग के खइबो मसीद के सोइबो।

तब जाति का डर क्यों करें ?

उन्हें जाति का न सही पर डर था कि कहीं साकार रूप में राम समाज के गरीब और पिछड़े वर्ग की पहुँच से दूर न हो जाय ? वही तो होते रहा था। शायद यही वजह रहा हो सकता है कि तुलसीदास जी ने दशरथ पुत्र राम से ज्यादा प्रभावी "नाम" को ही निरूपित कर दिया। मानस से ही पंक्ति देखें –

राम एक तापस तिय तारी। नाम अनेक खल कुमति सुधारी।

यही नहीं उन्होंने कलियुग के लिए रामनाम को ही एकमात्र सहारा तक घोषित कर दिया –

कलि महँ केवल नाम अधारा। सुमरि सुमरि नर उतरहिं पारा।

तुलसी के "नहीं" के संकेत होने के बाद भी अयोध्या में राम मंदिर निर्माण के लिये राजनीतिक उतावलापन को क्या कहेंगे ? सोचने के लिए विवश तो करता ही है।

तुलसीदास जिस समय मानस की रचना कर रहे थे वह काल भारत में मुस्लिम साम्राज्य का काल था और साहित्य में संत संप्रदाय का बोलबाला था। जो ब्रह्म के निर्गुण स्वरूप के तार्किक निरूपण से सराबोर था। कबीरदास ने कहा भी है–

पाहन पूजै हरि मिलै, तो मैं पूजूँ पहार।

तब विशेष रूप से हिन्दू समाज कबीरदास के लगभग मुरीद हो चुके थे। निर्गुण का पलड़ा भारी था। निर्गुण उपासना आसान भी नहीं था। क्योंकि इस उपासना के लिए ज्ञान आवश्यक था, जो बहुसंख्यक के लिए दुरूह और कष्टकर था। जैसा कि तुलसीदास ने भी स्वीकार किया है –

ज्ञान के पंथ कृपाण कै धारा। परत खगेस न लागहिं बारा।

कबीर ने तो पहले से ही चेता रखा था कि –

कबिरा यह घर प्रेम का, खाला का घर नाहीं।

सीस उतारे भुँइ धरे, सो पैठे घर माँहिं।

सूरदास जी को तो सगुण ब्रम्ह की स्थापना के लिए 'भ्रमर गीत'' नामक अलग से काव्य रचना ही करना पड़ गया था।

तुलसीदास ने वैसा न कर मानस में ही कथा विस्तार के पहले निर्गुण और सगुण का तुलनात्मक चित्रांकन प्रस्तुत कर दोनों को एक बता दिया था। तुलसीदास सूर की तरह प्रखर और उग्र नहीं हो सके थे। यह अलग बात है कि मानस में उन्होंने –

को बड़ छोट कहत अपराधू

कह कर बचने की कोशिश भी करते रहे हैं, तथापि नाम महिमा गाकर सगुण की अपेक्षा निर्गुण को ही ऊँचे दर्जे पर इस कुशलता के साथ

स्थापित कर दिया कि लोग समझ ही नहीं सके। यही वजह है कि नाम सुमिरन को सगुण से ज्यादा तवज्जों देने के बाद भी समीक्षक तुलसी को सगुण भक्त कवि बताते संकोच नहीं करते। जहाँ तक तुलसीदास का संबंध हैं उन्होंने बात और वक्त की नजाकत को समझते हुए फैसला पाठकों, समीक्षकों और टीकाकारों पर यह कह कर –

जड़ चेतन गुन दोषमय, बिस्व कीन्ह करतार।

संत हंस गुन गहहिंय, परिहरि बारि बिकार।

छोड़ दिया। समीक्षकों और टीकाकारों ने इसे समन्वय की श्रेणी में रख कर मूल्यांकन कर दिया। इसे हमने स्वीकार भी कर लिया। हम कर भी क्या सकते थे ? आज भी समाज कुछ नहीं कर पाने की स्थिति में ही है। क्योंकि –

एक– वे मानस और तुलसीदास के मर्मज्ञ ज्ञाता के तौर पर स्थापित हो चुके लोग हैं और ऐसे लोगों से सामान्यजन मुकाबला नहीं कर सकता।

दूसरा– और यदि कर भी लें तब भी समाज में तथाकथित वर्ग में पैदा होने के बाद मान लेने का रिवाज है। इसलिये बहुत संभव है सामान्यजन के कथन पर दोषारोपण करते हुये अस्वीकृत ही कर दें ? जैसे बुद्ध धर्म को एक प्रकार से भारत से निष्कासित ही कर दिया गया था। तुलसीदास तो ......

सीय राममय सब जग जानी। करउँ प्रणाम जोरि जुग पानी

कह कर निकल लिए और बाकी को ....

संत हंस गुन गहहिंए पय परिहरि बारि बिकार

कह कर निर्णय के लिये छोड़ दिया और यदि न माने तो कलियुग का प्रभा्व –

जे जनमे कलिकाल कराला।

तुलसीदास ने निर्गुण और सगुण के विवाद को –

अगुनहिं सगुनहिं नहिं कछु भेदा

कहकर ब्रम्ह 'राम' के तीसरे स्वरूप को प्रतिपादित भी कर दिया। इस तीसरे स्वरूप का नाम है –'नाम सुमिरन'।

तुलसीदास ने बड़ी ही चतुराई से इस तीसरे स्वरूप को ही दोनों से बड़ा बता दिया। देखें उन्हीं के शब्दों में –

मोरे मत बड़ नाम दुहू तें।

आगे इसी धारणा को प्रमाणित भी कर दिया। अपने कथन के समर्थन में देखें कैसे प्रमाण दे रहे हैं तुलसी बाबा –

राम एक तापस तिय तारी। नाम अनेक खल कुमति सुधारी।

तुलसीदास के इस तर्क के बाद भी तथा देश में बेरोजगारी के बढ़ते ग्राफ के बीच अयोध्या में राम मंदिर निर्माण को सर्वाधिक महत्त्व देने के निर्णय को आप क्या कहेंगे ? इस निर्णय से किसे ? कितना फायदा होगा ? ऐसा निर्णय कहीं हमें राजतंत्रीय युग की याद तो नहीं दिला रहा है ? इन प्रश्नों में व्यंग्य भी है और चिंतन की गुंजाइश भी। व्यंग्य आप समझिये और न समझ सके तो हिंट हम दिये देते हैं। राजतंत्रीय युग भव्य मंदिर और मस्जिदों के निर्माण के लिये जाने और पहचाने जाते रहा है। यह अलग बात है कि मंदिर कभी भी मस्जिद को तोड़कर नहीं बनाया गया जबकि मस्जिद प्रायः मंदिर तोड़कर या उसके ऊपर ही बना दिया गया था।

वास्तव में देखा जाय तो प्रजातंत्र में इसकी संभावना नहीं होती। भारतीय संविधान में सरकारों के लिए ऐसा करने की मनाही है। उसके बावजूद हो रहा है।

चिंतन किस बात का इसे समझने की आवश्यकता है। इसको हम फिल्मी गीत के तर्ज पर समझने के लिये –

एक सवाल तुम करो।

एक सवाल मैं करूँ

हर सवाल ही

सवाल का जवाब हो।

सवाल करें और तब जब हम उत्तर की तलाश करने लगेंगे तब पुनः प्रश्न उपस्थित हो जायेगा कि – सवाल किस से करें ?

1. जनता से ?

2. यदि जनता तो किस जनता से ?

बौद्धानुयायी, जैनानुयायी, मुस्लिम, पारसी या तथाकथित एस.सी, एस.टी या अम्बेडकरवादी विचारधारा, कि कम्युनिस्ट विचारधारा या अतिगरीब जनता और उच्च शिक्षा प्राप्त बेरोजगार युवक उच्च और उच्चतम शिक्षा प्राप्त कर रहे शिक्षार्थी या प्रगतिशील बुद्धिजीवी ? निश्चित ही इनमें से किसी को भी मंदिर निर्माण के लाभार्थी के क्रम में नहीं रखा जा सकता। तो फिर ?????

तो अब देश में बचे कुल लोगों की आबादी ज्ञात कर लीजिये। यह आबादी लगभग 25 प्रतिशत से ज्यादा नहीं हो सकती। अब बताइये कितने को फायदा हुआ ? प्रतिशत में देखें तो 25 प्रतिशत से भी कम। ताज्जुब है फिर भी 130 करोड़ लोगों की भावना जो उस समय देश की कुल आबादी थी, जैसे 'असत्य' कथन' बड़े जोर से कह दिया जाता है। इसे क्या कहेंगे ? राजनीतिक प्रपंच या कुछ और .....?

मेरे मत के अनुसार इसे राजनीतिक प्रपंच कहना ही बेहतर होगा। क्योंकि इसके मूल में जो कुछ छिपा हुआ है या कहें छिपाया गया है, उसमें वोट माने कुर्सी की राजनीति ही प्रधान है। भक्ति एक ढोंग से ज्यादा कुछ भी नहीं है।

यह सवाल कुछ उसी तरह के उत्तर जैसा है जैसे एक वोट से या शून्य अथवा 0.1 से 30 प्रतिशत जनता के वोट से जीतने वाले प्रतिनिधि और उस वोट प्रतिशत से बनी सरकार जो अपने आप को 'जन प्रतिनिधि' कहती है। इसमें उन वोटों को भी शामिल कर दें जो या तो वोट देने ही नहीं गये और गये भी तो नकारे गये वोट दे कर आ जाते है। तो आशय हुआ कुल नकारे गये वोटों की संख्या जीते गये तथाकथित जनप्रतिनिधि के वोट से बहुत अधिक भी हो जाता है फिर भी ये तथाकथित माननीय अपने आप को जनप्रतिनिधि कहलाने से गुरेज नहीं करते।

अब जरा गौर करें कि तुलसीदास किस प्रकार के राम के पक्षधर थे। मंदिर वाले राम या घट–घट में वास करने वाले राम के ?

इसका उत्तर अन्यान्य विश्लेषणों में पहले ही स्पष्ट हो चुका है, तथापि तुलसी दास की घोषणा –

कलि महँ केवल नाम अधारा। सुमरि सुमरि नर उतरहिं पारा।

के बाद भी आगे कुछ होता है तो तुलसीदास के उक्त पंक्ति के साक्ष्य में उसे झूठ या फरेब करार देने में हमें कोई संकोच नहीं होगा। शायद बहुतों को भी न हो ? क्योंकि तुलसी का विश्वास तो यही कहता है कि "तीर्थां में जाने से पुण्य की नहीं पापों की ही वृद्धि होती है"। देखिए तुलसी बाबा युद्धभूमि में रावण के सिर कटने के बाद भी बढ़ने के लिए यही कह रहे हैं –

"जिमि तीरथ कर पाप"

सच कहें तो पूर्व में उठाये गये एक–एक सवाल अपने आप में अनेक सवालों को समेटा हुआ है। अब प्रश्न उठना स्वभाविक है कि क्या आपने लेख को पढ़ते वक्त या बाद में इस पर चिंतन किया था ? शायद नहीं, तो हो सकता है अब आपका ध्यान उस ओर जाय जिस ओर हमने ले जाने का लघु प्रयास किया है ?

निष्कर्ष स्वरूप यही कहा जा सकता है कि जब घर बैठे नाम सुमिरन से काम बन सकता है अर्थात जीवन–मरन के फेरे से मुक्ति मिल सकती है ओ भी बिना खर्च के तब करोड़ों खर्च करके मंदिर निर्माण और उसके दर्शन का ढकोसला क्यों ? इस क्यों का उत्तर शायद राजनीति के पाठशाला में मिल सकता है ? विश्वास न हो तो हम मानस में कहे तुलसी के कथन –

जिमि तीरथ कर पाप

को फिर से याद दिलाना चाहेंगे और बताना चाहेंगे कि मंदिर में दर्शन लाभ बताने वालों पर तुलसी ने पहले ही कटाक्ष कर दिया है।

नोट – ऊपर हमने बिखरी राम कथा वाक्यांश लिखा है हमें नहीं मालूम कि कितने पाठकों ने उस वाक्यांश का आशय कितना समझ

पाये हैं ? तो आइये थोड़ा उसका आशय स्पष्ट कर दें। यहाँ प्रयुक्त वाक्यांश का आशय यह कतई नहीं है कि अब तक लिखे लेखों में प्रयुक्त हुये सभी सूत्र वाक्य या वाक्यांशों का आशय हम बताने वाले हैं। दरअसल ऊपर के लेख का ही यह एक हिस्सा है जिसका हम आशय स्पष्ट करना आवश्यक समझ रहे है।

हमारा मानना है कि भारतीय साहित्य में उपलब्ध राम कथा को दो खण्डों में विभाजित कर अध्ययन किया जाना चाहिए था–

प्रथम खण्ड में – संस्कृत भाषा काल 'लेखन प्रारंभ से अपभ्रंश के पूर्व तक' के राम कथा को और.....

दूसरे खण्ड में – अपभ्रंश भाषा साहित्य से लेकर तुलसीदास तक के लिखे राम कथा को ले सकते हैं। वास्तव में देखा जाय तो तुलसी के काल में निर्गुण के बाद कृष्ण काव्य का प्रभाव भारतीय जनमानस में काफी गहरा और व्यापक रहा है। जहाँ तक रामकथा का संबंध है वह राम काव्यधारा के आधार स्तंभ बाल्मीकि कृत – रामायण माने रामचरितमानस के पहले उल्लेखनीय रघुवंशम या अन्य रचना जो भारत के विभिन्न क्षेत्रों में लिखे या प्रचलित रहे है से है, उसे ही हमने बिखरी रामकथा कहा है। रामानंद सागर का धारावाहिक रामायण भी भारतीय साहित्य में उपलब्ध और बिखरी प्रमुख रामकथा के गुंफन का एक अच्छा उदाहरण है।

***

सवाल - दो

राम कौन हैं?

कुछ लोगों को लग सकता है कि यह भी कोई सवाल है कि राम कौन हैं ? दरअसल इस तरह के सवाल माने – राम कौन है ? ऐसा सवाल मेरी बेटी आम्रपाली व्याख्याता अँग्रेजी, पॉलिटेक्निक कालेज भाटापारा ने तब मुझसे की थी, जब दूरदर्शन पर द्वितीय बार रामायण धारावाहिक का प्रसारण किया जा रहा था। इसके पहले वही सवाल मेरे मित्र आर.के.वाड़दे, इंजीनियर विद्युत राजनांदगाँव' ने भी किया था। अच्छा हो कि हम तुलसी के मानस में ही गोता लगाकर देखें कि मानस में भी क्या इसी तरह के सवाल किये गये है ?

मानस को पढ़ने से ही हमें पता चलता है कि हाँ मानस में भी इस तरह के सवाल किये गये है। राम कौन हैं, सवाल करने वालों में पहला नाम पार्वती जी का आता है। सर्वप्रथम पार्वती ने शंभु से तथा बाद में भारद्वाज मुनि ने जागबलिक मुनि से भी यही सवाल किया था कि राम कौन हैं ? तत्संबंधी मानस की ही पंक्ति देख लीजिए–

राम कवन प्रभु पूछवँ तोही। कहिअ बुझाइ कृपानिधि मोही।

बालकाण्ड दोहा क्रमांक–45 के बाद की चौपाई संख्या–3

मानस के पात्र और मेरे निकटतम लोगों के प्रश्नों के आशय में अन्तर है। क्योंकि मानस के पात्र जानना चाह रहे हैं कि राम अनेक हुये है (नाना भाँति राम अवतारा) उनमें से यह राम जिसको विष्णु अवतारी बताया जा रहा है, जिसकी कथा जागबलिक भारद्वाज मुनि को सुनाने जा रहे हैं तथा जिनका वर्णन तुलसीदास अपनी रचना मानस में करने जा रहे हैं, वह इनमें से कौन है ? जबकि मेरे निकटतम लोगो का प्रश्न उनसे अलग किस्म का है। उनका सवाल था कि –

राम कौन है ? माने काल्पनिक या यथार्थ से भी इनका कोई संबंध है ? राम के क्रमांक से इनको कोई लेना देना नहीं है।

जो लोग राम को काल्पनिक नहीं मानते वे भारत के दक्षिणी तट से लंका जाने के समुद्री मार्ग में सेतु के जैसा भू–भाग का समुद्र के भीतर समाये होने को राम के होने का प्रमाण बताते हैं और ऐसे ही तरह–तरह के तर्क देते रहते है। उसके लिए हम इतना ही कह सकते हैं कि जब मानस के ही पात्र कह रहे हैं कि राम एक नहीं अनेक हुए हैं अर्थात राम ने अनेक बार अनेक शरीर धारण करते रहे हैं, तब उसके सत्य होने या कहें एक होने जैसा सवाल ही क्यों कर रहे हैं ? समझ के परे है। इसलिये हम उस पर और अधिक समय गँवाना नहीं चाहते। यद्यपि तुलसीदास ने मानस में ही जिन अन्य रामों के जन्म लेने का उल्लेख किया है उसे भी दशरथ पुत्र राम ही कहा है, खैर जो भी हो पर इस सवाल के अनसुलझा रहने से हमारे विश्लेषण को कोई छति नहीं हो रही है। इसलिये हम भी इसे यों ही अनसुलझा ही रहने देते हैं। क्योंकि हमें तो आगे राम कथा जो तुलसी तक कैसे पहुँची का निराकरण ही करना हैं। अस्तु –

रामकथा जो तुलसी तक पहुँची उस दृष्टि से –

रामकथा जो विभिन्न श्रोतों से (शिव–पार्वती, जागबलिक–भरद्वाज और तुलसीदास के गुरु से सुनी) होते हुये तुलसी तक कैसे पहुँची उसे तुलसीदास ने स्वयं बताया है कि –

प्रथम –

जाकबलिक जो कथा सुहाई। भरद्वाज मुनिबरहि सुनाई।

कहिहउँ सोइ संबाद बखानी।

द्वितीय –

संभु कीन्ह यह चरित सुहावा। बहुरि कृपा करि उमहि सुनावा।

सोइ सिव कागभुसुंडिहि दीन्हा .... ।

तेहि सन जागबलिक पुनि पावा। .... ।

मैं पुनि निज गुरु सन सुनिअ कथा सो सूकरखेत।

इसके अतिरिक्त पूर्व में ही राम काव्य–ग्रंथकारों का उल्लेख करते हुये तुलसीदास ने इस चौपाई में ही बता दिया है कि –

कलि के कबिन्ह करउँ परनामा। जिन्ह बरने रघुपति गुन ग्रामा।

जे प्राकृत कवि परम सयाने। भाषाँ जिन्ह हरि चरित बखाने।

ऊपर की पंक्तियों में जिनका उल्लेख तुलसीदास जी ने मानस में किया है उनमें शिव और कागभुशुण्डि पौराणिक पात्र कहे जा सकते हैं। पौराणिक यानी कि जिनका संबंध या उल्लेख इतिहास में नहीं अपितु पौराणिक कथाओं और ग्रंथों में मिलता है। क्योंकि इतिहास से इनका कोई वास्ता नहीं होता, इसलिये उसे काल्पनिक भी कहा जा सकता है। इस आधार पर हम कह सकते हैं कि राम का परिचय हमें सर्वप्रथम जिनके माध्यम से हुआ वे पात्र शिव और कागभुसुण्डि जी ही हैं, जो काल्पनिक याने केवल आस्था जनित पात्र हैं। इनका इतिहास (सत्य) से कोई वास्ता नहीं है। अर्थात रामचरितमानस माने –

1. इतिहास, माने – 'सत्य'
2. पौराणिक, माने – 'काल्पनिक' या आंशिक रूप से इतिहास के साथ समायोजन
3. काव्य, माने – 'कल्पना'–इतिहास और पौराणिकता का अथवा –
4. तीनों का समायोजन है।

इसे यदि हम गणितीय सूत्र में व्यक्त करना चाहें तो इस प्रकार लिख कर व्यक्त कर सकते हैं –

यथार्थ (सत्य) + कल्पना (पौराणिकता) +काव्य (कल्पना)=रामचरितमानस।

माने .... आस्था।

इस सूत्र से हमें जो परिणाम प्राप्त हुआ वह आस्था ही है, माने तथ्यात्क रूप से जो हमें हासिल हुआ वह – 'शून्य' है। क्योंकि –

आस्था –

आस्था का मतलब होता है – मानें या स्वीकारें और उस पर तर्क को आरोपित न करें। इसीलिए यह श्रद्धा के अंतर्गत आता है। और यह तर्क के परे है। दरअसल आस्था लोगों को अंधा और मूर्ख भी बना सकती है। यही वजह है कि व्यक्ति जिस पर आस्था करता है उसके

विरुद्ध कुछ भी सुनने को तैयार नहीं होता। चाहे उसमें कल्पना ही कल्पना क्यों न हो।

वैसे तुलसीदास जी ने रामचरितमानस लिखने के पहले अपने समय के उपलब्ध राम काव्यों को भी रेखांकित किया है। जबकि काव्य के संबंध में हमें पता होना चाहिये कि– काव्य इतिहास नहीं होता अर्थात इसे ऐतिहासिक दस्तावेज नहीं कहा जा सकता। अलबत्ता इससे कुछ ऐतिहासिक सूचना मात्र अवश्य मिल जाती है। जैसे मानस को ही लें तो इसमें राजा दशरथ, जनक, राम, रावण या सीता के अतिरिक्त स्थलों में – अयोध्या, सरयू नदी, लंका, किष्किन्धा आदि के होने की सूचना तो मिलती है। लेकिन इसके कथानक में ही बाली, सुग्रीव, हनुमान, जामवंत, लंकनी, मैनाक या जटायु आदि का नहीं।

काव्य –

जहाँ तक काव्य का संबंध है उसे हमें सर्वप्रथम आचार्य रामचन्द्र शुक्ल से ही समझ लेना ही बेहतर होगा। क्योंकि काव्य को परिभाषित करते हुए आचार्य रामचन्द्र शुक्ल ने 'कविता क्या है' नामक निबंध में लिखा है –

"जिस प्रकार आत्मा की मुक्तावस्था ज्ञान दशा कहलाती है, उसी तरह हृदय की इसी मुक्ति की साधना के लिए मनुष्य की वाणी जो शब्द–विधान करती आई है, उसे कविता कहते हैं।"

चिंतामणि संस्करण (भाग–एक) 1 जनवरी 1992 पृष्ठ–93

इसे समझने के लिए आसान पहला उदाहरण के तौर हम आल्हा को ले सकते हैं। आल्हा एक ऐतिहासिक पात्र है और वह चंदेल राजा के अधीन का एक सूबेदार था। कवि जगनिक ने अपनी रचना में आल्हा को – "बड़ा लड़िया" अपने समय का ऐसा बहादुर योद्धा चित्रित किया है कि वह युद्ध में हारना जानता ही नहीं। जोर जबरदस्ती में भी उसकी कोई शानी नहीं। उदल कहता है – हम जहाँ और जिस घर से चाहें लड़की ब्याह सकते हैं माने –

जेहिकी बिटिया नीकी देखें तेहि घर दीन धरी तलवार।

मलखान का कथन कवि के अनुसार –

पुष्प नक्षत्र में जन्मा हूँ शंका मुझे काल की नाय।

और दूसरा उदाहरण रीतिकालीन कवियों की श्रृंगार रचना को ले सकते हैं। क्योंकि इस काल के कवियों ने जिस श्रृंगारिकता को प्रमुखता दी है, उसे मुख्य रूप से कृष्ण भक्ति–शाखा के नायक–नायिका राधा–कृष्ण से लिया गया है और बाद में श्रृंगार रस को उसी राधा–कृष्ण में अवलंबित कर दिया। माने भक्ति काल के राधा–कृष्ण श्रृंगाार काल में आकर श्रृंगार के अवलम्बन बनकर रह गए हैं पर सत्य यह भी है कि राधा–कृष्ण तो फिर भी उपस्थित रहा ही है। ठीक वैसे ही बाल्मीकि के दशरथ पुत्र राम को रामचरितमानस में तुलसीदास ने ही चाहे उसे निराकार ब्रम्ह निरूपित करते हुए अगुन–सगुण का समायोजन करार दे दिया हो। उसमें भी सगुण से बड़ा माने सत्य निर्गुण स्वरूपा नाम अर्थात रामनाम को ही स्वीकार कर लिया है। देखिए उन्हीं के शब्द –

1. अगुन सगुन दुई ब्रम्ह सरूपा।
अकथ अगाध अनादि अनूपा।
मोरें मत बड़ नाम दुहू तें।

बालकाण्ड, दोहा क्रमांक–22 के बाद की चौपाई संख्या–1

2. निरगुन तें एहि भाँति बड़े नाम प्रभाउ अपार।
कहउँ नाम बड़े राम तें निज बिचार अनुसार।।

बालकाण्ड, दोहा क्रमांक–23

और भी ....

3. राम एक तापस तिय तारी। नाम कोटि खल कुमति सुणारी।

बालकाण्ड, दोहा क्रमांक–23 के बाद की चौपाई संख्या–2

4. कहउँ कहाँ लगि नाम बड़ाई। राम न सकहिं नाम गुण गाई।

या चाहे अवतारी बताकर दशरथ पुत्र बताकर उसका चरित्रांकन किया हो पर दोनों की स्वरूप में राम को प्रमुखता दिया हैं। अब यह मानने वालें पर निर्भर करता है कि वे 'बिन पद चलै सुनै बिन काना' वाले राम को या रामनाम को अथवा शरीरी राम को तवज्जो देते हैं।

सामान्यतः काव्य के दो पक्ष होते हैं– कला–पक्ष और भाव–पक्ष।

कला पक्ष –

जहाँ तक काव्य के कला–पक्ष का संबंध है इसमें काव्य के बाहरी रूप याने श्रृंगार को रखा जाता है। इसमें (अलंकारादि के कारण) कल्पना की प्राथिमकता होती है। आचार्य रामचन्द्र शुक्ल ने कविता में अलंकार के प्रसंग को स्पष्ट करते हुए लिखा है –

''कविता में भाषा की सब शक्तियों से काम लेना पड़ता है। वस्तु या व्यापार की भावना चटकीली करने और भाव को अधिक उत्कर्ष पर पहुँचाने के लिए कभी किसी वस्तु का आकार या गुण बहुत बढ़ाकर दिखाना पड़ता है, कभी उसके रूप–रंग या गुण की भावना को उसी प्रकार के और रूप–रंग मिलाकर तीव्र करने के लिए समान रूप और धर्मशाली और–और वस्तुओं को सामने लाकर रखना पड़ता है। कभी–कभी बात को घुमा–फिराकर कहना पड़ता है। इस तरह के भिन्न–भिन्न विधान और कथन के ढंग अलंकार कहलाते हैं।'

चिंतामणि (भाग–एक) संस्करण 1 जनवरी 1992 पृष्ठ–120

जैसे – सुग्रीव का कथन बाली के लिये। पंक्ति देखिये –

मैं जो कह रघुबीर कृपाला। बंधु न होइ मोर यह काला।

इस कथन में सुग्रीव बाली को भाई नहीं ''काल'' बता रहा है जबकि बाली है तो सुग्रीव का बड़ा भाई ही।

दूसरा उदाहरण देख लीजिये जो रूपकात्मक है –

उदित उदय गिरि मंच पर, रधुबर बालपतंग।

बिकसे संत सरोज सब, हरषे लोचन भृंग।

एक और उदाहरण देख लीजिए –

संकर चापु जहाजु, सागर रघुबर बाहुबल।

बूढ़ सो सकल समाजु, चढ़ा जो प्रथमहिं मोह बस।

रामचरितमानस काव्य होने के कारण इस प्रकार के उदाहरणों से भरा पड़ा है। काव्य में इस प्रकार के वर्णनों की चर्चा आचार्य रामचन्द्र शुक्ल ने 'कविता क्या है' नामक निबंध में 'चमत्कारवाद' के अन्तर्गत भी किया है। देखिए आचार्य शुक्ल जी के मतानुसार –

''चमत्कार से हमारा तात्पर्य उक्ति के चमत्कार से है, जिसके अन्तर्गत वर्ण–विन्यास की विशेषता (जैसे, अनुप्रास में), शब्दों की क्रीड़ा (जैसे श्लेष, यमक आदि में), काव्य की वक्रता का वचनभंगी (जैसे, काव्यार्थापत्ति, परिसंख्या, विरोधाभास, असंगति इत्यादि में) तथा अप्रस्तुत वस्तुओं का अद्‌भुत अथवा प्रस्तुत वस्तुओं के साथ उसके सादृश्य या संबंध की अनहोनी या दुरारूढ़ कल्पना (जैसे, उत्प्रेक्षा, अतिशयोक्ति आदि में) इत्यादि बातें आती हैं।

चिन्तामणि भाग एक पृष्ठ–111

नोट– मानस में ऊपर वर्णित 'चमत्कारवाद' के सभी उदाहरण मौजूद हैं पर हम विस्तार भय के कारण अन्य सभी का उदाहरण प्रस्तुत नहीं कर पा रहे हैं। इसके लिए पाठक हमें क्षमा करेंगे।

इसके अतिरिक्त मानस में सुन्दरकाण्ड के कथा विस्तार करके जिसमें तुलसीदास ने ही स्वयं राम के तथा वानरों के दल नायक जामवंत के हनुमान को दिए निर्देश जिसे आप चाहें तो आदेश भी कह सकते हैं, का अतिक्रमण करवा देता है। देखिए पहले राम का हनुमान को दिया गया निर्देश –

बहु प्रकार सीतहि समुझाएहु । कहि बल बिरह बेगि तुम्ह आएहु।

और दूसरा उसी काण्ड से दल नायक जामवंत का कथन माने हनुमान के लिए निर्देश –

एतना करहु तात तुम्ह जाई । सीतहि देखि कहहु सुधि आई

के विपरीत हनुमान सीता का पता लगाने के बाद भी वापिस नहीं लौटता। वास्तव में चाहिए तो यही था कि सीता का पता लगाने तथा उसको राम का वियोग बताकर तथा राम की पहचान की मुद्रिका देने के बाद हनुमान को वापिस राम के पास लौट आना चाहिए था पर ऐसा होता नहीं है। बल्कि उसके बाद ही हनुमान को –

मातु मोहि लागी अति भूखा। देखि लागि सुन्दर फल रूखा।।

कहलवाकर कथा को आगे बढ़ने का मौका भी दे देता है। यही नहीं मानस के अनुसार नारद के श्राप जो माया से प्रेरित होकर श्रीहरि को दिया गया था, उसे माया के हटते ही "मृषा होई मम श्राप कृपाला" के नारद के अनुरोध को श्रीहरि ने ही– "मम इच्छा" कहकर ठुकरा दिया था, से उपजी कथा बताए जाने के बाद भी यदि कोई रामचरितमानस के कथानक में यथार्थ होने की तलाश करता, तो उसे केवल मानसिक खलल से कम कुछ भी नहीं कहा जा सकता।

हिन्दी साहित्य में रीतिकाल (संवत 1050 से 1375) को याने इसी अवधि को कलाकाल के नाम से भी जाना जाता हैं। इस काल में काव्य के कला पक्ष का विकास ज्यादा हुआ। माने कवियों ने काव्य के कला–पक्ष को अधिक महत्व दिया। इसलिये इस काल को कला–काल नाम भी दिया गया है।

इसे समझने के लिए हम रीतिकालीन कवि केशवदास की रचना से एक उदाहरण लेते हैं। जिसमें महा कवि केशवदास ने अपनी रचना रामचद्रिका नामक महाकाव्य में राम के धनुशाला माने धनुष यज्ञ में प्रवेश करने के लिए उपमा देते हुए लिखते है –

चतुर चोर से सोभित भए

राम जब धनुशाला गए।

अब बताइऐ राम पर श्रद्दा करनेवाले लोग या तुलसी जैसे कवि क्या ऐसी उपमा दे सकते हैं ? नहीं कदापि नहीं। राम पर श्रद्धा करने वाले इसे स्वीकार भी नहीं सकते। इसीलिए इसी प्रसंग के लिए तुलसीदास लिखते हैं कि धनुष यज्ञ में श्रीराम के प्रवेश करने पर उपस्थित लोग अपनी–अपनी भावना के अनुसार राम को देख रहे है। पंक्ति देखिए –

जेहिकर जेहिपर भावना भई जैसी।
प्रभु मूरति देखइ तिन तैसी ।

एक और तुलनात्मक उदाहरण देख लीजिए। तुलसी भक्त कवि हैं। इसलिए नारी की सुन्दरता किसमें हैं को बतलाते हुए लिख रहे है–

बसन हीन नहिं सोह सुरारी

इसी बात के लिए केशव दास लिखते हैं –

जद्यपि सुजाति सुलक्षणी, सुबरन सरस सुवृत्ति।

भूषण बिन न बिराजई, कविता बनिता मित्त।

माने तुलसीदास ने अपनी रचना में कविता के भाव–पक्ष को महत्व दिया है तो वहीं पर केशव दास ने कला–पक्ष को।

भाव–पक्ष –

कुछ समीक्षक इसे काव्य का प्राण कहना पसंद करते हैं, इसमें रामचन्द्र शुक्ल भी है। इसमें (रसादि के कारण) भावाभिव्यक्ति में यथार्थता तो हो सकती है, लेकिन भावातिरेक होने के कारण अस्वीकार्यता भी आ जाती हैं। मानस से ही कुछ उदाहरण देखिये जब राम या सीता का वियोग, वियोग की चरमावस्था को पहुँच जाता है तब वह यथार्थ की सीमा को भी लाँघ जाता है। तत्संबंधी पंक्ति देखिये पहले राम के संदर्भ में –

हे खग मृग हे मधुकर श्रेनी। तुम देखी सीता मृग नयनी।

और अब सीता के संदर्भ में। सीता भी राम के वियोग में वियोग की चरम दशा में पहुँच जाती है तब वह भी राम की ही भाँति सत्य की सीमा का अतिक्रमण कर जाती है और असंभव होने के बाद भी तारों से आग की संभावना व्यक्त करते हुये कहती है –

अवनि न आवत एकउ तारा

आशय एकदम स्पष्ट है, काब्य में सच थोड़ा सा कल्पना ज्यादा हो सकता है। ऐसी स्थिति में यदि हम रामचरितमानस के यथार्थ को

प्रतिशत में व्यक्त करना चाहें तो उसकी अभिव्यक्ति इस प्रकार से हो सकती हैं –

ऐतिहासिकता (वास्तविकता) माने–'सत्य' 10 प्रतिशत

पौराणिकता – माने – 'कल्पना' – 30 प्रतिशत

काव्य – माने – 'कल्पना' – 60 प्रतिशत

व्याख्या –

ऊपर वर्णित प्रतिशत की व्याख्या इस प्रकार से हो सकती है –

ऐतिहासिकता (वास्तविकता) माने –सत्य 10 प्रतिशत –

इसका आशय यह है, जैसा कि हमने पहले ही कहा है कि रामकथा मात्र कोरी कल्पना भी नहीं हैं। हाँ बीज रूप में जो सत्य है वह हमारे मतानुसार 10 प्रतिशत के आस–पास है। इसके अन्तर्गत उन सभी प्रमाणों को रखा जा सकता हैं, जो राम–रावण आदि के होने के लिये प्रस्तुत किया जाता है साथ ही उन्हें भी जिन ऐतिहासिक पात्रों से श्रीराम का मिलन होना मानस में तुलसीदास ने बताया है। जैसे बाल्मीकि से लेकर अन्यान्य ऋषि–मुनियों से मिलना। इस आधार पर यह तो कहा ही जा सकता हैं कि – रामचरित मानस में वास्तविकता भी है, भले ही वह काफी कम ही क्यों न हो। कहने का मतलब यह कि राम थे पर उस सत्य में नहीं जितना या जैसा कि तुलसीदास ने मानस में वर्णित किया है।

पौराणिक (कल्पना) माने – 30 प्रतिशत –

इसके समर्थन मे उन्हें रखा जा सकता है, जिनका संबंध पौराणिकता माने पौराणिक पात्रों और कथाओं से है। जैसे शिव, नारद, बाली, परशुराम, जटायु, मैनाक, कागभुशुण्डि और गरुड़ तथा उनसे जुड़ी कथाएँ आदि। चूँकि मानस इन्हीं तत्वों से आणुप्राणित है, इसलिये इसकी मात्रा वास्तविकता से थोड़ा ऊपर याने अधिक है।

काव्य (कल्पना) – 60 प्रतिशत

चूँकि रामचरित मानस महाकाव्य और काव्यनाट्य शास्त्र माने नाटक दोनों ही दृष्टि से काव्य रचना है अर्थात् रचना काव्यमय होने के

कारण प्रतिशत में यह ऐतिहासिकता और पौराणिकता से ऊपर में है। इतना ऊपर कि ऐतिहासिक और पौराणिकता दोनों को मिला देने से भी अधिक।

यही है काव्य का सच जो रस के साथ–साथ अलंकारों से भी सुसज्जित होकर अमिधा, लक्षणा और व्यंजना में अभिव्यक्त होता हुआ लक्ष्य की ओर अग्रसर होते रहता है। ऐसे ही एक काव्य पंक्ति है –

हनुमान की पूँछ में लगन न पाई आग।

लंका सिगरी जल गई गये निसाचर भाग।

अब जरा सोचिये इधर हनुमान की पूँछ में आग लग भी नहीं पाई थी कि उधर लंका ही पूरी की पूरी जल गई। कहीं ऐसा हो सकता है पर काव्य है और कवि ने लिख दिया है कि हनुमान की पूँछ में आग लग भी नहीं पाई थी कि पूरी की पूरी लंका ही जल गई। तो यह काव्य की अलंकारिक कल्पना तो है ही। भले ही इसको अतिशयोक्ति मानते हुये अतिशयोक्ति अलंकार कह लें। इस कविता के सच पाठक स्वयं निकाल कर बता सकते हैं कि उसमें सच का प्रतिशत क्या और कितना है ? पर है तो सही। क्योंकि लंका हनुमान की पूँछ में आग के लगने से ही जली थी या कहें जलाई गई थी।

काव्य में रस भी होता है। लेकिन रस जब भावातिरेक में पहुँच जाता है तब सच की सीमा को भी लाँघ जाता है। रामचरितमानस में ही वियोग की चरमावस्था का उदाहरण देख लीजिये। पहले राम के संबध में –

हे खग मृग हे मधुकर श्रेनी। तुम देखी सीता मृग नैनी।

दूसरा सीता के संबंध में –

देखियत प्रगट गगन अंगारा। अवनि न आवत एकउ तारा।

दोनों ही उदाहरणों में रस सच की सीमा को लाँघ गया है, माने सत्य या कहें यथार्थ का अतिक्रमण हो गया है।

चूँकि काव्य में कला और भाव दोनों पक्ष होते हैं। अतः अब यह कवि पर निर्भर करता है कि अपने काव्य में वह किस तत्व को प्रधानता

देता है ? इसके लिए हम पुनः तुलसी और केशव का वही उदाहरण प्रस्तुत करना चाहेंगे। जिसे हमने पहले दिया है। जैसे यदि रीतिकालीन कवियों ने कला–पक्ष को प्रधानता दिया है तो भक्तिकालीन कवि भाव–पक्ष को प्रधानता देते दिखाई देते हैं। यही वजह है कि यदि भक्तिकालीन कवि तुलसीदास नारी की सुन्दरता के लिये –

बिधुबदनी सब भाँति सँवारी।

सोह न बसन बिना बर नारी

कहते हैं तो वहीं रीतिकालीन कवि केशवदास –

जद्यपि सुजाति सु लक्षणी, सुबरण सरस सुवृत्ति।

भूषण बिन न बिराजई, कविता बनिता मित्त।

कहकर अलंकारिक चमत्कार प्रस्तुतत कर देते है और नारी के लिये सुन्दरता का कारण भी तुलसी से अलग हटकर माने अलंकार को बता देते हैं। इसी तरह से यदि तुलसीदास धनुष यज्ञ में राम के प्रवेश पर लिखते हैं –

जेहिकर तेही पर भावना भई जैसी। प्रभु मूरति देखई तिन तैसी।

वहीं उसी प्रसंग के लिये रीतिकालीन कवि केशवदास –

चतुर चोर से शोभित भये। राम जब धनुशाला गये।

लिख रहे हैं। कहने का मतलब यह कि एक ही प्रसंग राम का धनुशाला जाने पर तुलसीदास भक्ति भाव प्रदर्शित कर काव्य के भाव–पक्ष को प्रकट कर रहे हैं, तो वहीं केशवदास मनोवैज्ञानिक चित्र उपस्थिति कर काव्य के कला–पक्ष को उजागर कर रहे हैं।

जानकारी के लिये बता दें कि दोनों ही राम काव्य के कवि हैं और अपने–अपने काल और राम काव्यधारा के प्रमुख कवि भी हैं।

जहाँ तक इतिहास का संबंध है उसमें कला और भाव–पक्ष के लिये कोई स्थान नहीं होता। उसे वस्तु के प्रति तटस्थ होना चाहिये होता है। न हो यह अलग बात है। फिर भी यह माना जा सकता है कि इतिहास में यथार्थ 99 प्रतिशत से लेकर 100 प्रतिशत तक होना चाहिए,

जबकि मानस में तो प्रश्न ही प्रश्न है। फिर भी सम्पूर्णता में काव्य को ऐतिहासिक नजरिये से देखें तो वास्तविकता मात्र 10 प्रतिशत और कल्पना 90 प्रतिशत ठहराया जा सकता है। इसलिए इतना सबकुछ जान और समझ लेने के बाद पाठक को मानस में अथार्थ की तलास करना बंद कर देना चाहिए।

आइये अब हम रामचरिमानस के संबंध में ऊपर दिये गये प्रतिशतों पर भी चर्चा कर लेते हैं– रामचरितमानस के कथ्य की वास्तविकता का उत्तर तुलसीदास जी के मानस में ही सर्वत्र मिल जाता है। फिर भी मानस के कथ्य की वास्तविकता को समझना चाहें तो हमें यह भी समझना होगा कि तुलसीदास ने राम महिमा 'नामसुमिरन' का प्रतिपादन क्यों किया ?

मानस में रामकथा वर्णन के पहले ही तुलसीदास ने लिख दिया है –

नाना भाँति राम अवतारा।

अथवा –

औरउ राम रहस्य अनेका

अर्थात राम एक नहीं हैं। भरद्वाज ने भी बनारस में ही जाकबलिक मुनि से यहि सवाल किया था। मानस की पंक्ति देखिये –

राम कवन प्रभु पूछउँ तोही। कहिअ बुझाइ कृपानिधि मोही।

एक राम अवधेस कुमारा। तिन्ह कर चरित बिदित संसारा।

नारि बिरहँ दुख लहेउ अपारा। भयउ रोषु रन रावनु मारा।

प्रभु सोइ राम कि अपर कोउ.. ।

राम के अभिनय क्षमता पर विश्लेषण करते हुये सति के राम पर संदेह करने की बात की चर्चा हमने अन्यत्र कर लिया है, इसलिये उसे इस प्रसंग के साथ दुहराना नहीं चाहते। क्योंकि वहाँ राम तुलसी के निर्देशन में पात्र अलग प्रकार के लीला माने 'अभिनय' कर रहे हैं, जबकि जागबलिक भरद्वाज के संदर्भ में देखें तो कथन में भक्ति की प्रधानता है। देखिये तुलसीदास ने भी यही लिखा है –

जागबलिक बोले मुसुकाई।...................... ।

............................चतुराई तुम्हरि मैं जानी।

चाहहु सुनै राम गुन गूढ़ा। कीन्हिहु प्रश्न मनहुँ अति मूढ़ा।

अब सति जो कि 'पौराणिक पात्र यानी कल्पना' है, वह शिव 'पौराणिक पात्र' यानी काल्पनिक पात्र से 'पार्वती (सती का ही अवतार है) विवाहोपरांत सवाल करती है कि –

प्रथम सो कारन कहहु बिचारी। निर्गुन ब्रह्म सगुन बपु' धारी।

यही नहीं –

औरउ राम रहस्य अनेका

में औरउ – 'राम' तथा 'रहस्य अनेका' न केवल विस्तृत व्याख्या की माँग करता हैं, बल्कि अपने आप में ही राम के अनेक होने तथा उसके रहस्य यानी कथा अनेक होने संबंधी रहस्य को समेटे हुये है। जिसका जिक्र तुलसीदास के कथन –

''नाना भाँति राम अवतारा''

की ओर भी संकेत कर रहा है। सरल शब्दों में कहें तो राम अनेंक हुये हैं, जो सभी अयोध्या निवासी दशरथ पुत्र हैं। यही नहीं तुलसीदास ने काल्पनिक विद्वान कागभुशुण्डि जी काल्पनिक श्रोता गरूड़ जी के समक्ष कहलवा कर इसबात की पुष्टि भी करवा रहे हैं कि अयोध्या में राम अनेक बार मनुष्य शरीर धारण कर चुके हैं और...

जब जब राम मनुज तन धरहीं। भक्त हेतु लीला बहु करहीं।।

तब तब अवधपुरी मैं जाउँ। बाल चरित बिलोकि हरषाउँ।।

प्रस्तुत पंक्तियाँ अपने आप में अनेक प्रश्नों को समेटे हुये है और उन प्रश्नों ने राम की वास्तविकता के सवाल को और भी उलझा दिया है। मसलन –

1. रामावतार जल्दी–जल्दी तो हुआ नहीं होगा ?
2. तब क्या सच में कागभुशुण्डि जी उतने बार अवधपुरी जाकर बाललीला देखते रहे होंगें ?

3. कागभुशुण्डि जी कितने लाख या करोड़ साल तक जीवित रहे ?
4. क्या राम एक ही चरित्र को बार–बार करते रहे होंगे ?
5. क्या राम हर बार अयोध्या में ही जन्म लेते रहे होंगे ?
6. यदि अयोध्या में ही जन्म लेते हैं तो क्यों ?
7. क्या बार–बार रावण का जन्म होता है ? इस प्रश्न को हम इसी आलेख में उठा चुके हैं इसलिये पाठक से आग्रह हे कि वे उसे ध्यान से पढ़ लेवें।
8. क्या हर बार रावण अपनी पुरानी कथा को दुहराते है ?
9. यदि ऐसा ही है तो क्यों ?
10. क्या रावण का राम के हाथों मर कर मोक्ष को प्राप्त नहीं हुआ ? (रावण के राम के हाथों मरने पर भी मुक्ति नहीं हुई, के पौराणिक कथा का वर्णन इसी अध्याय में ऊपर हो चुका है। इसलिये पाठक उस अनुच्छेद का पुनश्च अध्ययन कर सकते है पर ध्यान रहे उसमें हमने कोई टिप्पणी नहीं की है, इसलिये पाठक अपने अनुसार अर्थ ग्रहण कर सकते हैं)
11. यदि नही तो राम के हाथों मर कर मोक्ष प्राप्त हो जाने की धारणा क्या गलत है ?
12. यदि हाँ तो क्या मोक्ष प्राप्ति की अवधारणा ही गलत है ?
13. क्या उक्त कथन से राम के ईश्वरत्व पर संदेह नहीं हो रहा है ?
14. राम के अगले जन्म का प्रमाणित कथानक क्या हैं ?
15. रामचरितमानस में वर्णित राम रामावतारों में से किस नम्बर के अवतारी है ?
16. क्या हर बार राम दशरथ के घर ही जन्म लेते है ?
17. यदि ऐसा है तो क्या दशरथ और उनकी तीनों रानियाँ बार–बार अयोध्या में ही जन्म लेती है ?
18. जब राम ही भूमि के भार को हरण करने के लिये अयोध्या में बार–बार जन्म लेते हैं तब क्या कृष्ण जन्म की अवधारणा ही गलत है ?
19. और भी अनेकानेक प्रश्न उपस्थित हो सकता है पर यहाँ उन सभी प्रश्नों का उल्लेख हमें दिशाहीन कर सकता है। इसलिये हम उसकी चर्चा नहीं करना चाहेगे।

नोट– मानस के ही अनुसार विप्र श्राप के कारण उसे मुक्ति नहीं मिली। यदि ऐसा है तो पुनः सवाल – क्या रावण को इसका ज्ञान नहीं था? यदि था तो अपना मरण राम के हाथों क्यों चुना ? क्यों चुना का सवाल उक्त कथन के परिपेक्ष्य में जानना चाहें तो यह मानस में अनुत्तरित ही रह गया है।

वैसे पौराणिक पात्र कागभुसुण्डि की मानें तो राम बार–बार मनुष्य शरीर धारण करते है और हर बार वे अयोध्या में ही जन्म लेते हैं। पंक्ति देखिये –

जब जब अवधपुरी रघुबीरा। धरहि भगत हित मनुज सरीरा।

उत्तरकाण्ड दोहा क्रमांक–113 के बाद की चौपाई संख्या–6

तब तब जाइ राम पुर रहऊँ। सिसु लीला बिलोकि सुख लहऊँ।

उत्तरकाण्ड दोहा क्रमांक–113 के बाद की चौपाई संख्या–7

के साक्ष्य में देखें तो सवाल उत्पन्न हो सकता है कि क्या कृष्ण अवतार की कथा अमान्य है ? क्योंकि उस पंक्ति में कहे का मतलब यह कि जैसे मानस में तुलसीदास ने रामावतार अनेक और उसकी कथा को विचित्र एक से एका बताया है वैसे ही रावण की कथा भी अनेक एक से बढ़कर एक वर्णित है। जैसे –

1– एक रावण हिरण्यकश्यप हैं जिन्हें मारने के लिये श्रीहरि को –

धरि बराह बपु एक निपाता।

होइ नरहरि दूसर पुपि मारा।............................।

भए निसाचर जाइ तेइ, महाबीर बलवान।

कुंभकरन रावण सुभट, सुर बिजई जग जान।

रामावतार लेना पड़ा।

2 – दूसरा जलंधर –

तहाँ जलंधर रावन भयऊ। रन हति राम परम पद दयऊ।

यहाँ भी रावन को मारने के लिये एक बार फिर से रामावतार लेना पड़ा। लेकिन इस पंक्ति में इस बात का उल्लेख नहीं है कि रावण के अन्य भाई–बान्धवों का क्या हुआ ?

3– सत्यकेतु –

तीसरे कथानक के अनुसार सत्यकेतु छले जाने के कारण विप्रों से श्रापित होकर राक्षस बने। वही राक्षस रावण, कुम्भकर्ण और उसके समस्त बन्धु–बान्धव हुए। देखिये मानस की ही पंक्ति –

काल पाइ मुनि सोइ सुनू राजा। भयउ निसाचर सहित समाजा।

दस सिर ताहि बीस भुजदंडा। रावन नाम बीर बरिडंडा।

भूप अनुज अरिमर्दन नामा। भयउ सो कुम्भकरन बलधामा।

यहाँ भी रावण को मारने के लिये प्रभु को रामावतार लेकर रावण का वध करना पड़ा।

कहने का तात्पर्य यह कि तुलसीदास के अनुसार कई लोगों ने रावण का शरीर धारण किया और उनका मरण राम के हाथों होता रहा है। इसका मतलब यह भी हुआ कि–

एक ही तत्व माने विष्णु ही बार–बार रामअवतार लेता रहा है पर रावण के रूप में अलग–अलग लोगों का जन्म हुआ है।

राम का अनेक बार अवतार तो रावण को मारने के लिये ही होना प्रमाणित हो रहा है,

लेकिन यह भी सत्य है कि इस तरह के इत्यादि, इत्यादि प्रश्न उपस्थित होता रहेगा जिसका समाधान हम यहाँ नहीं कर सकते। क्योंकि–

1. एक तो ऐसा करना हमारे विषय क्षेत्र से बाहर का हो जायेगा और
2. दूसरा यह एक वृहद मात्र पौराणिक प्रसंग है और हम पौराणिकता को ज्यादा स्थान नहीं दे सकते।

3. पूरा पौराणिक कथानक ही उलझनों से भरा हुआ है। मानस में है चाहे वह राम के प्रसंग हो –"नाना भाँति राम अवतारा" या चाहे रावण – एक जिसे तुलसी ने रामावतार में वर्णि किया है और दूसरा अंगद से कहलवा दिया है उसमें ही।

इसलिये बेहतर होगा कि इस पर स्वतंत्र किताब लिखी जाय ? लेकिन हम अब तक के विश्लेषणों के आधार पर इतना तो दृढ़ता के साथ कह ही सकते हैं कि जिस दशरथ पुत्र को लेकर महर्षि बाल्मीकि ने रामायण की रचना की है, वह दशरथ पुत्र राम बाल्मीकि के समकालीन थे। देखिये तुलसी के ही कथन –

बाल्मीक प्रभु मिलन बखाना। चित्रकूट जिमि बसे भगवाना।

इस हिसाब से उनका समय आज से 2900 या 3 हजार साल से अधिक का नहीं है। जबकि तुलसीदास ने जिस राम का रामचतिमानस में चित्रण किया है तथा उसको अवतारी बताया है उसे तुलसीदास ने ही त्रेतायुगीन कहा है, वह त्रेतायुग माने आज से लाखों–लाख साल पूर्व का हो जाता है और उसमें भी यह तय करना मुश्किल हो जाएगा कि जिस राम की कथा तुलसीदास लिखने जा रहे हैं उसका वास्तविक नायक –

1. हिरण्यकश्यप और हिरणाक्ष जो बाद में –

भए निसाचर जाइ तेइ महाबीर बलवान।

कुंभकरन रावन सुभट सुर बिजई जग जान।।

बालकाण्ड दोहा क्रमांक – 122

जिसे राम ने तो मारा पर विप्र श्राप के कारण वह मोक्ष को प्राप्त नहीं कर सके थे इस तरह से उसे माने रावण को तीन बार जन्म लेना पड़ गया था। मानस की ही तत्संबंधी पंक्ति देख लीजिए –

मुकुत न भए हते भगवाना। तीनि जनम द्विज बचन प्रमाना।।

उन तीन जन्मों में

2– कश्यप अदिति जो बाद में दशरथ–कौशल्य हुए। तत्संबंधी मानस की ही पंक्ति देखिए –

कश्यप अदिति जहाँ पितु माता। दसरथ कौसल्या बिख्याता।।

हुए और अगले जन्म के लिए मानस की ही पंक्ति देखिए ——

एक कलप सुर देखि दुखारे। समर जलंधर सन सब हारे।।

वही जलंधर –

तहाँ जलंधर रावन भयऊ। रन हति राम परम पद दयऊ।।

बालकाण्ड दोहा क्रमांक–123 के बाद की चौपाई संख्या–1

3– नारद श्राप अर्थात राम के एक जन्म का कारण तुलसीदास ने ही नारद के श्राप को भी बताया है। पंक्ति देखिए –

नारद श्राप दीन्ह एक बारा। कलप एक तेहि लगि अवतारा।।

बालकाण्ड दोहा क्रमांक–123 के बाद की चौपाई संख्या–3

अब मानस के पाठक के लिए सवाल यही कि इन तीनों बार हुए जन्मों से नायक राम किस जन्म वाले अवतारी हैं, जिसकी वे पूजा करते हैं ? यद्यपि तुलसीदास जी ने मानस में ही माना है कि वे वही राम हैं जिनका वे मानस में वर्णन कर रहे हैं, वह देवताओं, मुनियों के साथ पृथ्वी की करूण पुकार सुनकर वचन देते हुए कहा था कि –

जनि डरपहु मुनि सिद्व सुरेसा। तुमहिं लागि धरिहौं नर बेसा।

अंसन्ह सहित मनुज अवतारा। लेहउँ दिनका बंस उदारा।

कश्यप अदिति महातप कीन्हा। तिन्ह कहुँ मैं पूरब बर दिन्हा।

ते दशरथ कौसल्या रूपा। कोसलपुरी प्रगट नरभूपा।

तिन्ह के गृह अवतरिहउँ जाई। रघुकुल तिलक सो चारिउ भाई।

नारद वचन सत्य सब करिहउँ। परम सक्ति समेत अवतरिहउँ।

हरिहौं सकल भूमि गरुआई। निर्भय होहु देव समुदाई।

बालकाण्ड–पृष्ठ 156, दोहा क्रमांक–176 के बाद की चौपाइयाँ

चूँकि उपरोक्त कथन को तुलसीदास ने भगवान के मुख से कहलवाया है। इसलिए अधिक प्रमाणिकता के साथ जनमानस में स्वीकार्य हो गया

है। इसके बहुत पहले ही गीता के कथनों लिए महर्षि वेद व्यास जी ने इसी पद्धति के अपनाकर गीता को जन स्वीकार्य बना चुके थे। गीता वेद व्यास की रचना है यह जानते हुए भी लोग आज भी उसके कथन जिसे श्री कृष्ण के मुख से कहलवाया गया है को कृष्ण के कथन ही कहते हैं और चूँकि गीता तुलसी के बहुत पहले की रचना है तो स्वभाविक है तुलसीदास उसके प्रभाव से अछूते नहीं रहे होंगे ?

हमारे उपरोक्त उदाहरण से यह भी स्पष्ट हो गया है कि तुलसीदास ने उसी रामावतार की गाथा को मानस में वर्णित किया है जिसे नारद ने श्राप दिया बताया गया था। वह नारद श्राप भी प्रभु की इच्छा का ही परिणाम था, जैसा कि तुलसीदास ने ही मानस में लिखा है कि जो कुछ होने जा रहा है वह सब प्रभु की इच्छा से ही हो रहा है। तत्संबंधी मानस की ही पंक्ति देख लीजिए जब नारद माया के दूर होने पर भयभीत होकर श्रीहरी से विनती करता है कि –

मृषा होई मम श्राप कृपाला।

लेकिन श्रीहरि यह कह कर –

मम इच्छा कह दीनदयाला।

बालकाण्ड दोहा क्रमांक–137 के बाद की चौपाई संख्या–2

नारद के श्राप को स्वीकार कर लेता है। कहने का तात्पर्य यह कि तुलसीदास ने बाल्मीकि के राम और उसकी कथा जो ऐतिहासिकता के बहुत करीब है को पौराणिक रंग देकर मिथक के तौर पर प्रस्तुत कर दिया, माने रामचरितमानस की रचना कर दिया। शायद इसीलिए उसने अपनी इसी रचना का प्रथम शिल्पकार पौराणिक पात्र शिव को बताकर अपने आप को मानवीय अलोचना से परे रखने का दमदार प्रयास भी कर लिया है। यही वजह है कि आज भी मानस के विरुद्व बातें करने का कोई सहज हिमाकत नहीं करता। भला ऐसा करके बहुसंख्यक हिन्दू समाज के कोप–भाजन कौन बनना चाहेगा ?

इसके अतिरिक्त तुलसीदास जी ने ही लंकाकाण्ड में बालि–पुत्र अंगद के मुख से ही रावण के लिए जो कुछ कहलवाया है कि –

कहु रावन रावन जग केते। मैं निज श्रवन सुने संनु तेते।

बालिहि जितन एक गएउ पताला। राखेउ बाँधिसिसुन्ह हयसाला।

खेलहिं बालक मारहिं जाई। दया लागि बलि दीन्ह छोड़ाई।

एक बहोरि सहसभुज देखा। धाइ धरा जिमि जंतु बिसेसा।

कौतुक लागि भवन लै आवा। सो पुलस्ति मुनि जाइ छोड़ावा।

एक कहत मोहि सकुच अति, रहा बालि की काँख।

इन्ह महुँ रावन तैं कवन, सत्य बदहिं तजि माख।।

लंकाकाण्ड दोहा क्रमांक–24

इस दृष्टान्त से मानस के पाठक का उलझन और भी बढ़ ही गया होगा कि वे किस रावण को अधिक सत्य माने। इसके बाद भी पता नहीं क्यों कुछ लोग मानस की कथा में सेतु और लंका में भी रावण के होने का प्रमाण खोजते फिर रहे हैं ? खैर जो भी हो पर राम हमारे लिए आराध्य तो है ही और जहाँ तक रामकथा का सवाल है उसके बारे में भी तुलसीदास ने उत्तरकाण्ड में जाकर कथा समाप्त करने के पहले ही कागभुसुण्डि के माध्यम से गरुड़ के बहाने लोगों को बता और चेता दिया था कि –

राम चरित जे सुनत अधाहीं । रस बिसेस जाना तिन्ह नाहीं।

और ....

भव सागर चह पार जो पावा। राम कथा ता कहँ दृढ़ नावा।

उत्तरकाण्ड दोहा क्रमांक–52 (ख)के बाद की चौपाई संख्या–2

अब जरा गौर कीजिये कि बाल्मीकि ऐतिहासिक पात्र हैं और उसके काल में ही अयोध्या निवासी दशरथ पुत्र राम हुए हैं। जिसके दो पुत्र हुये थे– लव और कुश।

तुलसीदास ने भी रामचरितमानस में ही माना है कि राम के दो पुत्र हुये थे – लव और कुश। मानस के ही पंक्ति देख लीजिए –

दुइ सुत सुंदर सीता जाए। लव कुस बेद पुरानन्ह गाए।

(पता नहीं किस बेद और पुरानों में लव–कुश का यशोगान किया गया है ? जब लव–कुश के पिता राम का ही उल्लेख प्राचीनतम वेदों में नहीं है फिर .....?)

लेकिन बाल्मीकि की तरह तुलसीदास ने नहीं बताया कि लव और कुश का जन्म कहाँ हुआ ? तथा उनका लालन–पालन किसने किया ? मानस की पंक्तियों और भाव को देख कर तो यही प्रतीत हो रहा है कि राम और उनके भाइयों के जो पुत्र –

दुइ दुइ सब भ्रातन्ह केरे।

हुए वे सबके सब अयोध्या के राजमहल में ही हुये थे। जबकि बाल्मीकि और उनकी रचना – रामायण जो कि राम के समकालीन हैं, इसलिये ज्यादा प्रमाणित भी हैं के अनुसार उनके आश्रम में ही लव–कुश का जन्म और परवरिस हुआ था, ऐसे में तुलसी का कथन अपने–आप में काल्पनिक सिद्व हो जाता है।

चूँकि बाल्मीकि ऐतिहासिक पात्र हैं इसलिये उनकी रचना को ही राम के होने के लिये अधिक प्रमाणित माना जाना चाहिये और जहाँतक कथानक में यथार्थता का सवाल है तो उसे उसी तरह स्वीकार किया जाना चाहिये जैसे जगनिक रचित – आल्हा। आल्हा ऐतिहासिक पात्र है लेकिन आल्हा काव्य (अतिशयोक्ति पूर्ण) रचना है जबकि मानस के राम को धार्मिकता देने के लिये अवतारी पात्र मान लिया गया है। इसलिये वह वैज्ञानिक या तार्किक कम आस्थाजनित अधिक है।

उपर्युक्त तथ्यों के आलोक में यही कहा जा सकता है कि बाल्मीकि जो राम के समकालीन थे ने अपनी रचना – रामायण में प्रभावशाली दशरथपुत्र राम जिसे काव्यमय प्रस्तुति में आंशिक विष्णु अवतारी कहा था, को तुलसीदास ने शुद्ध माने पूर्णरूपेण विष्णु अवतारी निरूपित कर दिया है। इस तथ्य को हम अंकीय माने प्रतिशत के दृष्टिकोण से सूत्र रूप में समझना चाहें तो उसे इस तरह से समझ या लिख सकते हैं –

सच–10 प्रतिशत + कल्पना 90 प्रतिशत = रामचरितमानस (महाकाव्य) की रचना हुई है।

याने तुलसीदास ने राम के होने का प्रमाण देने वालों तथा काल्पनिक कहने वालों दोनों के लिये मसाला छोड़ गये हैं। इसे भी एक तरह का समन्वय कहना अत्युक्ति नहीं होगा। यदि तुलसी ऐसा नहीं करते तो स्वभाविक था रामचरितमानस हिन्दी का महाकाव्य मात्र बनकर अध्ययन–अध्यापन तक ही सीमित रह जाता। वह आज की तरह हिन्दू धर्मानुयायियों के लिये श्रद्धा, विश्वास और आस्था का स्वरूप धारण कर पूजनीय नहीं बन सकता था। यही तात्कालिक समय की माँग भी थी। अन्यथा बढ़ते इस्लामिक प्रभाव से डरी–सहमी हिन्दू जनता को रामभक्ति का संबल नहीं मिल पाता। यही नहीं रामभक्ति शाखा निर्गुणोंपासना और कृष्ण काव्य के व्यापक प्रभाव के नीचे भी दबकर रह जाता। तुलसी न ऐसा कर सकता था न होने देना चाहता था। तुलसीदास के मानस रचना के संबंध में हमने पहले ही बता दिया है कि उन्होंने बिखरी रामकथा को मानस में समेट दिया है। जैसा कि उन्होने स्वयं लिखा है–

भाषाबद्ध करबि मैं सोई ।

और वहीं आगे लिखते हैं –

मोरे मन प्रबोध जेहि होई ।

अर्थात मेरे मन को जो अच्छा लगा या उचित लगा। स्वाभाविक है तुलसीदास को जो रामकथा मिली थी उसे अपने 'समय और परिस्थिति की माँग' के आनुसार ढालकर 'कल्पनामिश्रित' रामचरितमानस की रचना कर दिया।

तुलसी के पहले राम का बृहद और संपूर्ण जीवनचरित्र बाल्मीकिकृत रामायण में मिलता है। रामायण के राम चूँकि बाल्मीकि के समकालीन थे और बाल्मीकि का समय ईसा पूर्व छठीं शताब्दी माना जाता है। (राम को समकालीन इसलिये बताना अपरिहार्य है कि राम के दोनों पुत्रों – जिसका उल्लेख तुलसीदास ने भी मानस में किया है का जन्म 'जुड़वा' बाल्मीकि के आश्रम में हुआ बताया जाता है और उन दोनों रामकुमारों का पालन–पोषण तथा शिक्षा–दीक्षा भी उसी आश्रम में हुआ था) इसके साक्ष्य में बाल्मीकि रामायण द्वितीय भाग षट्षटितमः सर्ग पृष्ठ – 759 जिसमें सीता के दो पुत्रों का जन्म, बाल्मीकि द्वारा

उनकी रक्षा की व्यवस्था और इस समाचार से प्रसन्न हुए शत्रुघ्न का वहाँ से प्रस्थान करके यमुना तट पर पहुँचना वर्णित है, को रखा जा सकता है।

यही नहीं तुलसीदास ने वन में राम और बाल्मीकि के मिलन का भी वर्णन किया हैं। पंक्ति देखिये राम बाल्मीकि से पूछ रहे हैं –

अस जियँ जानि कहिय सोइ ठाउँ।

सिय सौमित्रि सहित जहँ जाऊँ।

अयोध्याकाण्ड दोहा क्रमांक–125 के बाद की चौपाई संख्या–3

के उत्तर में बाल्मीकि ने राम को आगे रहने लायक जगह बता रहे हैं– पंक्ति देखिये –

चित्रकूट गिरि करहु निवासू। तहँ तुम्हार सब भाँति सुपासू।

अयोध्याकाण्ड दोहा क्रमांक–131 के बाद की चौपाई संख्या–2

अतः अब संदेह की गुँजाइस ही नहीं रह जाती है कि तुलसीदास ने जिस राम का चरित्रांकन रामचरितमानस में किया है वह बाल्मीकि के समकालीन नहीं थे। तुलसीदास ने जिस बिखरे रामकथा को समेटकर अपने ढंग –

मेरे मन प्रबोध जेहि होई।

से जब लिख रहे थे –

संबत सोलह सै एकतीसा।

में तब ऐसा नहीं हो सकता कि तुलसीदास बाल्मीकि के रामायण से कथासूत्र ग्रहण कर समय और परिस्थिति के मुताबिक उसे ढालकर रामचरितमानस की रचना नहीं किया होगा ?

यद्यपि तुलसीदास ने रामचरितमानस में रामकथा का प्रथम रचयिता, शिव को बताया है। तुलसी के अनुसार शिव जी ने राम चरित्र को रचकर मन में ही रखा था, जिसको पार्वती के बहाने लोक कल्याण के लिये बाहर आने पर 'मानस' नाम दिया है, के लिये यहाँ उदाहरण

की आवश्यकता नहीं है। क्योंकि इसका उल्लेख रामचरितमानस नामकरण में हमने कर दिया हैं।

वास्तव में और व्यवहारिक दृष्टि से देखें तो तुलसीदास अपने गुरु से सुनी कथा के साथ–साथ बाल्मीकि रामायण से (जिसे आंशिक ही विष्णु अवतारी कहा जा सकता है, जबकि समग्र रूप में वह अवधकुमार एक प्रभावशाली राजा था जो उन्हीं के समकालीन थे। जिसकी पत्नी को लंका नरेश रावण ने हरण कर लंका ले गया था। तत्पश्चात राम ने सीता का पता लगाया और युद्ध में रावण का बध कर उसे वापस अपने राज्य अयोध्या ले आया था) कथानक लेकर उसे विष्णु अवतारी त्रेतायुगीन बना दिया है।

बाल्मीकि कवि थे और सारी बातें रामायण नामक काव्य ही नहीं महाकाव्य में लिखा है और काव्य के संबंध में जैसा कि हमने पूर्व में ही सूचित कर दिया है कि – ''काव्य ऐतिहासिक दस्तावेज नहीं होता'' (यह हमने आल्हा काव्य का उदाहरण दे कर सिद्ध करने का प्रयास भी किया हैं) के तहत ही राम के अस्तित्व को स्वीकार किया जाना चाहिये। सारांश यह कि बाल्मीकि रामायण भी इसका अपवाद नहीं है।

लगभग यही कहानी तुलसी के महाकाव्य रामचरितमानस की भी है। दोनों में अन्तर तो बहुत हैं फिर भी मूल अन्तर राजा राम का विष्णु अवतारी बताने में है।

अगला बड़ा व्यवधान बाल्मीकि और तुलसी के बताए राम के काल माने 'समय' को लेकर उत्पन्न होता है। बाल्मीकि के राम ईशा पूर्व छठीं शताब्दी बाल्मीकि के समय के ठहरते हैं जबकि तुलसी ने मानस में वर्णित राम को त्रेतायुगीन बताया है। जोकि अविश्वसनीय प्रतीत होता है। यह बात तुलसी के कथन में ही है। देखें विरोधाभास– एक ओर वे राम को शिव जी (पौराणिक पात्र) के संदर्भ में लिखते हैं कि –

एक बार त्रेतायुग माहीं। संभु गये कुंभज रिषि पाहीं।

उसी समय श्रीराम का जन्म होना बताया गया है। देखिये तुलसीदास क्या लिख रहे हैं–

तेहि अवसर भंजन महिभारा। हरि रघुबंस लीन्ह अवतारा।

और दूसरी ओर उन्होंने बाल्मीकि (ऐतिहासिक पात्र जिनका समय इतिहास सिद्ध है) से राम वनवास के समय अयोध्या काण्ड में मुलाकात करवा देते हैं। पंक्ति देखिये –

देखत बन सर सैल सुहाए। बालमीकि आश्रम प्रभु आए।

राम यदि पौराणिक त्रेतायुगीन हैं तो उनका समय लाखों–लाख वर्ष ईसा पूर्व का ठहरता है, जबकि बाल्मीकि का समय ईसा पूर्व कुछ ही सौ साल का है। ऐसे में आप किसे सत्य मानेंगे ऐतिहासिक गणना को या काल्पनिक गणना को ? स्वभाविक है जहाँ तिथिगत प्रमाण का सवाल है वहाँ पर ऐतिहासिक प्रमाण को नजर अंदाज नहीं किया जा सकता ?

यदि राम का अस्तित्व वैदिक काल के पूर्व का होता तो–

1. भारत के सबसे प्राचीन ग्रंथ वेद विशेष कर ऋगुवेद में उनका उल्लेख जरूर होता पर है नहीं।
2. इसके बावजूद तुलसीदास अपनी रचना मानस में – अनेक जगह वेद या वेद सम्मत क्यों लिख रहे है ? इससे यही सिद्ध हो रहा है कि राम का काल वेदों के बाद का है और वेदों का काल महज 5 वीं– छठी शताब्दी ईशा पूर्व का ही है।

ऐसे में हम यही कह सकते हैं कि मानस के राम न ही पुरी तरह से काल्पनिक हैं और न ही पूर्णरूपेण यथार्थ। यही वजह है कि दोनों तरह के विचारकों के अपने–अपने कथ्य के समर्थन में अपने–अपने तर्क हैं। अब हमारे लिये भी तुलसी बाबा के कथन ...

कोउ कह सत्य झूठ कह कोऊ। युगल प्रबल कर मानहिं दोऊ।

को स्वीकार करते हुए अपनी बात को समाप्त करते समय कोई संकोच नहीं रह गया है कि राम थे, मगर वह पौराणिक त्रेतायुगीन नहीं अपितु बाल्मीकीय के समकालीन उत्तर वैदिक काल के थे। जिसका आल्हा की मानिंद चित्रण कर विशिष्ट को अतिविशिष्ट बना दिया गया है। काव्य के संबंध में ऐसी ही मान्यता आचार्य रामचन्द्र शुक्ल का भी रहा है, जिसे उसने कविता क्या है नामक निबंध में वर्णित किया है।

जिसका उदाहरण हमने पूर्व में ही दे दिया है। अब मानने वालों पर निर्भर करता है कि वे विशिष्ट को तवज्जों देते हैं या अतिविशिष्ट को ? स्वभाविक तौर पर लोगों ने राम के अतिविशिष्ट रूप को ही स्वीकार कर लिया है। इसलिये तर्क का सहारा लेने वालों के लिये समस्या या कहें सवाल खड़ा हो गया और इस तरह के सवाल के उत्तर तलासने के लिये हमें मानस में गोता लगाना पड़ गया था। गोता लगाने के बाद हमें जो कुछ मिला उसको हमने उत्तर स्वरूप आपके समक्ष प्रस्तुत कर दिया है। मानना न मानना आप पर निर्भर करता है।

***

सवाल - तीन

तुलसी का कलियुग माने.....?.?

तुलसी के कलियुग माने क्या ? आपको लग सकता है कि ये भी कोई सवाल है ? क्या तुलसी के कलियुग भारतीय पौराणिक मान्यता से अलग है ? जी हाँ यही सच है। क्योंकि भारतीय पौराणिक मान्यता के अनुसार एक–एक युग लाखों वर्ष का बताया जाता है। जिसका ऐतिहासिक गणना से कोई साम्य नहीं है। तुलसी को इसका ज्ञान था। लेकिन वे राम कथा को भारतीय पौराणिकता से अलग करके लिखकर उसे भारतीय जनमानस के अनुकूल नहीं बना सकते थे। शायद इसीलिये रामचरितमानस में तुलसीदास ने पौराणिकता में यथार्थ माने इतिहास का घोलमेल कर दिया है और यही तथ्य राम के पौराणिकता में यथार्थ तलाशने वालों के लिये मसाला दे दिया है। इसलिये आज भी राम के होने और न होने माने काल्पनिक होने को लेकर द्वंद जारी है। हमें लगता है कि यह द्वंद आगे भी जारी रहेगा। तो आइये इधर–उधर की बातें न करते हुये मानस के भीतर घुसकर पता करें कि इस संदर्भ में तुलसी और उनका मानस क्या कहता है?

जैसा कि हमने पहले भी कहा है कि राम अवतार को तुलसी ने त्रेतायुग का कहा है। पंक्ति देखिये –

एक बार त्रेतायुग माहीं। संभु गये कुंभज रिषि पाहीं।

रामचरित मानस में उसी समय श्रीराम का जन्म होना भी बताया गया है। देखिये तुलसी के शब्द –

तेहि अवसर भंजन महिभारा। हरि रघुबंस लीन्ह अवतारा।

श्रीराम का अवतरण पौराणिक त्रोतायुग में हुआ और वह बाल्मीकि से भी मिले, तिथि गणना के अनुसार यह संभव ही नहीं है। इसका मतलब यह कि दोनों सत्य नहीं हो सकते। उनमें से कोई एक ही सत्य है। ठीक वैसे ही जैसे तुलसीदास ने ही लिखा हैं–

दोऊ न इकसंग होय भुआलू। हँसहि ठठाय फुलावहु गालू।

इधर देखिये तुलसीदास मानस लेखन के पहले अनेक लोगों की वंदना कर रहे हैं इसमें वे कविगण भी हैं, जिन्होंने या तो हरि चरित्र लिखा या सीघा–सीधा राम कथा लिखी। पंक्ति देखिये –

एहि प्रकार बल मनहि देखाई। करिहउँ रघुपति कथा सुहाई।

ब्यास आदि कवि पुंगव नाना। जिन सादर हरि सुजस बखाना।

चरन कमल बंदउँ तिन्ह केरे। पुरवहुँ सकल मनोरथ मेरे।

कलि के कबिन्ह करउँ परनामा। जिन्ह बरने रघुपति गुन ग्रामा।

जे प्राकृत कबि परम सयाने। भाषाँ जिन्ह हरि चरित बखाने।

ऊपर के चौपाइयों में –

ब्यास आदि कवि पुंगव नाना। जिन सादर हरि सुजस बखाना।

चरन कमल बंदउँ तिन्ह केरे। पुरवहुँ सकल मनोरथ मेरे।

कहा गया है। इसका आशय यह है कि तुलसीदास व्यास आदि कवियों की बंदना इसलिये कर रहे हैं कि उसने हरि चरित्र माने कृष्ण चरित का वर्णन अपनी रचना श्रीमद्भाग्वत में किया है और भारतीय पौराणिक मान्यता के अनुसार श्रीकृष्ण का समय द्वापर युग का है, जोकि त्रेतायुग के बाद आता है। इसका मतलब साफ है कि व्यास रचित कृष्ण गाथा द्वापर युग का है जबकि राम का युग उससे भी पहले माने त्रेतायुगीन है और मानस के अनुसार राम का अवतरण बाल्मीकि के समय हुआ था। माने ईशा पूर्व छठीं शताब्दी के आस–पास और व्यास उसके कुछ ही सौ साल बाद में हुये हैं। यहाँ पर ध्यान देने वाली बात यह है कि– बाल्मीकि और व्यास दोनों ऐतिहासिक पात्र हैं। काल गणना के अनुसार बाल्मीकि व्यास के अग्रज है अर्थात दोनों के काल में कुछ ही सौ (लगभग हजार साल) साल का अन्तर हो सकता है। जबकि तुलसी के ही कथनानुसार राम बाल्मीकि के समकालीन हैं। तब द्वापर युगीन व्यास की वंदना क्यों कर रहे हैं ? शायद इसलिये कि तुलसीदास व्यास से बहुत बाद के है ? पर इतने भर से समस्या का समाधान नहीं हो जाता। क्योंकि बाल्मीकि और व्यास के काल में कुछ ही सौ साल के

समय का अंतराल है। जबकि युग की गणना के अनुसार यदुवंशीय शासन, पाँडवों का जरासंध पर विजय प्राप्त न कर सकना तथा जरासंघ से विजय प्राप्त करने के लिये यदुवंशियों से मदद लेकर जरासंघ का षड़यंत्र पूर्वक वध का जिक्र भारतीय इतिहास में वर्णित है। इसलिये व्यास के गीता और महाभारत माने द्वापर युग पर यकीन करते हुये रामायण और महाभारत काल को कुछ ही सौ साल (लगभग हजार साल) के अन्तर का माना जा सकता है, जिसका पौराणिक युग (समय) से कोई साम्य नहीं है।

ऐसे में सवाल उत्पन्न होना स्वभाविक है कि – तुलसी के कलियुग का माने क्या है ? क्या कुछ ही सौ सालों को तुलसीदास ने पौराणिक मान्यता (युग संबंधी) में घालमेल कर दिया है। तथ्यों के आलोक में तो यही सही लगता है। दूसरे शब्दों में कहना चाहें तो यह कि तुलसीदास ने जिसे त्रेतायुग कहा है वह मात्र ईसा के लगभग कुछ ही (1500 ईसा पूर्व से 5 वीं शताब्दी ईसा पूर्व तक) सौ साल (लगभग 1 हजार साल) का समय है तथा उसका समय पौराणिक कथानक के अनुसार लाखों वर्ष का नहीं है। यही अन्तर बाल्मीकि और व्यास के समय का भी है और जहाँ तक व्यास जी के समय का है वह महाभारत के ही अनुसार द्वापर युगीन है। जिसके काल में श्री कृष्ण रहे हैं का चरित्र महाभारत में वर्णित है। इस आधार पर हम कह सकते हैं कि बाल्मीकि और व्यास दोनों ही कवियों ने अपने–अपने समकालीन प्रभावशाली कुमारों का वर्णन अपनी–अपनी रचना (रामायण और महाभारत–गीता) में किया है। इसलिये दोनों ही कवियों जोकि ऐतिहासिक पात्र हैं, के समय के साक्ष्य में यही निष्कर्ष निकलता है कि दोनों का समय कुछ ही सौ साल का रहा है। इसलिए राम और कृष्ण का काल भी कुछ ही सौ साल के अन्तर का रहा है, लाखों साल का नहीं।

इस तथ्य पर और ज्यादा प्रकाश डालने के लिये हमें रामचरितमानस की ऐतिहासिकता का भी परख कर लेना चाहिये। रामचरितमान की ऐतिहासिकता को समझने के लिये हमें मानस के ऐतिहासिक तथ्यों का परीक्षण करना होगा। इनमें सर्वप्रथम है मानस के ऐतिहासिक पात्र।

1. मानस के ऐतिहासिक पात्र –

इसके अन्तर्गत हम मानस में बाल्मीकि के अतिरिक्त उल्लेखित प्रमुख ऋषि–मुनियों में अगस्त, अत्रि, वशिष्ठ, गौतम, भरद्वाज आदि को रख सकते है। ये सभी ऋषि वैदिक काल माने तुलसी के त्रेतायुग के ऋषि हैं, लेकिन हम यहाँ पर प्रमाण की परख के लिये बाल्मीकि को ही प्रमुखता देना चाहेंगे। इसका कारण यह है कि –

एक– बाल्मीकि ने रामायण की रचना की है, जिसे प्रथम रामकथा के रचना और रचनाकार कहा जाता हैं।

दूसरा– बाल्मीकीय रामायण के अनुसार उसने सीता को न केवल संरक्षण दिया अपितु उसके दोनों पुत्रों – लव और कुश जिनका जन्म अनके आश्रम में हुआ बताया जाता है, का लालन–पालन और शिक्षा–दीक्षा भी अपने आश्रम में ही दिया था। इसलिये बाल्मीकि ही पूरी तरह से राम के होने और युगीन गणना के लिये प्रमाणित पात्र हैं।

अस्तु राम को बाल्मीकि के काल माने उत्तर वैदिक युगीन का करार देने में हमें जरा भी संकोच नहीं हो रहा है।

मानस के दूसरा ऐतिहासिक तत्वों में उस काल के स्थल को रखा जा सकता है।

2. मानस के ऐतिहासिक स्थल –

इसके अन्तर्गत अयोध्या, जनकपुर, पंचवटी, सरयू गोदावरी नदी, किष्किन्धा पर्वत, श्रीलंका आदि को रखा जा सकता है।

जहाँ तक मानस के ऐतिहासिकता के परीक्षण का सवाल है वह स्थलों से नहीं मानव को रखकर देखने से ही हो सकता है। क्योंकि जिन स्थलों का संबंध राम से बताया गया है वे श्रीराम के काल निर्धारण में समर्थ नहीं हैं। आप चाहें तो मानव इतिहास में उनकी भूमिका को संदर्भ के तौर पर जोड़कर देख और अध्ययन कर सकते हैं। भारतीय पौराणिक मान्यता के अनुसार युगीन दृष्टि से देखें तो उल्लेखित सभी पात्र बाल्मीकि और उसके कुछ ही सौ साल पहले के आस–पास के हैं। इस आधार पर भी रामकथा को पौराणिक त्रेतायुगीन नहीं ठहराया जा सकता। इसे मात्र कल्पना ही कह सकते हैं।

जहाँ तक रामचरितमानस के कथानक के काल का संबंध है उसे मानस के ही ऐतिहासिक पात्रों–बाल्मीकि, वशिष्ठ अत्रि, याज्ञवल्क्य–भरतद्वाज, गौतम तथा अगस्त्य ऋषि आदि जिनका समय ईसा पूर्व माने वैदिककाल का ठहरता है, के आधार पर रामचरितमानस के कथानक और कथा के नायक राम को उत्तर वैदिककाल के अंतिम समय का माना जा सकता है। ऐसा मानने का एक बड़ा कारण यह भी रहा है कि चूँकि वेदों में राम का उल्लेख नहीं है तो स्वभाविक है राम उत्तर वैदिक काल के ही ठहरेंगे। इसी तरह से बाल्मीकि जो कि रामायण के रचयिता और रामकथा के पहले ऐतिहासिक रचनाकार हैं और उसके अनुसार लव–कुश का जन्म और शिक्षा–दीक्षा बाल्मीकि जी के आश्रम में ही हुआ था तथा लवकुश के साथ राम की सेना जिनमें श्रीराम के भाइयों के भी शामिल होने का उल्लेख है, युद्ध हुआ था के आधार पर भी राम और रामचरितमानस की कथा को पौराणिक त्रेतायुगीन नहीं अपितु बाल्मीकि माने उत्तर वैदिक कालीन का ठहराया जा सकता है। इसमें किसी को संदेह नहीं होना चाहिये।

3. ऐतिहासिक ग्रंथ (वेद) –

इसके अतिरिक्त मानस में ऐतिहासिकता के परीक्षण के लिये वेदों को भी रखकर देखा जा सकता हैं। क्योंकि मानस में बार–बार वेद या वेद सम्मत की बात कही गई है। वेद भी ईसा के कुछ ही सौ साल पूर्व की रचना है। जिसका उल्लेख भारतीय इतिहास में मिलता है। भारतीय इतिहास में इसकाल को वैदिककाल नाम दिया गया है। लेकिन उसका पौराणिक त्रेतायुग माने लाखों–लाख साल पुराने से कोई साम्य नहीं है और यह हड़प्पा कालीन सभ्यता के बाद का है।

यदि हम "साहित्य समाज का दर्पण है" के संदर्भ में राम के समय का मूल्यांकन करना चाहें तब भी यही तथ्य उजागर होता है कि चूँकि वेदों में राम का उल्लेख नहीं है इसका माने यह है कि राम उसकाल में थे ही नहीं। यदि होते तो उनका उल्लेख जरूर होता क्योंकि उसे माने राम को मानस में अति महत्वपूर्ण (ईश्वरावतारी तक) बताया गया है और यदि तुलसी की बात सही है तब ऐसा नहीं हो सकता कि उनका उल्लेख वेदों में न होता, या दूसरा यह भी हो सकता है कि राम इतना महत्वपूर्ण नहीं हुए थे कि वेदों में उनका उल्लेख

होता ? अब आप ही बताएँ कि दोनों कथनों में सत्य क्या हो सकता है? हमें तो पहला कथन ही सही लग रहा है।

अतः निष्कर्ष के तौर पर कहना चाहें तो यही कह सकते हैं कि– तुलसीदास ने अपने मानस में जिस राम और रामकथा को त्रेतायुगीन कहा है वह मात्र हिन्दू समाज को रामचरितमानस और राम के ईश्वरीय धारणा पर भरोसा दिलाने के लिये किये गये उपक्रम से ज्यादा कुछ भी नहीं है। क्योंकि पौराणिक त्रेतायुग एक काल्पनिक गणना मात्र सिद्ध होता हैं। जिसका यथार्थ गणना माने इतिहास से कोई सरोकार नहीं है। तुलसी के पौराणिक त्रेतायुग से तो बिल्कुल ही नहीं। यह अलग बात है कि तुलसी ने जिसे त्रेतायुग कहा है उसका संबंध श्रीराम से जोड़े जाने के कारण उत्तर वैदिक युग का ही ठहरता है।

अब प्रश्न तो उत्पन्न हो ही रहा है कि आखिर तुलसीदास जी ने रामचरितमानस में रामावतार या उससे जुड़ी रामकथा को त्रेतायुगीन क्यों बताया या कहा ? यदि ऐसा नहीं कहता तो क्या होता ?

दोनों ही सवाल अतिमहत्वपूर्ण हैं। पहले सवाल– आखिर तुलसीदास जी ने रामचरितमानस में रामावतार या उससे जुड़ी रामकथा को त्रेतायुगीन क्यों बताया या कहा ? इसके उत्तर में निम्नांकित बातें कही जा सकती है –

1– तुलसीदास यदि रामचरितमानस में रामावतार या उससे जुड़ी रामकथा को त्रेतायुगीन नहीं कहता तो बहुत संभव है कि बहुसंख्यक हिन्दू जनता रामचरितमानस को अस्वीकार ही कर देती और तुलसीदास ऐसा नही होने दे सकता था। इस बात का जिक्र हमने इसी किताब में कई जगह किया है।

इस सवाल का समाधान रामचरितमानस लिखने के कारणों या कहें उद्देश्य में भी देखा जा सकता है। इसके लिये आपको पूरी किताब को ध्यान से पढ़ना होगा उत्तर उसी में मिल जायेगा। इसलिये हम पुनरुक्ति दोष से बचने के लिये उन प्रसंगों को दुहराना नहीं चाह रहे हैं।

2– दरअसल धार्मिक लोगों की आस्था पौराणिकता पर ज्यादा होती है। इसलिये भी रामचरितमानस और उसकी कथा को बहुसंख्यक हिन्दू जनता में स्वीकार्यता प्रदान कराने के लिये तुलसी के पास कोई दूसरा ठोस उपाय रहा ही नहीं होगा। इसलिये तुलसीदास ने पौराणिक मान्यता को ही चुना होगा।

हम अपनी बात के समर्थन में एक और तथ्य माने कारण को जोड़ना चाहेंगे वह यह कि तुलसीदास एक धार्मिक संत किस्म के व्यक्ति थे, इसलिये भी वह मजबूर थे। स्वभाविक है हिन्दू संत से हम इसी तरह की उम्मीद ही कर सकते हैं।

तुलसीदास यदि ऐसा नहीं करता तो क्या होता ? –

अब हमारे ही उठाये दूसरे सवाल – तुलसीदास यदि ऐसा नहीं करता तो क्या होता ? का समाधान करने की कोशिश करना चाहेंगे। जिसका उत्तर बहुत ही सीधा सा है कि – बहुसंख्यक हिन्दू जनता पर रामचरितमानस का गहरा न कहते हुए कहें तो कुछ भी प्रभाव नहीं पड़ता, जो तुलसी को स्वीकार्य ही नहीं था। तुलसी तो उस चुनौती को लेकर चल रहे थे कि रामकथा को अपने समकालीन काव्यधारा – निर्गुण, शैब्य और कृष्ण काव्यधारा सूरदास आदि के समकक्ष या उससे भी ऊपर कैसे ले जाना है ? जिसमें तुलसी को सफलता भी मिली। इस तथ्य का जिक्र हमारे अन्यान्य आलेखों में इसी पुस्तक में हुआ मिल जायेगा। तो जरूरत किताब को ध्यान से पढ़ने की है। अतः अब प्रश्न पर संदेह की गुंजाइश नहीं बचना चाहिये।

आलेख के शीर्षक –

तुलसी का कलियुग माने ?

अब हम आलेख का शीर्षक– तुलसी का कलियुग माने ? के समाधान भी खोज लेते हैं। ऊपर के विश्लेषणों से इतना तो तय हो गया है कि तुलसी के राम और रामचरितमानस की कथा का संबंध काल गणना के अनुसार पौराणिक माने काल्पनिक कालगणना से न होकर ऐतिहासिक काल गणना से है। क्योंकि पौराणिक युग का समय माने कालावधि लाखों–लाख साल का है। जबकि तुलसी के कथानक

के ऐतिहासिक पात्रों के काल गणना के अनुसार मानस के कथानक कुछ ही सौ साल का ठहरता है। अतः हम कह सकते हैं कि तुलसी के युगीन (त्रेतायुग) गणना पौराणिक– लाखों–लाख साल के विपरीत कुछ ही सौ साल का है।

यह सच है कि मानस के जिन ऐतिहासिक पात्रों से श्रीराम का मिलन तुलसीदास ने अपनी रचना– रामचरितमानस में कराया है उनका समय और आज जब तुलसी मानस की रचना– संवत सोलह सौ इक्तीसा माने एक्तीस में कर रहे हैं जिसे वे कलियुग बता रहे है के समय में ज्यादा समय का अंतर नहीं है। इस समय का अन्तराल दो हजार साल के आस–पास का ठहरता है। इतने में दो युग – त्रेता और द्वापर बीतकर कलियुग का प्रादुर्भाव हो गया है। जिस कलियुग का प्रभाव रामचरितमानस में वर्णित है उसे विदेशी आक्रमण के काल से अबतक का ठहराया जा सकता है।

जब यह प्रमाणित हो ही चुका है, तो उस आधार पर यदि हम तुलसी के युगों की गणना प्रस्तुत करना चाहें तो वह इस प्रकार का होगा –

तुलसी के कथानक के अनुसार चार युग –

रामचरितमानस में तुलसी के कथानक माने वर्णित रामकथा को दृष्टिगत रखते हुए चार युगों का निर्धारण इस प्रकार से किया जा सकता है –

1. सतयुग–माने– वैदिककाल के पूर्व अर्थात हड़प्पा कालीन सभ्यता समय – 1500 हजार ईसा पूर्व का सम्पूर्ण समय।

2. त्रेतायुग–माने – वैदिक काल से अर्थात उत्तर वैदिक काल तक समय – 1500 हजार ईसा पूर्व से 500 ईसा पूर्व तक।

3. द्वापर युग– माने वैदिककाल के बाद से 6 ठीं–7 वीं शताब्दी तक समय – 500 ईसा पूर्व से 7 वीं शताब्दी तक।

4. कलियुग – माने आठवीं शताब्दी से अब तक।

यह समय भारत में विदेशी आक्रमण कारियों का रहा हैं।

सूचना –

उपरोक्त गणना हमने मानस के ऐतिहासिक पात्रों के तुलसी के त्रेतायुग जो कुछ ही सौ साल का ठहरता है के प्रमाणित हो जाने के बाद त्रेतायुग के पूर्व का काल माने "सतयुग" और त्रेतायुग के पश्चातवर्ती काल माने द्वापर और कलियुग का निर्धारण किया है।

जहाँ तक पौराणिक युग निर्धारण का सवाल है, वह भारत के धार्मिक और पौराणिक ग्रंथों में इस प्रकार वर्णित है –

1.	सतयुग	1728000 साल
2.	त्रेतायुग	1296000 साल
3.	द्वापर	864000 साल
4.	कलियुग	432000 साल

दोनों को देखकर आप स्वयं तय कर सकते हैं कि तथ्य या कहें प्रमाण किसमें है, पौराणिक काल गणना में या हमारे काल गणना में ?

हमने पहले ही अन्य आलेख में सूचित कर दिया है कि रामचरितमानस काव्य है और काव्य के संबंध में हमने आचार्य रामचन्द्र शुक्ल की मान्यता को प्रस्तुत करते हुए अपनी निजी दृष्टिकोण को भी बता दिया हो, तो स्वभाविक है कि यह ऐतिहासिक दस्तावेज नहीं है। इसलिये जो लोग राम के होने या न होने पर प्रश्न करते हैं वह रामचरितमानस के साथ नाईंसाफी कर रहे होते हैं। लेकिन यह भी सच है कि यह हिन्दी साहित्य का एक महत्वपूर्ण महाकाव्य है तथा इसका भारत के विभिन्न शैक्षणिक संस्थानों के पाठ्यक्रमों में अध्ययन और अध्यापन होता है, इसलिये उसकी समीक्षा ही नहीं अपितु मानस को लेकर उठ रहे या उठाये जा रहे सवालों का तथ्यात्मक समाधान खोजा ही जाना चाहिये। इसीलिये हमने भी अपने ढंग से मानस और उसकी कथा का तथ्यात्मक विश्लेषण करते हुये समाधान खोजने का लघु प्रयास किया है। हमारा यह प्रयास कितना सार्थक रहा है इसका निर्धारण पाठक ही कर सकते है। अतः आलेख पाठकों को सादर समर्पित है।

***

सवाल - चार

तुलसी के राम सुमिरन पर जोर देने के माने.........?

रामचरितमानस के कथानक के केन्द्र में राम हैं और राम भारतीय जनमानस के अनुसार ईश्वर हैं। तो स्वभाविक है मानस के रचनाकार तुलसीदास अपनी रचना के माध्यम से राम भक्ति कर रहे हैं। इसलिये उन्हें हिन्दी साहित्य में राम भक्ति शाखा के कवि के तौर पर जाना और पहचाना जाता है। फिर सवाल उठना स्वभाविक है कि वे रामचरितमानस में ही 'नाम सुमिरन' पर अधिक जोर क्यों दे रहे हैं ? जबकि वे लिख तो सगुण रामकथा रहे हैं, तो ऐसे में सवाल तो उत्पन्न होता ही है कि– क्या नाम सुमिरन को सगुन भक्ति के संबंध में जोड़ना उचित है ?

इस प्रश्न का उत्तर तलाशने के लिये हमें तुलसी के नाम सुमिरन के आशय को समझना होगा। उसके बाद निर्गुण और सगुण के साथ उसके संबंध का तुलनात्मक परीक्षण करना होगा। जहाँ तक तुलसी के नाम सुमिरण का सवाल है वह सगुण और निर्गुण का मिला–जुला रूप है। वैसे पूर्व के विश्लेषणों से ही तुलसी के राम कौन ? पर से परदा हट चुका है। यदि हम तुलसी के राम और नाम सुमिरन पर जोर देने के कारण को समझ लें, तब उत्तर पर से बचा–खुचा धुंधलका भी छंट जायेगा।

यह तो स्पष्ट हो ही चुका है कि तुलसीदास जी ने बाल्मीकि के रामकथा 'अवध के दशरथ–पुत्र राजा राम' और उसके बाद के कवियों द्वारा रचित उपलब्ध ग्रंथों से भी आवश्यकतानुसार कथासूत्र ग्रहण किया हो सकता है। इसीलिये वे मानस लिखते समय उसके रचनाकार चाहे वे बाल्मीकि रहें हों चाहे आज के कवि उन सबको भी याद करते हुये उनकी वंदना करना नहीं भूले हैं। पंक्ति देखें–

कलि के कबिन्ह करउँ परनामा। जिन्ह बरने रघुपति गुन ग्रामा।

कलि के कबिन्ह का आशय बाल्मीकि के बाद के कवियों से होना चाहिए।

इसी तरह से 'सूकर खेत में अपने गुरु से सुनी कथा' आदि में शिव 'पौराणिक' द्वारा वर्णित कथा में आवश्यक पर्त चढ़ाकर राम को अवतारी – सुर रंजन भंजन महि भारा 'मुस्लिम प्रभुत्व के खिलाफ' हिन्दू जनता के उद्धारक के तौर पर खड़ा करने में तुलसीदास सफल हो सके थे। यही समय की पुकार और जनता की अभिलाषा रही है। रावण को तात्कालीन शासक का प्रतिरूप बनाने 'अभिमानी और दुष्ट' तथा राम को ईश्वरीय अवतार – भए प्रगट कृपाला दीनदयाला सिद्ध करने में अधिक कुछ नहीं करना पड़ा। शिव को सामने कर देने से एकसाथ चार –

1. राम को जननायक ईश्वरीय स्वरूप बता कर रामचरितमानस को जन स्वीकार्य बनाने।
2. शैव्य–वैष्णव में मित्रता कराकर बहुसंख्यक समाज को अपने पक्ष में करने।
3. कृष्ण काव्य के समकक्ष राम काव्य को खड़ा करने।
4. और डरी–सहमी, हिन्दू समाज के मन में भरोसा दिलाकर उन्हें सूत्रबद्ध करने, जैसे लक्ष्यों को साधने में सफल हो गए।

तुलसीदास जानते थे कि एक ओर जहाँ मुस्लिम प्रभाव से सहमी हिन्दू समाज है और दूसरी ओर निर्गुण भक्ति के व्यापक प्रभाव, इनके बीच साधारण कथा को लेकर प्रवेश करने से उसे अस्वीकृत कर दिये जाने का खतरा है। उसमें भी जहाँ कृष्ण काव्य की गहरी पैठ हो वहाँ अबतक के कमजोर रामकथा वाले 'काव्य' को स्थापित करने की चुनौती आसान नहीं रहा होगा ? तुलसीदास ने उस चुनौती को स्वीकार किया और अपने बूते राम काव्यधारा को घर–घर अपने जीवनकाल में ही पहुँचाने में सफल हो गये।

तुलसीदास यह भी अच्छी तरह से जानते थे कि बाल्मीकि के राम जो प्रभावशाली राजपुरूष से ज्यादा कुछ नहीं हैं, को ईश्वरीय

शक्ति से युक्त याने अवतारी बता देने भर से भारतीय बहुसंख्यक समाज आसानी से न ही विश्वास करेगा और न ही स्वीकार कर पायेगा। इसीलिए उन्होंने शिव को आगे कर एक बड़े वर्ग 'शैव उपासक जिनके पास न केवल संख्याबल था बल्कि उसकी पैठ भारत में कृष्ण भक्ति से भी कही ज्यादा गहरी और व्यापक थी, को रामभक्ति शाखा में एकीकृत करने के लिये मानस में शिव से कहलवा दिया –

सुनु गिरिराज कुमारि, भ्रम तम रबि कर बचन मम।

सगुनहि अगुनहि नहि कछु भेदा। गावहिं मुनि पुरान बुध बेदा।

अगुन अरूप अलखअज जोई। भगत प्रेम बस सगुन सो होई।

जो गुनरहित सगुन सोइ कैसें। जल हिम उपल बिलग नहि जैसें।

जासु नाम भ्रम तिमिर पतंगा। तेहि कि मिलहिअ बिमोह प्रसंगा।

बालकाण्ड दोहा क्रमांक–115 और उसके बाद की चौपाई

जब शिव ही पार्वती के बहाने लोगों से जोर देकर कह रहे है कि भ्रम रूपी अंधकार को नाश करने के लिये सूर्य की किरणों के समान मेरे वचनों को सुनो यह कह कर शिव जी ने आगे अगुण–सगुण को जल और ओला की भाँति एक निरूपित कर बता दिया कि जिसका नाम राम (राम का नाम) है, वह ही भ्रमरूपी अंधकार को मिटाने के लिये सूर्य हैं, तब शिव के विपरीत जाने की हिमाकत कौन कर सकता था ? (वैसे भी भारत के जिन पौराणिक रचनाओं में ईश्वर से ही कथन करवाया गया है उसे आम जनता पत्थर की लकीर की तरह मानती और विश्वास करती रही है। गीता इसका एक अच्छा उदाहरण है) इधर तुलसीदास ने भी...

अगुन सगुन दुइ ब्रम्ह सरूपा। अकथ अगाध अनादि अनूपा।

बालकाण्ड दोहा क्रमांक 22 के बाद की चौपाई संख्या – 01 कह कर अपने अभिमत में 'नाम सुमिरन' को ही मूर्तिपूजन या कहें शरीरी राम से बड़ा बता दिया। पंक्ति देखें –

मोरें मत बड़ नाम दुहू तें। किए जेहि जुग निज बस निज बूतें।

बालकाण्ड दोहा क्रमांक–22 के बाद की चौपाई संख्या–2

यही नहीं तुलसीदास जी ने पूर्व के राम को शायद डर के कारण ईश्वरीय रूप दे सकते हुये इतना ही कह सके थे –

राम एक तापस तिय तारी

लेकिन नाम के व्यापक प्रभाव को सिद्ध करने के लिये –

नाम कोटि खल कुमति सुधारी।

कह कर रामनाम के प्रभाव से प्रभावित तथा लाभान्वितों की पूरी सूची ही रख दिया और कह दिया कि –

कहौं कहाँ लगि नाम बड़ाई। राम न सकहिं नाम गुन गाई।

और कलियुग में तो –

केवल नाम अधारा'

कहकर ही नहीं रुके बल्कि बचे–खुचे साधु संत और वेद–पुरान सबको एक साथ साधते हुये घोषणा कर दिया कि –

बेद पुरान संत मत एहू। फल सुकृत फल राम सनेहु।

और इस तरह से लगभग सबकी बोलती ही बंद कर दिया।

वैसे तुलसीदास ने राम के अतिरिक्त उसके नाम "राम" की अलग से वंदना कर पहले ही सूचित कर दिया था कि रामनाम कितना प्रभावी और महत्वपूर्ण हैं। तत्संबंधी मानस से ही पंक्ति देखिए –

एक छत्रु एक मुकुट मनि, सब बरननि पर जोउ।

तुलसी रघुबर नाम के, बरन बिराजत दोउ।

समुझत सरिस नाम अरु नामी। प्रीति परस्पर प्रभु अनुगामी।

नाम रूप दुइ ईस उपाधी। अकथ अनादि सुसामुझि साधी।

बालकाण्ड दोहा क्रमांक–20 के बाद की चौपाई संख्या–01

चूँकि समकालीन कवि संत कबीरदास जी ने पहले ही लोगों को समझा चुके थे कि – राम की वास्तविक स्वरूप याने रामनाम कहने में नाम की महत्ता क्या है –

दशरथ सुत तिहुँ लोक बखाना, राम नाम को मरम है जाना

ने भी तुलसीदास के काम को आसान कर दिया था यही नहीं बाल्मीकि ने भी अपनी रचना में राम को कहीं–कहीं पर ईश्वरावतारी बता चुके थे।

इतना सब जान लेने के बाद कोई विरोध में खड़ा नहीं हो सकता था और फिर भी यदि विरोध में खड़ा होकर कोई निंदा करते फिरेगा तो उसके लिए तुलसीदास ने ब्रम्हास्त्र 'नर्क और पुनर्जन्म' का हवाला दे दिया अर्थात उन्हें चेता दिया कि जो फिर भी धृष्टता करेगा वह –

सब कै निंदा जे जड़ करहीं। ते चमगादुर होइ अवतरहीं।

अब कोई विरोध की हिमाकत शायद ही करेगा ? ऐसा पूरा विश्वास तुलसी को हो गया रहा होगा। क्योंकि कोई शायद ही अगले जन्म में चमगादड़ बनकर उल्टा लटकना चाहेगा ? इससे ज्यादा वे कुछ कर और लिख भी नहीं सकते थे।

दरअसल तुलसी बाबा यहाँपर दो तथ्य को लेकर चल रहे थे– एक दशरथ पुत्र राम और दूसरा राम नाम। दोनों में जो बात समान रूप से नीहित है वह है – ''राम''। इसे चाहें लोग दशरथ–पुत्र समझ लें और चाहें ब्रम्ह स्वरूपा राम। दोनों में राम नीहित है। इसीलिये तुलसीदास जी ने 'राम' में ईश्वरीय तत्व (अवतारी) को आसानी से समाहित कर दिया था और लोगों ने उसे बिना अलग किए और शंका किये स्वीकार भी कर लिए हैं।

इसे दूसरे शब्दों में कहें तो राम शरीरी और अशरीरी दोनों हो सकते है ? अब जनता पर था कि वह चाहे जिसे भी स्वीकार कर ले ? जनता किसे भी स्वीकार करें पर तुलसी के लिए दोनों ही हितकर था। क्योंकि दोनों मे ''राम'' (नाम और नामी) एक साथ विद्यमान था।

कृष्ण काव्य में सूरदास जो तुलसी के समकालीन थे ने सगुण ईश्वर को ही जनता के लिये ज्यादा उपयुक्त प्रमाणित कर ही दिया था। इसलिये डरी–सहमी जनता के लिये राम जिसमें सगुण–निर्गुण

दोनो ही स्वरूप था को स्वीकारना और आसान हो गया था। निर्गुण के लिये कबीरदास ने पहले ही चेता दिया था कि–

कबिरा यह घर प्रेम का, खाला का घर नाहिं।

सीस उतारे भुँइ धरे, सो पैठे घर माँहिं।

यही नहीं स्थिति की नजाकत को देखते हुये तुलसी ने भी "राम ते अधिक नाम बड़" कहने के बाद भी निर्गुण को सगुण की अपेक्षा कठिन बताकर सगुण राम को सहज स्वीकार्य कह कर आगे कर दिया। पंक्ति देखिए –

ज्ञान को पंथ कृपान की धारा। परत खगेस न लगहिं बारा।

अर्थात् जनता को यह बात समझने में देर नहीं लगी कि निर्गुण का मार्ग सब के लिये सुलभ नहीं है। इसके विपरीत सगुण उपासना आसान है क्योंकि यहाँ न "शीश उतारने" का डर था और न ही "तलवार की धार" में चलने की जोखिम और जब दोनों एक ही हैं तब ऐसी स्थिति में इस्लामिक प्रभाव से डरी–सहमी जनता का झुकाव शरीरी राम की ओर होना स्वभाविक ही था।

संभवतः तुलसी इस संभावना को पहले ही भाँप चुके थे कि जब उल्टा नाम जपते हुये बाल्मीकि ब्रम्ह ज्ञानी हो सकते हैं। पंक्ति देखिए–

जान आदिकबि नाम प्रतापू। भयउ सुद्ध करि उलटा जापू।

तब आम जनता को उद्धार का विश्वास तो होना ही था। यद्यपि तुलसीदास ने रीतिकालीन कवि भिखारी की तरह स्पष्ट घोषणा तो नहीं किया कि –

आगे के कवि रीझिहैं तो कविताई,

नहीं राधिका कन्हाई के सुमिरन को बहानो है।

पर लाभ तो सुमिरन के बहाने शरीरी (अवतारी) राम को मिलना ही था, मिल गया और जनता के मन में शरीरी याने अवतारी राम पर विश्वास बढ़ता चला गया।

यह तुलसी के वर्णन शैली का ही चमत्कार था कि उसके जीवनकाल में ही रामचरितमानस जन–जन के घर तक उस समय प्रवेश कर गया जब देश में मुगल शासन स्थापित हो चुका था। कहने का तात्पर्य यह कि राम नाम सुमिरन के बहाने तुलसी ने अवतारी राम पर लोगों को विश्वास कराना चाहते थे सो हो गया, माने नाम सुमिरन पर जोर देने का अभिष्ट पूरा हो गया।

***

सवाल - पाँच

विभीषण का लंका त्याग के माने.....?

सवाल तो उत्पन्न होता ही है कि तुलसीदास ने आखिर लंका से विभीषण को बाहर क्यों निकलवाया ? ओ भी अपमानित कराके ? क्या इसके लिये तुलसी मजबूर थे और थे तो क्यों ? या इसके अन्य और भी कारण थे ?

इस प्रश्न का समाधान हम मानस के परिपेक्ष्य में ही अनेक कोणों से जैसे तुलसी की दृष्टि से, रावण की दृष्टि से और हमारे दृष्टि से देखने और समझने का प्रयास करेंगे। ताकि इस विषय पर संदेह की गुंजाइश बचा न रह सके। फिर भी बचा रह जाता है तो पाठक से अनुरोध है कि उस ओर हमारा ध्यान आकृष्ट कर के हमें कृतार्थ करेंगे।

1. तुलसी माने कथा की माँग के अनुसार –

तुलसीदास की दृष्टिकोण से यदि हम प्रश्न – तुलसीदास ने विभीषण को लात मरवाकर लंका से बाहर क्यों निकलवाया ? का समाधान खोजने की कोशिश करें तो हमें यही लगता है कि तुलसीदास ऐसा नहीं चाहते रहा होगा कि विभीषण जो राम का भक्त है उससे राम युद्ध करे। ऐसा होने से यह धारणा जो राम के लिये तुलसी बार–बार मानस में ही कह रहे हैं कि राम भक्तों के हितकारी हैं, यही नहीं तुलसीदास ने मानस में राम के अवतार का कारण ही भक्तों और साधू–संतो के हित के लिये बताया है, वह भाव खण्डित हो जाता। ऐसी स्थिति में लोग कैसे विश्वास कर पाते कि राम सचमुच में भक्तों के हितकारी हैं ? बहुत संभव है इसलिये भी तुलसी विभीषण को लंका से बाहर निकलवाना चाहते रहे होंगे। ताकि राम को विभीषण के साथ युद्ध न करना पड़े। इसके लिए उसने विभीषण को राम की शरण में भेज दिया और इस तरह से राम के चरित्र में शरणागत की सहायता या कहे रक्षा करने के भाव को प्रमाणित भी कर दिया। लेकिन यह काम इतना आसान भी नहीं था, जितना कि दिखता है। क्योंकि रावण

विभीषण को बहुत प्यार करता था। इस बात की पुष्टि विभीषण के द्वारा रावण को समझाने में भी देखा जा सकता है। तभी तो रावण के इंकार (सीता को वापस करने) के बाद विभीषण अपने प्यार का हवाला दे कर कहते हैं कि मेरे प्यार की दुहाई है आप सीता को राम के पास वापिस कर दीजिये। ऐसी दुहाई वही दे सकता है जिसे पता हो कि सामने वाला उन्हें बहुत ज्यादा प्यार करता है। पंक्ति देखिये –

तात चरन गहि मागउँ, राखहु मोर दुलार।

सीता देहु राम कहुँ, अहित न होइ तुम्हार।

हमने इसी ग्रंथ के आलेख – ''लेखक–निर्देशक तुलसी अभिनेता राम'' में कथा प्रवाह एवं माँग की दृष्टि से विभीषण को लात मारे जाने के पीछे तुलसी की विवशता को देखा है। अतः पाठक तत्संबंधी और जानकारी के लिये उस अलेख का अध्ययन कर सकते हैं। फिर भी विभीषण के लंका त्याग को रचनाकार के पक्ष से देखें तो तुलसी स्वयं ऐसा नहीं चाहते थे। इसके कई कारण हैं जिसमें सबसे बड़ा कारण कथा में गतिरोध पैदा हो जाना है, जो तुलसी नहीं होने दे सकता था। माने विभीषण का लंका त्याग करवाना जितना रावण के लिये जरूरी हो गया था उतना ही जरूरी तुलसी के लिये भी हो गया था, जिसका परिणाम आपने कथा में देख ही लिया है।

2. रावण की दृष्टि से –

इस प्रश्न का उत्तर यदि हम रावण के दृष्टिकोण से तलाशने की कोशिश करें तो हमें तथ्य कुछ अलग ही नजर आता है। क्योंकि विभीषण को लंका से बाहर निकलवाने में तुलसी के लिये अलग कारण हो सकता है तो रावण के लिये अलग। जहाँ तक रावण के पक्ष का सवाल है तो इसमें एक और प्रश्न उभर कर सामने आता वह यह कि रावण के युद्ध हारने के बाद लंका का क्या होता ? होता वही जैसा कि किसी राजा के युद्ध हारने के बाद होता है। मानस में ही जैसा बाली के साथ हुआ था। यही रावण के लिये समस्या रही हो सकती है, जिसका वे निदान अवश्य ही करना चाहते रहे होंगे ?

यह अलग बात है कि इस प्रसंग को टीकाकारों और तथाकथित राम भक्तों ने कोई तवज्जो नहीं दिया है। इस पर अलग से प्रश्न भी खड़ा किया जा सकता है और उसका विश्लेषण भी। हम यहाँ पर कारणों के परतों को अधिक खोलना नहीं चाहते। क्योंकि ऐसा करने से बवाल भी खड़ा हो सकता है और हम जानबूझ कर किसी बवाल का हिस्सा नहीं बनना चाहते। क्या पता हमारे विरुद्ध ही भारत के किसी थाने में केस दर्ज हो जाय और हम व्यर्थ में पुलिस एवं कोर्ट के चक्कर काटते फिरें ? फिर भी हमारे कथन से किसी की भावना आहत होती है तो हम उनसे पहले ही क्षमा माँग लेते हैं।

इसके पहले एकबार फेसबुक में किसी समाचार की टिप्पणी में सच कह देने के लिए हमारे लिये सम्प्रदाय विशेष से गालियाँ आनी शुरू हो गयी थी। मेरी बेटी और पत्नी जी के मना करने पर सम्प्रदायों के जायज–नाजायज किसी भी तरह के कृत्यों पर सच बोलना हमने छोड़ दिया है। तब से हमें यह भी लगने लगा है कि हम प्रजातांत्रिक भारत देश में नहीं किसी सम्प्रदाय पोषित देश में अल्पसंख्यक निवासी तो नहीं रह गये हैं ? जहाँ सच कहने का भी मनाही हो। अन्यथा जान से हाथ गँवाने तक का खतरा हो ? माने "सर तन से जूदा" इतना होते रहने के बावजूद कोई कहे कि उन्हें भारत में डर लगता है तो इससे बड़ा झूठ तो हो ही नहीं सकता। क्योंकि यहाँ डर तो बहुसंख्यक रहे हैं और ढोल खुद के माने अल्पसंख्यक के होने पर पीट रहे हैं। वैसे तुलसीदास ने मानस में ही कलि प्रभाव बताने के बहाने से पहले ही बता दिया है कि –

सत्य कहे तो मारन धाई। झूठे जग पतियाई।।

को अंगीकार करते हुये हम सीधे विषय पर आ जाते हैं और विषय यह कि विभीषण रावण के दुलारे होने के बाद भी रावण उसे लात मारकर लंका से बाहर जाने को विवश क्यों करता है ? इसका समाधान खोजने के लिये हमें एक और प्रश्न –

यदि रावण विभीषण को लात नहीं मारता तो क्या होता ?

पर विचार करना होगा। यदि रावण विभीषण को लात नहीं मारता तो क्या होता ? यह प्रश्न ही अपनेआप में कई प्रश्नों को समेटा हुआ है।

यदि देखा जाय तो यह जिज्ञासा मन में सहज ही उत्पन्न हो रहा होगा कि यदि रावण विभीषण को लात नहीं मारता तो क्या होता ? अतः अब हमारे लिये इसका परीक्षण करना आवश्यक हो गया है।

इसके समाधान में हमें सीधा सा उत्तर दिखाई देता है वह यह कि यदि विभीषण को रावण लात नहीं मारता तो विभीषण स्वयं से लंका छोड़ कर राम के पास नहीं जाता और ऐसा होता तब जो स्थितियाँ बनती उसके अनुसार –

एक –

विभीषण भी अपने भाईयों की तरह युद्व करते हुए वीरगति को प्राप्त हो जाता रावण इसीलिये तो हठ करके राम से दुश्मनी मोल लिया था, कि वह स्वयं और अपने पुत्र तथा भाईयों को राम के हाथों मरवाकर मोक्ष करा सके।

यह भी सच है कि यदि विभीषण को रावण लात मारकर अपमानित नहिं करता तो विभीषण लंका छोड़कर राम के पक्ष में युद्व करने नहीं जाता। इसलिए यहाँ पर रावण विभीषण को मुष्टि प्रहार भी नहीं कर सकता था। क्योंकि ऐसा करने से विभीषण को अपमान बोध भी नहीं होता और यदि ऐसा होता तब बहुत संभव है विभीषण लंका छोड़कर ही नहीं जाता ? यदि ऐसा होता तो इससे न तुलसी का कथा–प्रवाह वैसे ही गतिमान रह पाता जैसा कि चरण प्रहार के कारण हो सका है और न रावण का अभिष्ठ पूरा हो पाता। कहने का मतलब यह कि हमारे कथन की पुष्टि विभीषण के कथन –

मैं रघुबीर सरन अब, जाउँ देहु जनि खोरि।

में छुपा हुआ है।

दूसरा –

विभीषण के राम के साथ युद्ध करने से रावण को नुकसान हो जाता। नुकसान यह कि युद्ध जीतने के बाद राम लंका का राज्य अपने किसी योद्धा को दे देते, जैसा कि मानस में ही हमने बाली के प्रसंग में देखा है। रावण ऐसा नहीं होने देना चाहता था। क्योंकि –

1 वह जानता था कि राम के पास में जाने से राम लंका का राज्य विभीषण के रहते किसी और को नहीं दे सकेगा।

2 जहाँ तक उसके मोक्ष प्राप्ति का सवाल है वह –

प्रथम –

विभीषण का राम के साथ युद्ध करके राम के हाथों मारे जाने पर वैसे ही मोक्ष मिल जाता जैसे अन्य भाई–बान्धवों के होने का अनुमान रावण को था।

द्वितीय –

चूँकि विभीषण राम भक्त था, इसलिये उसके लिये मोक्ष प्राप्ति कोई समस्या थी ही नहीं। राम के शरणागत हो जाने से यह काम और भी आशान हो जाता है अर्थात् विभीषण के राम से शरणागत हो जाने से रावण की इच्छा पूर्ति में तनिक भी खलल होने की संभावना नहीं बचती है। इसलिये भी रावण विभीषण को ऐसे नहीं तो वैसे माने अपमानित करके ही सही लंका से बाहर करने में कामयाब हो जाता है। इसे रावण की चतुराई ही कहा जाना समीचीन होगा और यदि इस प्रसंग की तुलना हम नाट्य तत्वों के आधार पर सीता के उस प्रसंग से करें जिसमें सीता लक्ष्मण को अपने से दूर करने में सफल होती है तो दोनो में हमें साम्यता ही दिखाई देती है। वह यह कि –

1. दोनों के लिये वैसा करना आसान नहीं था।
2. सीता ने स्त्रीत्व का सहारा लेकर लक्ष्मण को कुटी छोड़ कर जाने को मजबूर किया तो रावण ने विभीषण को लातमार कर लंका छोड़ने के लिये बाध्य किया।
3. सीता स्त्री थी इस लिये उसने प्रबल स्त्रीत्वशक्ति का उपयोग किया जबकि रावण पुरुष था इसलिये पुरूषत्व माने बल प्रयोग का सहारा लिया। इसे आप चाहें तो अंतर के तौर पर भी देख सकते हैं।
4. दोंनों के कृत्य आवश्यक था। क्योंकि उसके बिना कथा बाधित हो जाती।
5. दोनों ही जगह कथा की माँग थी इसलिये दोनों ही जगह तुलसी मजबूर थे।

6. दोनों ही कृत्य को नाटक की दृष्टि से देखें तो दोनों ही पात्र स्वयं निर्देशित हो रहे हैं और दोनों ही जगह निर्देशक तुलसी प्रत्यक्ष उपस्थित नहीं हैं। इसे चरित्र चित्रण की दृष्टि से कहें तो दोनों को प्रत्युत्पन्न मति का परिचायक ही कहा जायेगा।

निष्कर्ष के तौर पर कहना चाहें तो रावण विभीषण को ऐन युद्ध के समय राम के पास भेजकर अपनी प्यारी लंका जिसे वह बड़े ही जतन से सजाया–संवारा था, को किसी शत्रु के हाथ लगने से बचा लेता है। यही कारण था कि वह यह जानते हुये कि विभीषण युद्ध करे या न करे उसका मोक्ष तो हो ही जायेगा, जबकि उनके परिवार के अन्य योद्धाओं की मुक्ति केवल और केवल राम के साथ युद्ध करके राम के हाथों मारे जाने से ही हो सकता है। यह बात रावण के कथन –

होइहैं भजन न तामस देहा।

में छिपा हुआ है।

रावण को पता था कि भजन–पूजन विभीषण ही कर सकता है। भजन–पूजन तो कुम्भकर्ण भी कर सकता था, मगर वह युद्ध करके विजय भी दिलवा सकता था तथा वह एक दिन खूब खाता और फिर महीनों सोते रहत था। इसलिये रावण के लिये विभीषण ही उपयुक्त मोहरा था। क्योंकि विभीषण कोई इतना बड़ा योद्धा भी नहीं था जिस पर रावण भरोसा कर सकता। इसलिये विभीषण को राम के पक्ष में युद्ध करने के लिये भेज करके वह युद्ध के बाद लंका का राजा विभीषण को ही बनाना चाहता था। यही वजह है कि जब रावण ने देखा कि विभीषण आसानी से लंका त्यागने वाला नहीं है तब उसने विभीषण को लात मार कर अपमानित करने को विवश हो जाता है और इस तरह रावण अपने मकसद में कामयाब हो जाता है।

अब पुनः सवाल उत्पन्न हो सकता है कि इस लक्ष्य की प्राप्ति के लिये रावण ने विभीषण को ही क्यों चुना ?

इसका उत्तर भी बहुत ही आसान है। जो मानस के कथानक में ही विद्यमान है। वह यह कि –

1. विभीषण के अतिरिक्त रावण के परिवार में ऐसा कोई योद्धा नहीं है जिसे ऐन युद्ध के समय में उसे लंका त्याग कराकर शत्रु के पक्ष में भेज सके।

2. विभीषण इतना बड़ा योद्धा भी नहीं था कि रावण युद्ध में विजय प्राप्त करने के लिये उस पर भरोसा कर सकता था।

3. विभीषण के अतिरिक्त रावण के परिवार में ऐसा कोई नहीं था जो रावण की मंशा के अनुसार लंका छोड़कर राम से जा मिलता।

4. चूँकि तुलसी इस कथा के रचनाकार हैं, इसलिये उनकी मंशा ही सर्वोपरी है और तुलसी के लिये ऐसा करना कथा की माँग और मजबूरी थी।

यदि रावण विभीषण को लात नहीं मारता तो क्या होता ?

उपरोक्त परिस्थिति में सवाल उत्पन्न होना स्वभाविक है कि यदि रावण विभीषण को लात नहीं मारता तो क्या होता ?

यदि रावण विभीषण को लात नहीं मारता तो निश्चित ही ऐन युद्ध के समय वह लंका छोड़कर राम के पक्ष में हरगित ही नहीं जाता और यदि ऐसा होता तो बहुत संभव है रावण की मृत्यु भी नहीं होती। क्या रावण को इस बात का पता नहीं रहा होगा ? कि विभीषण को ऐन युद्ध के समय शत्रु यानी कि राम के पक्ष में भेज देने से उसकी मृत्यु सहज हो जायेगी ? ऐसा हरगिज नहीं है कि रावण को पता नहीं रहा होगा कि विभीषण उनकी मृत्यु का रहस्य नहीं जानता है ? फिर एक और प्रश्न तब रावण ने ऐसा क्यों किया ? इस सवाल का उत्तर रावण के उसी कथन –

तो मैं जाइ बयरु हठि करिहौं

में छुपा है। जब उसने राम से बैर करने का निश्चय किया होगा तभी शायद रावण ने निश्चय कर लिया होगा कि उनके मृत्यु का कारण विभीषण बने। अब एक सवाल और उत्पन्न होता है कि जब रावण ने अपनी मृत्यु निश्चित कर ही लिया था तब उसका कारण तो निश्चित ही बड़ा रहा होगा जिसके लिये वह जानबूझ कर विभीषण को अपने शत्रु के पक्ष में भेज देता है ? अब पुनः सवाल कि यह बड़ा कारण क्या

रहा होगा? इसका उत्तर पाठक इसी लेख के बिन्दु–रावण की दृष्टि से या हमारे विचार से में देख सकते हैं।

मानस के अनुसार विभीषण अपमानित होने के कारण ही लंका त्यागकर राम के पास शरणागत होने को मजबूर होता है। शायद इसीलिये वह लंका छोड़ने को लेकर विवश किये जाने का हवाला देते हुये रावण से कहता भी है –

राम सत्य संकल्प प्रभु, सभा कालबस तोरि।

मैं रघुबीर सरन अब, जाउँ देहु जनि खोरि।

"जाउँ देहु जनि खोरि" माने मुझे तुम्हें ऐन युद्ध के समय त्याग कर राम के पक्ष में मिलकर तुम्हारे ही विरूद्व ही युद्ध करने के लिये दोष मत देना।

3. हमारे विचार से –

हमारे विचार से तुलसी इस बात से वाकिफ थे कि यदि विभीषण को युद्व में राम के विरुद्व खड़ा कर दिया जाता है तब रावण की मृत्यु के लिये अन्य कारण खोज पाना लगभग असंभव हो जायेगा और जब तुलसीदास इस विषय पर चिंतन किया होगा तब उन्हें लगा होगा कि ऐसा करने से कथा प्रवाह में बाधा उपस्थित हो जायेगी। स्वभाविक है ऐसी स्थिति में तुलसी के पास रावण की मृत्यु को सहज बनाने तथा कथा–प्रवाह को भी बनाये रखने के लिये विभीषण का लंका त्याग कराने के अतिरिक्त अन्य कोई विकल्प नजर ही नहीं आया रहा होगा।

अब जब हम पुनः लौटकर अपने प्रसंग में आते हैं तो प्रमुखता यही दिखती है कि विभीषण के लंका त्याग नहीं होने की स्थिति में कथा प्रवाह में बाधा उपस्थित होती, जोकि तुलसी जैसे मर्मज्ञ रचनाकार नहीं कर सकते थे और सबसे महत्वपूर्ण स्थिति यह बनती कि लंका का राजा राम अंगद जिसकी संभावना ज्यादा है को बना देते और रावण ऐसा हरगिज नहीं होने देना चाहते थे साथ ही तुलसी को रावण की मृत्यु के लिए कोई दूसरा कारण खोजना पड़ सकता था, तब कथा में हेर–फेर करने की संभावना प्रबल हो जाती।

विभीषण के लंका त्याग नहीं होने की स्थिति में एक बड़ी समस्या यह भी आती कि राम का कृत्य जो साधू–संतों और भक्तों के हितकारी बताया गया है, के विपरीत विभीषण जो कि रामभक्त था से युद्ध करना पड़ता। जिससे ईश्वर की मर्यादा भी खण्डित हो जाती। जो रामचरितमानस के धार्मिक ग्रंथ कहलाने के अयोग्य माने बाधक बन जाता। माने कथा के छोटे से बदलाव से मानस का महत्व छीण हो जाता जो तुलसी जैसे रचनाकार ऐसा नहीं कर सकते थे। इसलिये हमारे विचार से विभीषण का लंका परित्याग कराना कथा की माँग और तुलसी के लिए मजबूरी हो गई थी। जहाँतक रावण के संकल्प –

तो मैं जाइ बयरु हठ करिहौं। प्रभू सर प्राण तजे भव तरिहौं।

का सवाल भी पूरा हो रहा था।

समाज का विभीषण के इस कृत्य के लिये प्रतिक्रिया –

समाज विभीषण के इस कृत्य के लिये जो प्रतिक्रिया दिया उसने विभीषण को शर्मसार कर दिया है। यद्यपि विभीषण राम के भक्त थे और शरणागत भी हो गये थे, लेकिन भारतीय समाज भ्रातृहंता, कुलविरोधी और राष्ट्र विरोधी स्वभाव को राम भक्त और राम के शरणागत होने से ज्यादा तवज्जों देते हुये इसे स्वीकार नहीं कर सका है। यही वजह है कि जहाँ समाज में इसकी प्रतिक्रिया स्वरूप एक ओर विभीषण के लिये अपमान जनक लोकोक्तियाँ और कहावतों का जन्म हो गया, मसलन –

घर का भेदी लंका ढावे,

या

जब घर में ही विभीषण पैदा हो जाय तब ..... ।

यह अलग बात है कि आज भी मानस के टीकाकार रामभक्त और उसके शरणागत होने के लिये विभीषण का बचाव करते नज़र आते रहते हैं। परन्तु समाज में विभीषण तिरस्कृत ही रहा है। यही वजह है कि लोग आज भी अपने पुत्रों का नाम विभीषण रखना नहीं चाहते है। चाहे वे कुम्भकर्ण रावण और मेघनाद रखलें।

यदि हम विभीषण के कृत्य का भारतीय समाज पर पड़े व्यापक प्रभाव के आलोक में कहना चाहें तो इतना तो कह ही सकते हैं कि भारत में तथाकथित धर्म ('तथाकथित इस लिए कहा है कि प्रायः लोग जिसे धर्म समझने की भूल करते हैं वह सम्प्रदाय है। धर्म के लिए भारतीय साहित्य में धार्यते इति धर्मः कहा गया है और तुलसीदास जिसके परिपेक्ष्य में हम चर्चा कर रहे हैं ने –पर हित सरिस धरम नहिं भाई, कह कर धर्म को अत्यंत ही सरल शब्दों में परिभाषित कर दिया है) के विपरीत सोच रखते हैं वे साम्प्रदायिकता को धर्म बताकर विरोध और प्रदर्शन करके राष्ट्र धर्म को छति पहुँचा रहे है, वह समझ से परे, चिंतनीय और निंदनीय भी है। क्योंकि इसे कोई और नाम चाहे दे दिया जाय पर भारतीय समाज की मानसिकता हरगिज नहीं कहा जा सकता। शायद यही वजह है कि विभीषण भारतीय समाज में आज तक अस्वीकार्य ही बना हुआ है और शायद इसीलिये विभीषण के राष्ट्र विरोधी कृत्य को बहुसंख्यक भारतीय समाज ने अस्वीकार कर दिया है। लेकिन तब से विभीषण के समर्थक कुछ लोग थे और हमें लगता है कि शायद आज भी हैं, जो पहले धर्म और अब राजनीतिक सुरखी बटोरने से लेकर अन्यान्य कारणों से उसे जीवित रखने का ही नहीं बल्कि उसे पुष्ठित करने के असफल प्रयास में भी लगे हुये हैं।

प्रायः समाज में नीतिपरक और नीतिपोषित लोगों की संख्या अधिक होती है फिर भी नीति विरोधी समाजहंता किस्म के लोग उनपर हावी हो जाते हैं। शायद यही कारण है कि संविधान और कानून आदि के होते हुए भी भारत में राष्ट्र विरोधी कृत्य पल्लवित और पुष्पित हो रहा हैं। इसमें यदि राजनीतिक खाद और पानी मिल जाय तब तो कहना ही क्या ? यह बात निश्चित ही चिंतनीय है। तथापि इस प्रसंग को हम राजनीति तथा राजनीतिक चिंतकों के लिये छोड़े दिये जा रहे है और हम विचार करेंगे कि असमाजिक तत्व कम होने के बाद भी समाज को नियंत्रित कैसे कर लेता है ?

हमारी समझ से असमाजिक तत्वों और महत्वाकांक्षी किस्म के लोगों में दुश्मनी 'हर तरह के' होने के बाद भी लक्ष्यात्मक हित साधन में जबरदस्त एका का प्रदर्शन देखने को मिलता है। यहीं वजह है कि लक्ष्य साधने में ये वैमनश्य होने के बाद भी साथ काम करने में जरा भी

संकोच नहीं करते, (कश्मीर तथा महाराष्ट्र में बनें साझा सरकार और अब पुनः महाराष्ट्र, बिहार, तमिलनाडू मध्यप्रदेश के घटना क्रम को इसी परिपेक्ष्य में रख कर देखा जा सकता है। जहाँ पर जनता ने किसी को सरकार बनाने की इजाजद दी पर सरकार जनता के इजाजत के विरुद्ध नकारे गये पार्टी ने सरकार बना ली) जबकि समाज में समाजपोषित या कहें नीतिपरक लोगों को मिलकर काम करते नहीं देखा गया है।

एक बार अम्बिकापुर आकाशवाणी केन्द्र से ब्रम्हकुमारी संस्था के एक विद्वान से वार्ता प्रसारित किया गया था। साक्षात्कार लेने वाले ने उनसे जानना चाहा था कि – योनी की दृष्टि से बुद्धिमान और धूर्त में क्या अंतर होता है ?

संस्था के विद्वान ने दोनों के अन्तर को स्पष्ट करते हुए कहा था– धूर्तों की योनी कौवे की और बुद्धिमान की योनी कुत्ते की होती है।

साक्षात्कार लेने वाले ने इसे सरल शब्दों में विस्तार से समझाने का आग्रह किया। इस पर अपने कथन को विस्तार देते हुए उसने कहा था – कउवा को जब कोई कष्ट देता है उस समय वह अन्य कौवों को मदद के लिये पुकारता है तब अन्य कौवे इकठ्ठा होकर पीड़ित का साथ देते हुये मुकाबला करते हैं, जबकि कुत्तों के साथ ऐसा लगभग नहीं होता। पालतू कुत्ते के साथ तो बिल्कुल ही नहीं।

इस वार्ता के कुछ ही दिनों बाद की बात है जब डाकू छबीराम एक गाँव में पुलिस से घिर जाने पर अपना घोर दुश्मन डाकू मुस्तकीम, जो उनका कट्टर दुश्मन था जिन्होंने फूलन की मदद की थी से मदद की माँग किया था। कहा जाता है– डाकू मुस्तकीम मदद के लिए आया भी था पर आने में थोड़ा विलम्ब हो गया। तब तक डाकू छबीराम मारा जा चुका था। इसलिये वह बीच रास्ते से ही वापस लौट गया।

इस वाक्या ने ब्रम्हकुमारीज के कथन की तात्कालिक पुष्टि की थी।

सामान्यतः कानून, व्यवस्था और राजनीति सबको प्रत्यक्ष–अप्रत्यक्ष रूप से प्रभावशाली असमाजिक तत्वों का ही मदद करते हुये देखा

जाता है। राजनीतिक पार्टियों के द्वारा अपराधिक प्रवृत्ति के लोगों को टिकिट देना, भ्रष्ट किस्म के लोगों को सरकार बनाने के लिये कानून से मुक्त करने का प्रलोभन देकर अपनी पार्टी में मिलाकर उन्हें सत्ता के महत्वपूर्ण पदों पर प्रतिष्ठित कर देने को इन्हीं प्रवृत्तियों का द्योतक कहा जा सकता है।

सभ्य आदमी जो प्रायः निहथ्था भी होता है वह दूसरों के लिये अपने जीवन को संकट में डालना बेवकूफी समझता है और जिसने भी यह बेवकूफी की प्रायः वह अपनी जान से हाथ धो बैठा। क्योंकि बुद्धिमान समाज उसकी सहायता को प्रायः आगे नहीं आता। जिसका सीधा फायदा असमाजिक तत्वों को मिलता है। इसे कंधार हाईजेक के समय और दिल्ली में सिरफिरे के द्वारा सरेराह लड़की के सिर पर पत्थर पटकते सबने प्रत्यक्ष देखा है।

ऊपर के विश्लेषण से यह बात तो स्पट हो ही चुका है कि संख्या में अत्यल्प होते हुए भी राष्ट्र विरोधी या असमाजिक तत्व अपने संगठन और, अस्त्र–शस्त्र बल के साथ ही साथ राजनीतिक तथा विभीषणीय व्यक्तित्व से सांठ–गांठ कर बहुसंख्यक पर हावी हो जाते हैं।

***

सवाल - छह

क्या सूर्पनखा का नाक-कान काटा जाना, आवश्यक था ?

रामचतिमानस का यह एक ऐसा अनसुलझा सवाल है जिस पर सामान्यतः बात नहीं की जाती। क्योंकि यह कथा–प्रसंग भारतीय संस्कृति पर सीधा चोट ही नहीं करता, अपितु उस पर सवाल भी खड़ा करता है कि तुलसीदास ने आखिर सूर्पनखा जोकि स्त्री है का नाक क्यों कटवाया ? ओ भी मर्यादा पुरूर्षोत्तम कहे जाने वाले राम से कहलवाकर लक्ष्मण से ?

हमें भी अब लगने लगा है कि इस तरह के सवाल करके कहीं हमने अपने लिये संकट तो मोल नहीं ले लिया है ? खैर जो भी हो कथाकार तो तुलसी ही हैं। हमने तो तुलसी की रचना पर सवाल ही किया है। हमारी समझ के अनुसार लोगों को पहले तुलसी से सवाल करना चाहिये कि उसने ऐसी कथानक क्यों लिखी ? जबकि बाल्मीकि ने इसी कथा–प्रसंग को हास्य रूप प्रदान कर इसके स्वरूप को हल्का और थोड़ा परिवर्तित कर दिया है।

इतिहास गवाह है कि राजतंत्रीय युग में भी नारियाँ परिवार और समाज के लिये इज्जत और प्रतिष्ठा का सूचक रही हैं। तुलसी का मानस इसका अपवाद भला कैसे हो सकता है ? लेकिन रामचरितमानस में तुलसीदास ने इस प्रतिष्ठा को आघात पहुँचाने की शुरुआत संभावना और संस्कार के विपरीत नायक के पक्ष से होता दिखा दिया है। ऐसा क्यों? यह तो तुलसी बाबा ही जाने कि उसने खलनायक की बहन सूर्पनखा के नाक–कान क्यों कटवाया। स्वभाविक है इसका परिणाम भयानक युद्ध होना था, और हुआ भी। आज की परिस्थिति में देखें तो आज यह और भी ज्यादा चिन्तनीय हो गया है। क्योंकि किसी स्त्री का अंग–भंग कर देना साधारण बात नहीं रह गई है। देखा जाय तो

भारतीय संस्कृति के अनुसार पहले भी नहीं रहा है। इसीलिये प्रसंग प्रासंगिक होने के साथ–साथ चिंतनीय भी है।

आज किसी महिला का नाक–कान काटना तो दूर लोग लड़की को घर वालों की मर्जी के बिना भगा लिये जाकर शादी कर लेने मात्र से बवाल खड़ा कर लेते हैं और दुश्मनी का ऐसा दौर शुरू कर लेते हैं कि कई हत्याओं के बाद भी दुश्मनी नहीं थमती। तब आप मानस के उस प्रसंग से क्या उम्मीद कर रहे थे ? कि कोई फसाद नहीं होगा ? साहित्यिक और धार्मिक दृष्टि से चाहे कुछ भी हो पर समाजशास्त्रीय और नीति शास्त्र की दृष्टि से अशोभानीय और अस्वीकार्य कृत्य ही कहलायेगा। ऐसी स्थिति में प्रश्न होना लाजिमी है कि –

1. तुलसीदास ने ऐसा क्यों किया ?
2. क्या घटना में बदलाव नहीं किया जा सकता था ?
3. या कोई कथानक संबंधी मजबूरी थी ?

जैसा कि उन्होंने बाल्मीकि रामायण के अनेक प्रसंगों में बदलाव किया है। मसलन परशुराम का जनक जी के सीता–स्वयंवर के लिए रचे गए धनुशाला में प्रवेश धनुष टूटने के तत्काल बाद करा दिया, लव–कुश के जन्म और राम के राजसूर्य यज्ञ को छोड़ दिया या इसी प्रसंग में "मरम बचन सीता जब बोला" कहलवा कर उस "मरम बचन" को संकेतमय बना दिया। मानस के इसी प्रसंग को महर्षि बाल्मीकि ने विस्तार में वर्णन प्रस्तुत कर दिया है।

रावण कोई साधारण व्यक्ति नहीं था। त्रैलोक्य विजयी रावण जिसका कथन है कि– उसका मस्तक शिव के अतिरिक्त किसी के सामने नहीं झुक सकता।

आज आप किसी तानाशाह या डॉन को छोड़िये किसी भी राजनेता या किसी प्रभावशाली व्यक्ति की बहन या लड़की के साथ ऐसा बदसलूकी चाहे अन्जान में ही सही करके दिखाइये ? ऐसा करने की हिमाकत तो दूर उधर देखेंगे भी नहीं। ऐसे में रावण से क्या उम्मीद कर सकते हैं ?

चलिये छोड़िये आज की परिस्थिति में उक्त प्रकार की घटना को अपने में घटाकर पूरी ईमादारी से कहिये आप क्या करेंगे? खैर अपने पर न सही रावण के प्रसंग में ही सही सोचकर देखिये और बताइये कि–

1. क्या रावण सच में दुष्ट था ? इसलिये उसने सीता का हरण किया या...
2. सीता का हरण किया इसलिये वह दुष्ट हो गया ?
3. ऐसी परिस्थिति में आप क्या करते ?
4. चुप बैठ जाते ? शायद नहीं ?
5. क्या आप बदला नहीं लेते ? बेशक आप बदला लेते या बदला लेने की सोचते।
6. फिर मात्र सीताहरण के कारण रावण दुष्ट कैसे हो गया ?

आप समझकर भी शायद उत्तर देने की स्थिति में न हों ? जोकि बहुत स्वभाविक है क्योंकि, क्योंकि.....क्योंकि और बार–बार क्योकि लगता रहेगा और ऐसे ही अनेकानेक..........स्थितियाँ आपको उत्तर देने से रोकती रहेंगी ?

दरअसल रावण जैसा कि आप भी जानते हैं प्रकाण्ड विद्वान था। वह सीताहरण करके एक साथ कई लक्ष्य साध रहा था।

1. एक राम भगवान है या नहीं की परख
2. दूसरा अपनी मुक्ति का रास्ता जिसकी चर्चा हम पहले ही कर चुके हैं।
3. तीसरा – बहन के साथ हुई बदसलूकी का बदला। जिसकी उम्मीद लेकर फरियाद करने सूर्पनखा उसके पास गई थी।

रावण अपनी बहन के अपमान का बदला राम की पत्नी सीता का हरण करके ले, यही सूर्पनखा चाहती भी थी। उधर रावण सीताहरण के परिणाम से वाकिफ था पर उसके लिये यदि राम भगवान हुये तो दुश्मनी के परिणाम स्वरूप जो युद्ध होगा उसमें वह राम के सर (बाण) से मरकर अपना और अपने बन्धु–बान्धुओं का कल्याण यानी ''मोक्ष' कराना चाहता था और राम भगवान नहीं हुये तो .....

नर बानर केहि लेखे माहीं

राक्षस समुदाय उनका दावत उड़ायेंगे।

वास्तव में यह तुलसी का अद्‌भुत रचना–कौशल था और रावण का चरित्रांकन भी। एक कार्य – कई लक्ष्य। क्या कमाल है ? वह, वह कह और कर गये जो नहीं कहना और करना था। फिर भी कोई सवाल नहीं कर रहा है ? ऐसा कमाल तुलसी ही कर सकते थे।

रावण के कृत्य में महत्वपूर्ण बात तो यह है कि वह जिस सीता का हरण करने जा रहा है उसके पति राम भगवान है, उसे अभी पक्का विश्वास भी नहीं हुआ है। वह चाहे साधारण राजपुत्र यानी नर भी हो सकता है फिर भी सीताहरण के पूर्व वह सीता को प्रणाम करने से नहीं चूकता क्यों ? इस क्यों में ही रावण के बुद्धिमत्तापूर्ण और आदर्श चरित्र की झलक समाहित है। सूत्रधार के तौर पर तुलसी का कथन देखिये –

मन महुँ चरन बंदि सुख माना।

यही नहीं रामचरितमानस में हमें तो रावण का ऐसा कोई भी चरित्र देखने को नहीं मिला जिसमें उन्होंने अपनी प्रजा को कहीं तानाशाह राजा की तरह प्रताड़ित किया हो ? या उनपर बेवजह का अथवा अतिरिक्त कर लगाया हो या अन्य प्रकार से उन्हें तंग किया हो। फिर भी उसे टीकाकार, या कथावाचक दुष्ट और राक्षस बताते नहीं थकते। उनके इसी तरह की व्याख्या को सुन–सुन कर आमजन भी रावण को दुष्ट और दुराचारी समझने और मानने लगे हैं। सामान्यतः समाज प्रतिष्ठित, प्रभावशाली और सत्ताधारी या किसी शासक के कथन पर सबसे ज्यादा भरोसा करता है। इसलिये उसका अनुकरण भी करता है। जैसे आज भारत में प्रधानमंत्री जी के कहे कथन (शब्द) भले ही उसमें भाषा वैज्ञानिक त्रुटि ही क्यों न हो लोग अनुकरण कर रहे हैं। जैसे – विकलांग या अशक्त के लिये – दिव्यांग।

1. विकलांग या अशक्त के लिये – दिव्यांग –

(दिव्य) का अबतक के मान्य अर्थ रहा है विशेष या अद्‌भुत, दूसरा नहीं। इसिलिये बाबा रामदेव ने अपने औषधियों के नामकरण के लिये "दिव्य" शब्द का प्रयोग सर्वाधिक किया है।

दिव्य का कोशगत अर्थ–

अशोक मानक हिन्दी–हिन्दी शब्दकोश के अनुसार – स्वर्ग या आकाश से संबंध रखने वाला, अलौकिक, खूब साफ, सुन्दर चमकीला, बढ़िया, तीन प्रकार के नायकों में से वह जो स्वर्ग में रहने वाला या अलौकिक हो जैसे – राम, कृष्ण आदि, शपथ, सौगंध, कसम।

लगभग ऐसे ही मिलते–जूलते अर्थ ''भार्गव मानक हिन्दी शब्दकोश'' में भी है। इसलिये उसे हम अलग से नहीं लिख रहे हैं।

भारत में ही अति प्राचीन काल से ही दिव्य औषधि, दिव्य बाण ऐसे ही नामधारी शब्द प्रचलन में रहते आया है।

कहने का मतलब यह कि दिव्य वह तत्व या पदार्थ रहा है जिसे हर कोई व्यक्ति प्राप्त कर लेना चाहता है। महाभारत के संजय को मिले दिव्य दृष्टि भी इसी का सूचक रहा है। परन्तु प्रधानमंत्री जी के कहे दिव्य अंग कोई भी प्राप्त करना नहीं चाहेगा और न ही कोई प्रधानमंत्री जी के कथन का अनुकरण करके महाभारत के संजय को काना या अंधा मानने की भूल करेगा ?

तब क्या यह मान लिया जाय कि प्रधानमंत्री के कथन के अनुकरण के कारण दिव्य शब्द का अर्थ संकुचन हो गया है ? भाषाविज्ञान के अनुसार निश्चित ही दिव्य का अर्थ संकुचन हो गया है, इसमें संदेह भी नहीं किया जाना चाहिये।

2. व्यक्तिगत दूरी के लिये सोशल डिस्टेंसिंग (सामाजिक दूरी) –

व्यक्तिगत दूरी के लिये सोशल डिस्टेंसिंग (सामाजिक दूरी) भी उसी तरह का शब्द है। यह प्रचलित अर्थ में अपराधसूचक रहा है। जैसे किसी का किसी सामाजिक अपराध के लिये सामाजिक बहिष्कार कर दिया गया हो। तब ऐसी स्थिति में लोग उस व्यक्ति से मजबूरी में ही सही सामाजिक दूरी बना लेते थे और आज भी बना ले रहे हैं। जबकि कोरोना काल में इसे व्यक्तिगत दूरी बनाये रखने के लिये प्रयोग में लाया गया था। जो सही अर्थ का सूचक नहीं है। लेकिन क्या करे प्रधानमंत्री जी ने इसका प्रयोग किया था ? इसलिये बिना सोचे–समझे अनुकरण होना था, हुआ भी। जैसे दिव्यांग का हो रहा है।

3. किसान के लिये– अन्नदाता –

किसान के लिये– अन्नदाता। किसान अन्नदाता नहीं हो सकता। भारतीय साहित्य में अन्नदाता शब्द जमीदारों, राजाओं, रिहासतदारों या साहूकारों के लिये अब तक प्रयुक्त या सूचित होते आ रहा है। उसे एक दिन में अचानक किसानों के लिये संबद्व नहीं किया जा सकता ? भले ही उसे देश के प्रधानमंत्री ने ही प्रयुक्त क्यों न किया हो ? शायद यही वजह है कि इसका व्यापक प्रयोग दिव्यांग और सोशल डिस्टेंसिंग के जितना नहीं हो पा रहा है? इसके अतिरिक्त किसान जो खेती करने, फसल उगाने का सूचक रहा है उसे अन्न देने वाले के अर्थ में आरोपित करना वैसे ही होगा जैसे भूखे को खाये हुये के रोल में फिल्माना। जिसमें बार–बार कट होने की संभावना बनी रहती है। यद्यपि रावण को एक उच्च कुल में पैदा हुआ बताया गया है। देखें मानस की ही पंक्ति–

उपजे जदपि पुलस्त्यकुल, पावन अमल अनूप।

इसके बावजूद उन्हें राक्षस करार दे दिया गया है, जबकि राक्षस किसे कहा जाय ? मानस में ही तुलसीदास ने शिव जी से पार्वती को बताते हुए कहलवाया है –.

बाढ़े खल बहु चोर जुआरा। जे लंपट परधन पर दारा।

मानहिं मातु पिता नहिं देवा। साधुन्ह सन करवावहिं सेवा।

जिन्ह के यह आचरन भवानी। ते जानहु निशिचर सब प्रानी।

उपरोक्त परिभाषा के विपरीत रावण को राक्षस करार दे दिया गया है। इसलिये प्रश्न तो उत्पन्न होगा ही कि ऐसा क्यों ? समाधान चाहे न दिया गया हो, लेकिन इतना तो सच है कि रावण एक राजा था और राजाओं के स्वभाव के अनुसार उन्होंने एक सुरक्षित जगह राजधानी बनाया तथा राज्य विस्तार किया। अन्य ऐतिहासिक राजाओं को छोड़ भी दें तब भी राजा बनने पर स्वयं राम और युधिष्ठिर को एक शक्तिशाली राजा प्रमाणित होने के लिये ऐश्वर्य सूचक राजसूइ यज्ञ करना बताया जाता है। यह भी राज्य विस्तार का एक प्रकार है। इसमें अन्य राजाओं को या तो अधीनता स्वीकार कर रास्ता देने की बात कही जाती है या रास्ता रोककर शक्ति आजमाइश की चुनौती दी जाती है।

हारने वाला जीतने वाले राजा के अधीन हो कर उसके निर्देशों का पालन करने के लिए बाध्य हो जाता है। यही सब रावण ने भी किया। रावण ने पहले अपने दुश्मन को फिर से मजबूत न हो सके इसलिये उसके सारे रास्ते बन्द कर दिये। जो प्रायः राजा करते रहते हैं, बल्कि यही कहें कि आज भी युद्ध जीतने के लिये यही सब किया जाता है तो अत्युक्ति नहीं होगा। रूस यूक्रेन के लिये यही कर रहा है। इसलिये रावण के कृत्य को प्रासंगिक ही कहा जायेगा। वास्तव में यह एक रणनीति है कि दुश्मन के रसद रोक दें। देखिये – रावण भी यही कर रहा है –

द्विजभोजन मख होम सराधा। सब कै जाइ करहु तुम बाधा।

छुधा हीन बलहीन सुर, सहजेहिं मिलिहहिं आइ।

तब मारिहउँ कि छाड़िहउँ, भली भाँति अपनाइ ।

इन्द्र को देवताओं का राजा बताया गया है और इन्द्र का स्वभाव तुलसीदास जी के अनुसार अच्छा नहीं रहा है। सत्ता में बने रहने के लिए वह कुछ भी माने अनैतिक कृत्य भी करते रहता है। जैसे आज के सत्ताधारी करते रहते हैं। विष्णु को उन्हीं की रक्षा करते बताया जाता है। है न अजीब बात ? खैर तुलसीदास जी ने इन्द्र के स्वभाव के बारे में मानस में यों लिखा है –

सूख हाड़ लै भाग सठ, स्वान निरखि मृगराज।

छीनि लेइ जनि जान जड़, तिमि सुरपतिहिं न लाज।

इस एक दोहे में ही तुलसीदास जी ने देवताओं के राजा इन्द्र के लिये गाली के अनेक शब्दों का प्रयोग कर डाला है। जैसे –

1. सठ
2. जड़
3. लाज

कुत्ता का रूपक अलग से।

इस कथन के वाच्यार्थ (राजा) और लक्ष्यार्थ (युद्ध जीतने) को आप स्वयं समझ सकते हैं। थोड़ा गौर कीजिए रावण ने अपना दुश्मन किसे स्वीकार किया है ? राम को न ? स्वभाविक है राम रावण को भी

अपना बैरी मानते होंगे और वही वाच्यार्थ होगा। इसीलिये दोनों में महासंग्राम होता है। जिसमें रावण मारा जाता है। यही राम का लक्ष्य है और रावण को इसी में मोक्ष की प्राप्ति होती है। यह उसकी इच्छा है। देखा जाय तो यह एक अद्‌भुत ही घटना है, जिसमें दोनों राजाओं (राम और रावण) को युद्ध में लक्ष्य की प्राप्ति हो रही है। जबकि सामान्यतः राजाओं या देशों के युद्ध में लक्ष्य की प्राप्ति केवल एक जिसे विजेता कहते हैं, को ही होती है पर मानस में ऐसा नहीं हो रहा है। यहाँ तो लक्ष्य की प्राप्ति विजेता और हारने वाले दोनों को ही हो रहा है। एक ओर इस युद्ध के पहले राम का प्रण –

निसिचर हीन करउँ महि।

पूरा हो रहा है तो दूसरी ओर रावण की इच्छा –

प्रभु सर प्रान तजे भव तरिहूँ।

की पूर्ती हो गई। है न अद्‌भुत, अतुलनीय प्रसंग?

शायद यह दुनियाँ का अद्‌भुत प्रसंग है ? जहाँ युद्ध में कोई हारा नहीं है। जिसको हम हारते हुये समझ रहे हैं, उसे उसने स्वयं वरण किया है। इसलिए इस युद्ध से रावण की भी विजय यानी इच्छा की पूर्ति हुई है। कहने का मतलब यह कि तुलसीकृत मानस में रावण के युद्ध में मारे जाने के कारण भले ही विजय राम की हुई हो पर मर कर भी रावण हारा नहीं है। क्योंकि यह मरण उसके द्वारा स्वयं से चुना हुआ है। इसलिये यह केवल राम–रावण युद्ध या महासंग्राम ही नहीं अपितु यह एक अद्‌भुत और अलौकिक युद्ध साबित हुआ है, जिसमें कोई हारा नहीं, अर्थात जिसकी जीत हुई, देखने में वह नायक राम ही था। लेकिन जिसको हम हारा हुआ खलनायक – रावण समझ रहे हैं, वह हारकर भी अपने लक्ष्य को प्राप्त करने में सफल हो गया है, माने हारकर भी वह जीत गया। कहने का तत्पर्य यह कि इस युद्ध में दोनों पक्ष की जीत हुई है। है न अद्‌भुत युद्ध ?

***

सवाल - सात

समुद्र के कथन का आशय

रामचरितमानस में समुद्र का कथन –

ढोल गँवार सूद्र पसु नारी। सकल ताड़ना के अधिकारी।

के अर्थ को लेकर बड़ा बवाल रहा है। इसे लेकर कुछ लोग तुलसीदास को शुद्र और नारी विरोधी सिद्ध करते हैं तो तुलसी के समर्थक तुलसीदास का बचाव करने के लिए विविध प्रकार के तर्क देते हैं। उसे तर्क न कहना ही बेहतर होगा। क्योंकि उनमें तर्क कम अन्यार्थ ज्यादा प्रवेषित है। देख लीजिये कुछ अन्यार्थ विवेचन –

तुलसी का बचाव करने वाले कुछ ढोल के ताड़ना याने थाप अर्थात् लय को प्राथमिकता देते हुये ताड़ना का अर्थ मारना नहीं संगीत के लय बताते हैं। उनका मानना है कि लय और थाप के लिये मारना कहना सही नहीं है। लेकिन देखा जाय तो मारने को हल्का कर दें तब भी थाप या आघात में ही संदेश एक ही है – आघात करना जिसे मारना कहा जा रहा है। कुछ इन्हीं बातों को लेकर विरोधी ताड़ना का अर्थ मारना निरुपित कर घोर विरोध और निंदा करते हैं।

जो लोग लय बता रहे हैं शायद उन्हें पता ही नहीं है कि ढोलक को लय में लाने के लिये पहले उसकी रस्सियों को खींचकर टाइट किया जाता है उस दौरान दोलक के किनारे–किनारे को किसी ठोस वस्तु से हत्का–हल्का ठोंका भी जाता है। याने बिना ताड़ना के ढोलक लय में नहीं आता, यही सच है।

एक प्रवचनकर्ता विद्वान "कनक कनक ते सौगुनी मादकता अधिकाय" के समतुल्य इसमें यमक अलंकार खोज निकालता है। जबकि ताड़ना को भिन्न–भिन्न अर्थ में प्रयोग करने पर जैसा कि प्रवचनकर्ता कर रहा है, फिट नहीं बैठता और यदि बलात फिट करने की कोशिश करते हैं तब भी अर्थ यहाँ ठीक से फिट नहीं बैठ रहा है।

यदि ताड़न को ढोलक, शूद्र और नारी में आरोपित भी करें तब वहाँ यमक नहीं श्लेष अलंकार हो जायेगा। क्योंकि उद्‌घृत पंक्ति में "ताड़न" शब्द एक ही बार प्रयुक्त हुआ है और उसका अर्थ ढोल गँवार सूद्र पसु नारी पाँचों के लिये निर्धारित किया गया है।

अब श्लेष अलंकार का उदाहरण देख लीजिए। श्लेष का अर्थ चिपका हुआ होता है अर्थात जहाँ एक ही शब्द में एक से अधिक अर्थ चिपके हुये हो वहाँ श्लेष अलंकार होता है। यथा–

रहिमन पानी राखिये, बिन पानी सब सून।

पानी गये न ऊबरे, मोती मानुष चून।

यहाँ पर पानी तीन अलग–अलग वस्तुओं के लिये अलग–अलग अर्थ दे रहा है। माने मोती के अर्थ में स्वाति नक्षत्र का जल, मानुष के लिये–इज्जत और चूना के लिये पानी। क्योंकि बिना पानी के अर्थात चूना के पानी समाप्त हो जाने या सूख जाने के बाद चूना बे–जान हो जाता है।

इसका मतलब यह है कि यदि हम ताड़ना को ढोलक, गँवार, शूद्र, पशु और नारी के लिये प्रयुक्त करते हैं तो उसमें यमक नहीं, श्लेष अलंकार हो जायेगा।

एक समर्थक कहता है इस चौपाई के अंत में जो 'अधिकारी' शब्द आया है उसे पकड़े रहिये। उस पर ध्यान केन्द्रित कर अर्थ का संधारण कीजिये अर्थात आप इसके अधिकारी हैं। तो यह संकुचित अर्थ कैसे हो सकता है ? इसके विपरीत विरोधी विचार रखने वाले लोग किसी भी स्थिति में ताड़ना को मारना से भिन्न मानने को तैयार नहीं हैं। कुल मिलाकर पक्ष–विपक्ष में तार्किक–अतार्किक जंग अभी भी जारी है। शायद इस व्याख्या के बाद भी जारी रहेगा ? क्योंकि कोई भी पक्ष अपने द्वारा तैयार परिधि से बाहर झाँकना ही नहीं चाह रहा प्रतीत हो रहा है। इस प्रकार के एकपक्षीय विचारधारा को रूढ़िवादी विचारधारा कहना ज्यादा उपयुक्त होगा। कुछ सम्प्रदायों में भी इस प्रकार की प्रवित्ति पायी जाती है कि चाहे सामाजिक और न्यायायिक दृष्टि से वे अमान्य ही क्यों न हों पर उसे भी ऐसे लोग अपने ही नजरिये से देखना चाहते है। इसे ही कट्टरपंथी या कट्टरवादी विचारधारा कहते हैं।

चूँकि ऐसे लोगों का माईंड पहले से सेट होता है। इसलिये उनसे कोई चर्चा नहीं किया जा सकता। क्योंकि तब वे चर्चा के दौरान ही इतने उग्र हो सकते हैं कि चर्चा करने वाले की अचानक हत्या करने से भी न हिचकें। तुलसीदास ने ऐसे लोगों को ही मूर्ख कहा है और लोगों को समझाइश देते हुये लिखा है –

मूरख हृदय न चेत, जों गुरु मिलहिं विरंचि सम।

जैसे–

फूलहिं फलहिं न बेत, जद्पि सुधा बरसहिं जलद।

इसलिये हम भी यहाँ उनसे कोई बहस नहीं करना चाहते। हम बात करेंगे प्रगतिवादी विचारधारा से जो तर्क को सुनने और समझने के लिये भी तैयार रहते हैं।

तथ्य यह कि हमारी जानकारी के अनुसार जितने लोगों ने उद्धृत चौपाई की व्याख्या की प्रायः सभी ने तुलसी के मूल भाव तक पहुँचे बगैर चौपाई को सामने रखकर की है। जबकि मानस की किसी भी पंक्ति विशेष की व्याख्या स्वतंत्र रूप से करने में अर्थातिरेक या अर्थ संकुचन या अर्थान्तरण होने की संभावना बनी रहती है। क्योंकि रामचरितमानस एक प्रबंधकाव्य है। इसलिये पंक्ति या पंक्तियों को उसके संदर्भ को समझे बिना व्याख्या नहीं करना चाहिये।

मेरे गुरुदेव खुद हैं डॉ.एस.के. मलय। कोई जब उनसे किसी शब्द का अर्थ पूछ देता तब उनका ही पूछने वाले के लिए सवाल होता – यह किस कथन या पंक्ति में प्रयुक्त हुआ है उसके साथ बताइए। माने हर किसी शब्द का अर्थ स्वतंत्र रूप से नहीं बताया जा सकता। तब व्यवहृत पंक्ति का अर्थ तो बिल्कुल ही नहीं। ऐसे में आप पूरे एक चौपाई का अर्थ स्वतंत्र रूप से कैसे बता सकते हैं।

तो आइये उद्धृत चौपाई के संदर्भ पर गौर करते हुये उसकी व्याख्या करने की कोशिश करें। चौपाई का संदर्भ है –

राम समुद्र पार करने के लिये समुद्र से ही रास्ता माँगने के सुझाव पर समुद्र से प्रार्थना करते हैं। श्रीराम को प्रार्थना करते तीन दिन

बीत गये समुद्र पर उनकी प्रार्थना का कोई प्रभाव नहीं पड़ता देखकर राम समुद्र पर क्रोध कर बैठते है। दोहा देखिये –

विनय न मानत जलधि जड़, गए तीनि दिन बीति।

बोले राम सकोप तब, भय बिनु होइ न प्रीति।

समुद्र राम के क्रोध से भयभीत होने पर राम के समक्ष उपस्थित होकर विनती करता है। पंक्ति देखिए –

गगन समीर अनल जल धरनी।

इन्ह कइ नाथ सहज जड़ करनी।

अर्थात पाँचों को वही करने में सुख मिलता है जैसा उसके माने पाँचों के स्वामी जी ने तय किया है। यहाँपर तयकर्ता उनका स्वामी स्वयं राम हैं अर्थात् जैसा आपने उनके लिए निर्धारित किया हुआ है। यहाँपर समुद्र जिनका नाम गिना रहे हैं– गगन, वायु, अनिल और धरती के साथ–साथ जल यानी स्वयं समुद्र का भी है, जो जल का ही समूह है। इन पाँचों का स्वामी कोई और नहीं स्वयं भगवान राम हैं जो उनके ही सामने खड़े हैं। ये सभी वहीं करते हैं जो पहले से इनके लिये इनके स्वामी के द्वारा निर्धारित कर दिया गया है। अब जरा गौर कीजिये प्रभु याने राम ने ही प्रकृति के उन पाँचों तत्वों के लिये कौन–सा कार्य निर्धारित करके रखा हुआ है ?

पहले गगन के लिये –

यह एक विशाल अनंत विस्तार युक्त है, जहाँ अनेक सौरमण्डल हैं। विज्ञान सम्मत न देखते हुये 'धार्मिक दृष्टि से' ही देखें तो भी – स्थिर रहना इसका स्वभाव है।

दूसरा समीर याने वायु के लिये –

इसका काम एक जगह स्थिर न रहकर समस्त प्रणियों को प्राणवायु प्रदान करते हुये उन्हें शीतलता प्रदान करना है यानी चंचल रहना तथा चराचर को जीवन और शीतलता प्रदान करना इनका स्वभाव है।

तीसरा अनल माने आग के लिये –

इसके लिये जो काम निर्धारित है वह है वस्तुओं को जलाना तथा ताप देना।

चौथा जल के लिये –

इसके लिये कार्य निर्धारण यह हुआ है कि ये अग्नि के ताप को शान्त करते हुए सबको जीवन प्रदान करते हुए पात्र जिसमें उसे रखा गया है के अनुसार अपने को ढालता रहे। वही वह करता है।

पाँचवा धरती के लिये –

इसका काम ठोस होना, सबको धारण करना और पेड़ पौधों को ऊगने, बढ़ने या कहें विकसित होने में सहायता प्रदान करना अर्थात समस्त जीवों का पालन–पोषण करते रहना निर्धारित है।

इसमें से कोई भी एक–दूसरे का स्थान या कार्यभार नहीं ले सकता अर्थात आग में शीतलता नहीं आ सकती और न ही वह ऊपर बताये किसी अन्य तत्व के कार्य को कर सकता है। यही स्थिति आकाश, हवा जल और पृथ्वी का है। यही तुलसीदास समुद्र के माध्यम से कहलवाना चाहते हैं।

चूँकि उपरोक्त कथानक में अपराधी की तरह उपस्थित समुद्र अपनी बेगुनाही का सबूत राम माने भगवान या कहें स्वामी के समक्ष प्रस्तुत करते हुये बताना चाह रहा है कि – आपको रास्ता देना आपने ही मेरे सामर्थ्य से बाहर रखा है, ऐसे में रास्ता न देने में मेंरा कोई दोष नहीं है। क्योंकि जल यानी मुझमें यह ताकत या गुण आपने ही नहीं दिया है कि मैं ठोस वस्तु की तरह दो भाग में विभक्त होकर आपको रास्ता दे सकूँ। यह काम माने भार आपने ही धरती को दे रखा है, फिर भी यदि आप मुझे सुखाकर लंका जाना चाहते हैं तो यह आपके सामर्थ्य में तो है पर इससे संसार को काफी नुकसान होगा। क्योंकि मेरे अन्दर पल रहे समस्त जीव नष्ट हो जायेंगे। यानी समुद्र ने जड़ होते हुये भी राम याने अपने स्वामी अर्थात भगवान को ही सीख दे दिया हैं कि प्रकृति के नियमों का उल्लंघन समर्थवान होने के बाद भी कोई नहीं कर सकता, चाहे वह भगवान ही क्यों न हों ?

शायद राम को अपनी गल्ती का एहसास हो गया था, इसलिये धनुष जिस निमित्त मँगाया था उस भाव को त्याग कर अब समुद्र से ही उपाय पूछने लगता है। आगे की पंक्ति देखिये –

सुनत बिनीत बचन अति, कह कृपालु मुसुकाई।

जेहि बिधि उतरै कपि कटकु, तात सो कहहु उपाई।

अब जरा सोचिये क्या राम को प्रकृति के सामान्य सिद्धांत माने 'पानी ठोस की तरह दो भाग में विभक्त नहीं हो सकता का ज्ञान नहीं था ? यदि होता तो समुद्र से रास्ता माँगने का सवाल ही खड़ा नहीं होता फिर भी राम रास्ता माँग रहे है। हमारी समझ से यदि तुलसीदास ऐसा नहीं करते तो भी कथाप्रवाह में कोई व्यवधान उपस्थित नहीं होता जैसा कि विभीषण को लात मरवाकर माने अपमानित कर लंका से बाहर करने में हो रहा था। यदि उक्त प्रसंग में बदलाव कर दिया जाय तो इससे राम को विचार बदलने का शर्मनाक कृत्य भी नहीं करना पड़ता। मगर तुलसी ने वैसा नहीं किया। जिसके कारण श्रीराम को शूद्र समझे जाने वाने तत्व समुद्र और बानरों के सामने ही शर्मिन्दा होना पड़ गया रहा होगा।

मानस के इस प्रसंग पर स्वतंत्र समीक्षा लिखी जा सकती है पर यहाँ हम वैसा नहीं कर सकते। क्योंकि वैसा करना फिलहाल हमारा उद्देश्य भी नहीं है। इसलिये हम केवल इतना ही कह सकते हैं कि कुछ लोगों को हमारी टिप्पणी बकवास लग सकती है। लेकिन मानस के परिपेक्ष्य में यही सही है। इसी लिये हमने व्याख्या प्रारंभ करने के पहले ही बता दिया था कि हम उनसे बात ही नहीं करना चाह रहे हैं जो कट्टरवादी सोच रखते हैं। हमने पहले ही निवेदन किया था कि बिना संदर्भ को समझे मानस की पंक्तियों की व्याख्या करके स्पष्ट धारणा निश्चित नहीं किया जा सकता। यदि पंक्ति के पूर्व संदर्भ को देखते हैं तो जो तथ्य उभर कर आता है वह इस प्रकार है –

1. समुद्र भयभीत स्थिति में रहते हुये सफाई दे रहा है?
2. वह अत्यधिक डरा हुआ है और डरा हुआ व्यक्ति अपने को निकृष्ट, कमजोर या अपराधी बताकर ही अपने आपको बचा सकता है। इसलिये यदि समुद्र अपने साथ–साथ दूसरों का

उदाहरण देकर अपने आप को और अपने कुटुम्ब को बचा लेता है तो इसे मनोवैज्ञानिक और स्वभाविक कृत्य ही कहा जाना समीचीन होगा।

3. यदि समुद्र बिना डरे प्रकृति के नियम बताता तो राम का क्रोध शायद असानी से शान्त नहीं होता और जैसा कि होता है क्रोध में अनर्थ हो जाता। इस स्थिति में मानस का संदेश भी पूरा नहीं होता अर्थात तुलसीदास मानस के माध्यम से जो यह संदेश देना चाह रहे होंगे कि क्रोध में तमतमाये व्यक्ति के सामने मनुष्य को अपने बचाव कैसे करना चाहिये ? तो यदि समुद्र बिना डरे प्रकृति का नियम बताता तो उक्त संदेश जन–जन तक नहीं पहुँच पाता और तुलसी का अभिष्ट पूरा नहीं होता।
4. समुद्र के डरे होने के बावजूद भी तार्किक उत्तर राम के समक्ष प्रस्तुत किये जाने के कारण मानस के पाठक भी समुद्र से सहानुभूति रख सके हैं।
5. तुलसी के कथन में अत्यंत ही गंभीरता, सूक्ष्मता और मनोवैज्ञाकिता के साथ–साथ व्यंजनामूलकता का समायोजन भी है। इसीलिये इसके अर्थ करने वालों के कथन और तर्क में विविधता आ रही है। जिसे स्वभाविक ही कहा जाना चाहिये। यही काफी है कि लोग उस पंक्ति का अर्थ बता पा रहे हैं। अन्यथा व्यंजना मूलक भाव की व्याख्या कर पाना आसान नहीं होता। क्योंकि व्यंजना श्रेष्ठ काव्य के लक्षण भी है।

ताड़ना का अर्थ –

शब्दकोश में तड़ना अर्थ निम्न प्रकार से दिया हुआ है –

भार्गव, आदर्श हिन्दी शब्दकोश के अनुसार –

(सं.स्त्री.) ताड़न, मार, प्रहार, कष्ट, (हिं.क्रि.स.) डाँटना, दपटना, दण्ड देना, मारना, पीटना, पीटकर भगाना, हटा देना, छिपी हुई बात का पता लगा लेना, भाँपना, लखलेना।

अशोक मानक, हिन्दी–हिन्दी शब्दकोश के अनुसार –

प्रहार, मार दाँट, दपट, दंड, सजा, उत्पीड़न, कष्ट देना, दोषी अपराधी को विशेष दंड न दे कर उसे कार्य के संबंध में रोष या

असंतोष प्रकट करते हुये उसे भविष्य में सचेत रखने के लिये कही जाने वाली बात या झिड़की (रेप्रीमाड)।

संस्कृत और हिन्दी कोश के अनुसार –

ताडनम् (नपुं.) {तड् +णिच्+ल्युट्} मारना–पीटना, हंटर लगाना, बेंत लगाना, नी (स्त्री.) हंटर।

माने कमोबेस उद्धृत तीनों कोशों में मारना या पीटना अर्थ ही (कम, ज्यादा के साथ) सूचित हो रहा है।

तो "ताड़ना" का सीधा सा अर्थ निकलता है कि ढोल, गँवार सुद्र, पशु और नारी को सदा ही मारा–पीटा जाता है। भले ही वह मारना–पीटना न होकर हल्की चोट देना ही क्यों न हो।

जैसा कि ढोलक को सही स्थिति में लाने के लिए पहले उसकी रस्सी को खींचा और चारों ओर को हल्के ठोंका जाता है। इसे आप चाहें तो मारना–पीटना कह सकते हैं। जबकि इस क्रिया को मारने–पीटने के वास्तविक अर्थ में नहीं घसीटा जा सकता।

वास्तविक अर्थ –

तुलसी की उद्यृत पंक्ति में ताड़ना का वास्तविक अर्थ मारना–पीटना नहीं है। क्योंकि इस अर्थ में जब किसी चाहे व्यक्ति हो या वस्तु मारा–पीटा जाता है तब उसके परिणाम स्वरूप पड़ने वाले प्रभाव की चिंता नहीं की जाती। बल्कि उसे अधिक से अधिक चोट पहुँचाने का प्रयास किया जाता है। जबकि ढोल, गँवार शूद्र, पशु और नारी के साथ ताड़ना का अर्थ करने में परिणाम की चिंता सन्नीहित है।

ताड़ना और मारना में अन्तर–

तड़ना और मारना में पर्याप्त अन्तर है और इस अंतर को समझे बिना भी तुलसीदास के कथन – "ढोल गँवार सुद्र पसु नारी" के आशय को ठीक से समझा नहीं जा सकता। इस अंतर को निम्न प्रकार से स्पष्ट किया या समझा जा सकता है।

मारना पीटना	ताड़ना
1. इसमें परिणाम की चिंता नहीं की जाती	1. इसमें परिणाम की चिंता की जाती
2. इसमें क्रोध मिला होता है	2. इसमें प्यार मिला होता है
3. इसमें हानि की संभावना रहती है	3. इसमें ऐसी कोई संभावना नहीं रहती

ताड़ना और मारना में अन्तर को समझ लेने के बाद समुद्र के कहने के आशय को यदि और अधिक स्पष्ट कर दिया जाय तो व्यक्ति जिसे मारता–पीटता है तब उसे अधिक से अधिक हानि पहुँचाने की कोशिश करता है। जबकि ढोलक, गँवार, शूद्र, पशु और नारी के साथ ऐसा नहीं होता। माने इसमें अधिक से अधिक नुकशान पहुँचाने का भाव नीहित नहीं है। तब उसके माने पाँचों के साथ मनुष्य के व्यवहार को मारने–पीटने के अन्तर्गत समाहित नहीं किया जा सकता। जहाँ तक ढोलक का संबंध है, को सही स्थिति माने लय में लाने के लिये जो ताड़ित किया जाता है उसमें इस बात का ख्याल रखा जाता है कि उस ताड़ना से ढोलक को किसी भी तरह का कोई नुकसान न हो। ढोलक को सही स्थिति में लाने के लिए जो हल्का चोट किया जाता है जिसे विरोधी मारना–पीटना कह रहे हैं, के विपरीत यहाँ उतना ही प्रहार (न ज्यादा न कम जिसमें प्यार मिला होता है) किया जाता है जिससे ढोलक लय को प्राप्त कर सके।

कहने का तात्पर्य यह कि यहाँपर भी ताड़ना का अर्थ मारना–पीटना नहीं अपितु ढोलक के अर्थ में कहें तो ऊपर वर्णित लय में लाने के अर्थ में लिया जाना चाहिये जिसमें प्यार मिश्रित हो।

जहाँ तक गँवार अर्थात नासमझ का संबंध है उसे भी सही–सही कार्य करवाने के लिये थोड़ा याने ढोलक की तरह आघात यानी डाँट–फटकार लगाते रहना पड़ता है। शायद इसीलिये तो ऐसे लोगों से काम शुरू करवाने के पहले ही ढोलक के रस्सी खींचने के जैसे हिदायत देना होता है कि – देखना बिगाड़ना नहीं, नहीं सजा मिलेगी।

ष्शुद्र तब तुलसी के समय भी आज से ज्यादा ही शिक्षा के अभाव में ही जीवन–यापन करते रहे होगे। अशिक्षित या अकुशल लोगों

(अकुशल श्रमिकों) को काम करवाने के पहले बिगड़ने की आशंका के चलते हिदायत लगभग आज भी दिया जाता है। इसलिये इसमें व्यंजना मूलक अर्थ ग्रहण किया जाना चाहिये। जो कमजोर हैं वे सब ताड़न के अधिकारी हैं माने योग्य हैं और अधिकारी हैं माने लायक हैं या अधिकार रखते हैं। जैसे बच्चा अपने माता–पिता से ताड़ना का अधिकार रखता है।

अब आगे देखते हैं उद्धृत पंक्ति के आधार पर क्या तुलसीदास को नारी विरोधी सिद्ध किया जा सकता है ?

जहाँ तक नारी का संबंध है उनकी स्थिति लगभग आज भी शैक्षिक दृष्टि से तुलसी के काल में गँवार और शुद्रों की मानिंद ही रही है। जो कमोवेश आज भी वैसा ही है। खासतौर से कट्टरवादी सोच के समाज और परिवार में। शायद इसीलिए तुलसीदास ने उद्धृत पंक्ति में पाँचों के लिए ताड़ना को उनका अधिकार कहा है। दूसरे शब्दों में कहें तो पाँचों अपने आप में सक्षम नहीं होने के कारण प्रबुद्ध जनों के द्वारा दिशा निर्देश प्राप्त करने के अधिकारी हैं। यही वजह है कि उनके ताड़ना में इस बात का ख्याल रखा जाता है कि जिसको ताड़ित किया जा रहा है उसे कोई नुकसान न हो। जबकि मारने–पीटने या कहें जिन्हें मारा–पीटा जाता है उसे अधिक से अधिक नुकसान पहुँचाने की कोशिश की जाती है अर्थात नुकसान की परवाह बिल्कुल ही नहीं किया जाता। इस अर्थ में ताड़ना का अर्थ ढोल, गँवार, शूद्र, पशु और नारी के साथ प्रयुक्त कर के देखें तो साफ हो जायेगा कि तुलसी के कथन में ताड़ना का अर्थ मारना पीटना नहीं है। क्योंकि ढोल, गँवार, शूद्र, पशु और नारी में से किसी को भी नुकसान पहुँचाने का उपक्रम दिखाई नहीं दे रहा है।

दरअसल प्रायः टीकाकार 'पक्ष और विपक्ष' आज की स्थिति में खड़े होकर तुलसी के समय का और उसके वास्तविक प्रकृति ('समुद्र जैसा नहीं बल्कि ऊपर वर्णित अर्थ') तक पहुँचे बिना उसका तात्पर्य समझने–समझाने की भूल कर रहे है। कुछ लोग अवधी भाषा के आधार पर ताड़ना का अर्थ – परखना, निगरानी करना आदि बताकर तुलसी का बचाव करने की असफल कोशिश करते हैं। उस अर्थ में भी खाली निगरानी नहीं होता निगरानी के समय रास्ता भटकने पर मार भी पड़

सकती है और ऐसी दशा में परिणाम पर ज्यादा ध्यान नहीं दिया जाता और जब तक परिणाम पर ध्यान दिया जाने वाली स्थिति रहेगी तब तक ताड़ना का अर्थ "मारना" स्वीकार नहीं किया जा सकता। वैसे भी तुलसीदास नारी को निगरानी में ही अर्थात पर्दे में ही रखने के पक्षधर रहे हैं। देखिये उन्हीं के शब्द –

जिमि स्वतंत्र होइ बिगरहिं नारी।

अन्यत्र भी वे वेद सम्मत मानस कह कर नारी को किसी न किसी 'पिता, पति और पुत्र' पुरुष के अधीन रहने को उपयुक्त मानते रहे हैं। इस अर्थ में भी समयसापेक्ष्य 'मुगलकाल होने के कारण तथा स्त्री शिक्षा के अभाव के कारण भी' नारी को जोर–जोर से अनावश्यक मारना–पीटना नहीं पर नियंत्रण की आवश्यकता जैसे ढोल, गँवार, शूद्र पशु के मानिंद नारी यानी 'पाँचों को तूल्य' रहा है और तुलसीदास ने भी वही माना है। इसलिये हमारा दृढ़ मत है कि उक्त पंक्ति के आधार पर तुलसीदास को नारी विरोधी नहीं कहा जा सकता।

तब सवाल पैदा हो सकता है कि तुलसीदास नारियों को किस तरह से रहने के पक्षधर हैं ? इस बात को समझने के लिये हमें तुलसीकाल के सामाजिक और राजनैतिक स्थिति को समझना होगा। दरअसल तुलसीदास का जीवनकाल तब का है जब भारत में मुगलों का शासन था और माना जाता है कि उस काल में से ही भारत में पर्दा प्रथा का प्रारंभ हुआ था। बाल विवाह को भी इसी काल की देन कहा जा सकता है। तो स्वभाविक है ऐसी स्थिति में तुलसीदास संत होने के नाते भी नारियों को उसकाल की सामाजिक मर्यादा में ही देखना पसंद करते रहे होंगे ? शायद यही वजह है कि पार्वती प्रसंग के अतिरिक्त जब–जब भी तुलसीदास को मानस में अवसर मिला तब–तब उसने नारियों के कर्तव्यों का ही बखान किया पर कहीं भी उनके अधिकार की बातें नहीं की। इससे भी तुलसी के विचार नारियों के प्रति को समझा जा सकता हैं। पार्वती, अनुसुइया और शबरी के प्रसंग से कुछ उदाहरण दृष्टव्य हैं। पहले देखिये पार्वती प्रसंग से उनका नारियों के प्रति दृष्टिकोण के कुछेक उदाहरण यथा –

जदपि जोषिता नहिं अधिकारी। दासी मन क्रम बचन तुम्हारी।

अर्थ– जोषिता 'स्त्री' पार्वती शिव से राम कथा का वेदसम्मत सार 'निचोड़' कथा सुनने की कामना करते हुये कहती है कि – यद्यपि स्त्री होने के कारण (पार्वती) सुनने के अधिकारिणी नहीं हूँ।

अर्थात पार्वती स्त्री होने के कारण रामकथा सुनने के अधिकारियणी 'पात्र या योग्य' नहीं है। तब यही स्थिति शूद्रों के लिये भी नियत रहा होगा ?

दूसरा उदाहरण देखिये –

अब मोहिं आपनि किंकरि जानी।

जदपि सहज जड़ नारि अयानी।

अर्थ– अयानी 'अज्ञानी, मूर्ख' यद्यपि मैं स्त्री होने के कारत स्वभाव से ही मूर्ख और ज्ञान हीन हूँ। तो भी आप 'शिव' मुझे अपनी किंकरि 'दासी' जानकर जो मैं पूछ रही हूँ उनका समाधान करें।

दोनों ही उदाहरणों में 'यद्यपि' शब्द का प्रयोग हुआ है, जिसका सीधा सा अर्थ है मैं वैसी नहीं हूँ लेकिन, फिर भी, इसलिये 'यद्यपि स्त्री होने के कारण हूँ' तुलसीदास ने निर्दिष्ट किया है।

अगला उदाहरण अनुसुइया प्रसंग से –

इसमें नारी ही नारी के संबंध में कह रही है –

सहज अपावनि नारि, पति सेवत सुभ गति लहइ।

जसु गावत श्रुति चारि, अजहुँ तुलसिका हरिहि प्रिय।।

अर्थात तुलसीदास ने यहाँ पर नारि को ''सहज अपावनि'' करार दे दिया है। यही नहीं इस अपावनि से मुक्ति पतिसेवा को ''तुलसी'' का संदर्भ देकर तथा तुलसी के इस कृत्य का बखान चारों वेद करते हैं बताकर अपने कथन को अकाट्य अर्थात संदेह रहित करार दे दिया और मजे की बात तो यह कि इसे तुलसीदास ने नारी के मुख से ही कहलवा दिया है। इससे अंदाजा लगाया जा सकता है कि उस काल में नारी के प्रति समाज की नैतिक धारणा क्या और कैसी रही होगी ? वैसे देखा जाय तो परम्परावादी समाज में नारियों के प्रति वही धारणा आज भी है। मुस्लिम समाज तो और भी कट्टरता ही दिखता है।

जहाँ तक शबरी का सवाल हैं वहाँ पर राम के आगमन के पश्चात उसे समझ नहीं आ रहा है कि वह राम का स्वागत कैसे करें ? तुलसीदास ने इस स्थिति को शबरी से ही कहलवा दिया हैं। पंक्ति देखिये –

केहि बिधि अस्तुति करौं तुम्हारी।

अधम जाति मैं जड़मति नारी।

अधम ते अधम अधम अति नारी।

यदि साहित्य को समाज का दर्पण मानते हुये उपरोक्त प्रसंगों का आंकलन करें तब भी यही तथ्य उभर कर सामने आ रहा है कि तुलसीदास के काल में नारियों की स्थिति समाज में केवल कर्तब्य पालन की ही रही है, अधिकार प्राप्ति की नहीं। शायद इसीलिये तीनों ही नारियों के कथन में सहज याने स्वभाविक शब्द का उपयोग हुआ है अर्थात तीनों ही नारियाँ यह बताने या जतलाने की कोशिश कर रहीं हैं कि नारियों मे ये जड़ यानी मूर्ख होने का, अपावनि याने अपवित्र होने का तथा अधम याने नीच होने का गुण सहज है याने – नारियाँ स्वभाविक तौर पर वैसा होती ही हैं।

उक्त भाव को जब हम आज के परिवेश में खड़ा होकर देखते हैं तो तथ्य स्वभाविक तौर पर गलत लगता है और तब ऐसी स्थिति में तुलसी को नारी विरोधी ठहराना आसान हो जाता है। क्योंकि आज महिलायें चहारदीवारी के भीतर सिमटी हुई मात्र नहीं है, अपितु वह भी पुरुषों की तरह शिक्षा प्राप्त कर अपनी योग्यता के बल पर कार्यालयों, शिक्षण संस्थानों और परिवहन से लेकर सेना तक में उपस्थिति दर्ज कराते हुये अपनी क्षमताओं का लोहा मनवा रही हैं। आज केवल नारि कर्तब्य की बातें कोई नहीं करता बल्कि उन्हें संविधान से प्रदत्त अधिकारों की रक्षा को तत्पर होने की बात कही जाती है। आज उनके हितों की रक्षा के लिये कानून है, तब नहीं था। ऐसी स्थिति में पंक्ति पर संदेह स्वभाविक है। लेकिन जब तुलसी के काल में खड़ा होकर उक्त प्रसंग को देखें जहाँ समाज केवल नारियों के कर्तव्य की ही बातें करता है, अधिकार की नहीं। तो यह सब स्वभाविक लगेगा। क्योंकि तब समाज का वहीं स्वरूप रहा है, जिसके सापेक्ष्य में तुलसीदास ने अपनी

बात कही है। इसलिये उद्धृत पंक्ति को आज के परिवेश में रखकर मूल्यांकन करना पंक्ति के साथ अन्याय होगा।

मानस की रचना चूँकि अवधी भाषा में हुआ है इसलिए ताड़ना के अवधी भाषा में प्रयोग के स्वरूप को भी समझ और ध्यान में रखकर ही ताड़ना का अर्थ निश्चित किया जाना चाहिए और अवधी में ताड़ना का अर्थ परखना ही होता है। यही अर्थ छत्तीसगढ़ी में भी है। जैसे –

1. मेंहा बहुत दिन ले तोला ताड़त रेहेंव,
2. मेंहा ओला दूरिहाच्च ले जाड़ गेय रेहेंव आदि।

एक बात और ध्यान देने की है कि तुलसीदास ने जिस प्रबंधकाव्य की रचना की है, उसमें बाल्मीकि के राम को ब्रम्हस्वरूपा राम का अवतारी रूप प्रदान किया है। इसके लिए उन्होंने मानस में सर्वाधिक बार वेद–पुरान संज्ञा का इस्तेमाल किया है। इसके बाद ब्राम्हण और उसके समानार्थी 'विप्र, द्विज इत्यादि के' शब्दों को मिला कर किया है तथा उसको अतिसम्माननीय माना है। अतः स्वभाविक तौर पर तुलसीदास ने प्रचलित वर्ण व्यवस्था की मर्यादा को भी स्वीकार करते हुये नारी के समतुल्य 'ढोल और गँवार' के साथ रख कर समूद्र से भययुक्त याचन में उल्लेख करवा दिया है। जहाँ तक वर्ण व्यवस्था का सवाल है इसे पुरूषों के लिये निर्धारित किया गया था। स्त्रियाँ प्रत्येक वर्ग में पुरूष के निचले पायदान पर ही रहीं हैं। इसलिये उक्त प्रसंग की व्याख्या देश, काल और वातावरण के संदर्भ में रख कर करना ही समीचीन होगा और जहाँतक "ढोल गँवार शूद्र पशु नारी। सकल ताड़ना के अधिकारी।" का संबंध है इसे प्यार से दिये जाने वाले थपकी के समकक्ष समझा जाना चाहिये। क्योंकि तुलसीदास ने जिस ताड़ना शब्द का उपयोग किया है उसके दो कारण हो सकते हैं –

1. छंद की मजबूरी
2. ताड़ना में प्यार का मेल है।

इसीलिये तुलसीदास ने आगे उसके समतूल्य शब्द "के अधिकारी" का स्तेमाल किया है। बहुत संभव है तुलसी को इस बात का अंदाजा रहा होगा कि पंक्ति को लेकर बात का बतंगड़ बनाया जा सकता है। संभवतः इसीलिये उन्होंने "के अधिकारी" लिखा होगा।

दसअसल ''अधिकारी'' वहीं कहा जा सकता है जहाँ प्यार का मिश्रण हो। मारने–पीटने के अर्थ के साथ प्यार या अधिकारी का प्रयोग व्याकरणिक दृष्टि से भी सही नहीं ठहराया जा सकता।

वैसे देखा जाय तो थपकी भी एक प्रकार का आधात, माने ताड़ना ही है। लेकिन दोनों के भाव में जमीन–आसमान का अन्तर है। लगभग वही अन्तर मारना और तुलसी के ताड़ना में भी है। इसलिये ताड़ना के मारने–पीटने के अर्थ और थपकी के मारने के अर्थ के अन्तर को बच्चे भी समझ जाते हैं। यही वजह है कि बच्चे थपकी देने पर आराम महसूस करते हैं और उस थपकी के परिणाम स्वरूप या तो वे चीखना चिल्लाना बंदकर चुप हो जाते हैं या सो कर शान्त हो जाते हैं।

उपर्युकत तथ्यों के प्रकटीकरण से हमें लगने लगा है कि अब बड़े भी तुलसी के ताड़ना का आशय समझ कर बच्चों की तरह कूदना–फाँदना बंद कर चुप हो गये होंगे।

***

सवाल - आठ

सूर्पनखा से संबंधित प्रश्न.......?

हमने पहले ही सूचित कर दिया है कि रामचतिमानस का यह एक ऐसा अनसुलझा सवाल है जिस पर सामान्यतः बात नहीं की जाती। फिर भी हमने एक अध्याय में आवश्यकता महसूस होने पर इसकी चर्चा कर ही लिया है। तब पाठक के मन में सवाल उत्पन्न हो सकता है कि जब इस पर चर्चा हो ही चुकी है तब हम सूर्पनखा से संबंधित प्रश्न उठाकर उसकी पुनः चर्चा क्यों कर रहे हैं ? क्या पूर्व के अध्याय में सूर्पनखा से सम्बन्धित सवालों का जवाब हमने नहीं ढूँढा है?

प्रश्न वाजिब है पर बात वैसा नहीं है। हम यहाँ पर दूसरे ही प्रकार के प्रश्नों को लेकर चर्चा करना चाह रहे हैं। क्योंकि एक फेसबुक ग्रुप जिसका नाम है ''श्री रामचरितमानस प्रेमी'' में उठाये गये प्रश्नों के कारण सूर्पनखा पर नये किस्म के सवाल खड़े हो गये हैं, जिस पर चर्चा आवश्यक हो गया है। तो आइये चर्चा को आगे बढ़ाते हैं।

जैसा कि हमने पहले ही कहा है कि फेसबुक पर एक ग्रुप है – श्री रामचरितमानस प्रेमी। इस ग्रुप में सूर्पनखा को लेकर सवाल किया गया था जो किंवदंती से युक्त था। जिसका मेरे द्वारा मानस आधारित समाधान प्रस्तुत किया गया था। तब मुझे लगा कि सच में मानस के पात्रों के कथानक को लेकर जनमानस में तरह–तरह की भ्रान्तियाँ व्याप्त है। रामकथा होने के कारण प्रायः टीकाकार मानस को आस्था, वरदान श्राप तथा क्षेपकों, पुनर्जन्मों आदि के माध्यम से अपने श्रोताओं को बाँधे रखते हैं और श्रोता प्रायः आस्थाजनित विश्वास से निबद्ध मंत्रमुग्ध होने के कारण उस कथा के विरुद्ध शंका भी नहीं करते। लेकिन अन्य चर्चाओं में तर्कयुक्त समाधान की माँग तो हो ही सकती हैं?

मेरे द्वारा प्रस्तुत समाधानों में इस प्रकार के सवाल भी किये जाते रहा है। जिसमें प्रमाण को लेकर पूछा गया था कि यदि प्रमाण की बात कर रहे हैं तो मानस पर आपकी आस्था संदिग्ध है। प्रश्नकर्ता ने अपने

सवाल में ही उत्तर भी लपेट दिया था। यह अलग बात है कि उसे इसका अंदाजा नहीं रहा होगा कि आस्था में प्रमाण की माँग याने प्रश्न नहीं किया जाता। क्योंकि आस्था में केवल और केवल विश्वास किया जाता हैं।

इसलिये अब हमें भी लगने लगा है कि सूर्पनखा से जुड़े प्रश्नों का उत्तर मानस में ही तलासा जाना चाहिये। जैसे अन्य समस्याओं माने शंकाओं का समाधान तलाशा गया है –

प्रश्न है – क्या सूर्पनखा का नाक–कान काटाजाना भारतीय संस्कृति के अनुकूल है ? प्रश्न इसलिये भी उत्पन्न हो रहा है कि यह विश्वविद्यालयों के पाठ्यक्रमों में समाहित है। हमें इस बात का अंदाजा है कि हमारे इस प्रकार के सवाल से कुछ लोगों को कष्ट होगा धनमिर्चई की तरह और मुझ पर नास्तिकता ही नहीं और न जाने क्या–क्या तोहमत लगाया जा सकता है पर हूँ तो मूलतः शिक्षक। इसलिये बात केवल ह्रदय तक नहीं रख सकता। क्योंकि तथ्य को तर्कों का सामना तो करना ही पड़ेगा ?

इसमें अनेकानेक प्रश्न स्वयं उपस्थित होकर समाधान की माँग भी करने लगेंगे। कोई बात नहीं। हिन्दू धर्म में इतनी जगह और उदारता है कि प्राचीन काल से ही धार्मिक आस्था पर भी सवाल किये जाते रहे हैं। इतनी जगह और उदारता बौद्व को छोड़कर शायद दुनियाँ के किसी भी धर्म में नहीं है। यही वजह है कि हिन्दू धर्म में ही अनेक विचारधारा– सगुण–निर्गुण, शैव्य–वैष्णव, राम–कृष्ण के अतिरिक्त जैन–बौद्व और सिख्ख नामक अलग प्रकारों का भी प्रादुर्भाव हो गया। यही नहीं सूर और तुलसी आपने–अपने आराध्य कृष्ण और राम को लेकर अलग–अलग खेमें में अड़े रहे हैं। इतना कि वे दूसरे के खेमे में जाने को तैयार ही नही दिखते।

तुलसीदास के बारे में कहा जाता है कि जब वह मथुरा जाते हैं, तब बाँसुरी धारी कृष्ण को माथ नवाने से ही इन्कार कर देते हैं। पता नहीं बात में कहाँ तक सच्चाई है ? पर बात करने वाले इस पंक्ति को प्रमाण के तौर पर पेश भी करते हैं कि तुलसीदास ने बाँसूरी धारी श्रीकृष्ण को ही यह कह कर प्रणाम करने से इन्कार कर देते हैं कि –

धुनुष बान लो हाथ, तुलसी नवावत माथ।

आज की भाषा में इसे कट्टरपंथी की संज्ञा देना अतिशयोक्ति नहीं होगा। कहा तो यह भी जाता है कि तब बाँसुरीधारी श्रीकृष्ण धनुर्धारी श्रीराम के रूप में ही दिखे थे पर सत्य का प्रमाण हमारे पास फिलहाल नहीं है। जो भी हो पर भारतीय विचार–धारा शैव्य और वैष्णवी सम्प्रदाय के बारे में यहाँ तक लोग कहते है कि वे अपनी विचारधारा के समर्थन में एक–दूसरे को फूटी आँख भी देखना नहीं चाहते थे। खैर जो भी रहा हो पर हिन्दी साहित्य में सगुण–निर्गुण के बीच की तीखी बहस तो जगजाहिर है ही। सूरदासजी को इसके लिए अलग से भ्रमरगीत सार की रचना भी करनी पड़ी थी। अपनी रचना में सूरदास ने गोपियों के माध्यम से ही निर्गुण के विरोध में अनेक तीखे सवाल भी किए हैं, जिसे आप चाहें तो कटाक्ष भी कह सकते हैं, जैसे –

1. आयो घोष बड़ो व्यपारी

2. उधो मन न भयो दसबीस
एक हुतो सो गयो श्याम संग को आराधे ईस

3. रूप रेख गुन नाम बिन निरालंब कित धावे।

............................को है मातुपिता केहि नारि के दासी।

इसके उलट कबीरदास ने सगुण उपासकों की खूब खिल्लियाँ उड़ाई है जैसे–

पाहन पूजे हरि मिले तो मैं पूजूँ पहार।

याते घर की चाकी भली, पीस खाय संसार।

हिन्दुओं के ढकोसलेपन को भी खूब लताड़ा है –

तीरथ चलै दुइ जने चित चंचल मन चोर।

एको पाप न उतरिया, दस मन लायो और।

तुलसी जैसे नरम दिल ने भी मानस में यह उपमा देने से नहीं रुके। पंक्ति देखिये रावण के सिर काटे जाने के उपरान्त बढ़ जाने के लिये क्या लिख रहे हैं –

काटे बहुत बढ़े पुनि, जिमि तीरथ कर पाप।

कबीर दास ने मुस्लिम के दिखावे को भी नहीं बख्शा –

कांकर पांथर जोरि के मस्जिद लई बनाय।

तापर मुल्ला बाँग दे, बहिरा हुआ खुदाय।

यह अलग बात है कि उपरोक्त संदर्भ में तुलसीदास ने बीच का रास्ता अपना कर किसी संप्रदाय के विरोध में खड़ा न होकर उनमें समन्वय बनाते हुये राम को परब्रह्म जगतनियंता और कलियुग के पालनहार निरूपित कर दिया और लोगों ने बिना सवाल किये यह जानते हुये कि राम के युग –'त्रेता' के बाद सीधा कलियुग का प्रादुर्भाव नहीं हुआ है। दोनों के मध्य में द्वापर याने कृष्ण का काल भी रहा है अर्थात द्वापर के बाद ही कलियुग का अवतरण हुआ है। इस हिसाब से (क्रमानुसार) कलियुग में राम का नहीं कृष्ण का प्रभाव अधिक होना चाहिए था। लेकिन तुलसीदास ने बड़ी चालाकी से मानस में कलिकाल का वर्णन करते हुये 'नाम' याने रामनाम को सामने रखकर अपनी बात याने राम 'साकार राम' को लोगों से मनवा लिया।

उपर्युक्त तथ्यों को दृष्टिगत रखते हुये सूर्पनखा के प्रसंग की समीक्षा करना और लोगों के कोप भाजन से बचना थोड़ा आसान होगा।

रामचरितमानस में बाली बध के बाद सूर्पनखा प्रसंग दूसरा (भारतीय संस्कृति की दृष्टि से) कमजोर प्रसंग रहा है। क्योंकि इसे भारतीय संस्कृति की मर्यादा के अनुकूल करार नहीं दिया जा सकता है। वैसे ही जैसे बाली का छल से और छुप के बध करने पर बाली के द्वारा पूछे गये सवाल –

मैं बैरी सुग्रीव पियारा। कारन कवन नाथ मोहि मारा –

के उत्तर –

अनुज बधु भगनि सुत नारी। सुनु सठ कन्या सम ये चारी।

इन्हहि कुदृष्टि बिलोकइ जोई। ताहि बधें कछु पाप न होई।

को किसी भी दशा में बाली के बचाव के लिये ठोस तर्क मान्य नहीं किया जा सकता। क्योंकि बाली मनुष्य नहीं बानर है। इसलिये मनुष्य

के लिये निर्धारित नैतिकता को जानवरों के लिये मान्य नहीं किया जा सकता और यही सत्य मानस के यथार्थता पर भी सीधा सवाल खड़ा करता है।

जहाँ तक सूर्पनखा का संबंध है यदि वह राम के समक्ष विवाह प्रस्ताव लेकर जाती है तो क्या गलत करती है ? चलो कुछ देर के लिए मान लें कि उनका कृत्य गलत है तो क्या यह दोष इतना बड़ा है कि इसके लिए उसका नाक–कान ही कटवा दिया जाय ?

तुलसी चाहते तो राम से सीधा–सीधा मना करा देते पर नहीं कराया। इसीलिये हमें कहना पड़ रहा है कि इसका उत्तर तुलसी के पास ही होगा ? हम केवल अंदाजा लगा सकते हैं कि तुलसीदास ने कथा या कहें नाटक में हास्य उत्पन्न करने के लिये ऐसा करवाया होगा जैसा कि बाल्मीकि ने अपने रामायण में उद्धृत किया है –

इति सा लख्मणेनोक्ता कराला निर्णतोदरी।

मन्यते तदवचः सत्यं परिहासाविचक्षणा।।

अर्थात लक्ष्मण के इस प्रकार कहने पर परिहास को न समझने वाली राक्षसी ने बात को सही माना तात्पर्य यह कि बाल्मीकि के राम–लक्ष्मण सूर्पनखा के साथ परिहास कर रहे थे।

इसके पूर्व बाल्मीकि राम से (परिहास स्वरूप में) कहलवा चुके है कि –

कृतदारोऽस्मि भति भार्येयं दयिता मम।

त्वद्विधानां तु नारिणां सुदुखा ससपत्नता।।

अर्थात् मैं विवाह कर चुका हूँ और यह मेंरी पत्नी विद्यमान है और तुम्हें सौत की तरह रहने में कष्ट होगा। इसलिये–

अनुजस्त्वेष मे भ्राता शीलवान् प्रियदर्शनः।

अपूर्वी भार्यया चार्थी तरुणा प्रियदर्शनः।

अनुरूप्च्च ते भर्ता रूपस्यास्य भविष्यति।।

अर्थात मेरे छोटे भाई लक्ष्मण जो दिखने में भी सुन्दर हैं उनके साथ स्त्री नहीं है। यदि इन्हें भार्या की चाह होगी तो ये ही तुम्हारे सुन्दर रूप के योग्य पति होंगे।

इसमें संदेह की गुँजाइश कम ही है कि तुलसीदास बाल्मीकि के रामायण से प्रभावित नहीं रहा होगा। यदि ऐसा नहीं होता तो बाल्मीकि के राम की भाँति –

कृतदारोऽस्मि भति भार्येयं दयिता मम।

(मैं शादी कर चुका हूँ और यह मेरी पत्नी विद्यमान है)

श्रीराम से –

सीतहि चितइ कही प्रभु बाता

नहीं लिखता। तथापि संदेह राम से यह कहलवाने से उन्पन्न हो रहा है कि –

अहइ कुआर मोर लघु भ्राता।

अरण्यकाण्ड दोहा क्रमांक–16 के बाद की चौपाई संख्या–6

उसने लक्ष्मण जोकि राम की तरह ही शादीशुदा हैं के लिये "कुँआर" शब्द का उल्लेख क्यों करवा रहे हैं ? वे बाल्मीकि की तरह "यदि इन्हें भार्या की चाह होगी तो" क्यों नहीं कहलवाया ? इसके आगे जो हुआ उसे तात्कालीन सामाजिक मान्यता के अनुसार चाहे अनौचित्य पूर्ण कहा जा सके, लेकिन फिर भी भारतीय संस्कृति और नायक के चरित्र के अनुकूल नहीं ठहराया जा सकता। शायद इसीलिये तुलसीदास को नारी विरोधी कहा जाता है ? सच तो यही है कि उपरोक्त प्रकरण अपने पीछे अनेक प्रश्न..?? ..??? छोड़ जाता है।

बाल्मीकि रामायण को देखने पर यह भी पता चलता है कि बाल्मीकि ने अपनी रचना में सूर्पनखा के यह कह कर –

अद्येमां भक्षिविष्यामि पष्यतस्तव मनुषिम।

त्वया सह चरिष्यामि निःसपत्ना यथासुखमं।।

(अर्थात् तुम्हारे देखते देखते मैं इस मानुषी (सीता) को खा जाऊँगी और इस सौत के न रहने पर तुम्हारे साथ सुखपूर्वक विचरण करूँगी) सीता पर हमला करने के लिये उद्धत होने पर सीता का बचाव करके लक्ष्मण से यह कहते हुये –

क्रूरैरनार्यैः सौमित्रे परिहास कथंचन।

अर्थात हे सौमित्रनंदन ! क्रूर कर्म करने वाले अनार्यों से किसी प्रकार का परिहास नहीं करना चाहिये। (यहाँ पर भी बाल्मीकि ने राम के द्वारा सूर्पनखा से उपरोक्त प्रकार के परिहास करने को सूचित किया है) कह के सूर्पनखा को सजा देने की बात करता है। यदि तुलसी भी सूर्पनखा को वैसे ही कुछ कहलवाते हुये सजा देने के लिये कहलवाता तो वह भारतीय संस्कृति के विरुद्ध होते हुए भी अधिक व्यवहारिक प्रतीत होता, जैसा कि बाल्मीकि के रामायण में हुआ है।

इसके पूर्व बाल्मीकि ने सूर्पनखा के आगमन पर ही दोनों से परिचयात्मक बातचीत भी करवाया दिया है। देखें सूर्पनखा के द्वारा राम से प्रश्न करने पर कि तपस्वी के वेश में पत्नी के साथ धनुष बाण लिये राक्षसों के क्षेत्र में तुम कैसे चले आये के उत्तर में श्रीराम अपना परिचय दे रहे हैं –

आसीद् दशरथे नाम राजात्रिदशविक्रमः।

तस्याहमग्रजः पुत्रो रामो नाम जनैः श्रुतः।।

अर्थ – देवी दशरथ नाम के प्रसिद्ध एक चक्रवर्ती राजा हो गये है, जो देवताओं के समान पराक्रमी थे । मैं उन्हीं का ज्येष्ठ पुत्र हूँ और लोगों में राम नाम से विख्यात हूँ।

के बाद राम के पूछे जाने पर सूर्पनखा अपना परिचय उसी अंदाज में दे रही है। पंक्ति देखें –

अरण्यं विचरामीदमेका सर्वभयंकरा।

रावणों नाम मे भ्राता यदि तो श्रोत्रमागतः।।

अर्थ – मैं समस्त प्राणियों के मन में भय उत्पन्न करती हुई इस वन में अकेली विचरती हूँ। मेरे भाई का नाम रावण है। संभव है, उसका नाम तुम्हारे कानों तक पहुँचा हो।

कुल मिलाकर तुलसी के परिप्रेक्ष्य में तरह–तरह के सवाल उठना स्वभाविक है। सवाल इसलिये भी कि तुलसी ने स्वयं कहा है कि–

तदपि कही गुरु बारहिं बारा। समुझि परी कुछ मति अनुसारा।

अर्थात् जो कुछ मैंने सुना उसे अपनी समझ के अनुसार सुना रहा हूँ अर्थात् लिख रहा हूँ। ऐसे में आरोप लगेगा तो लिखने वाले पर ही लगना चाहिए हम तो केवल उसपर सवाल ही कर सकते है। वह भी एक शिक्षक होने के नाते।

इस संबंध में एक बात और है जिसे स्पष्ट कर देना हमें आवश्यक प्रतीत हो रहा है वह है – कथा प्रवाह।

प्रायः रचना में कथा के दिशा निर्धारण मे कथाप्रवाह भी महत्वूर्ण भूमिका अदा करते रहता है। कभी–कभी इतना कि उसपर लेखक भी नियंत्रण नहीं रख पाता। ऐसी स्थिति में लेखक अनपेक्षित घटना को सामाहित कर लेता है। ठीक वैसे ही जैसे तीव्रगामी जलधारा अपने लिये रास्ता स्वयं तैयार कर लेती है। चाहे इसके लिये उसे तटबंधों को तोड़ते हुये दिशा ही क्यों न बदलना पड़ा गया हो। रामचरितमानस में सूर्पनखा के प्रसंग को इसी क्रम में रख कर देखना समीचीन हो सकता है। क्योंकि रावण और राक्षस बध जिसके लिये राम का अवतार हुआ तुलसीदास ने ही बताया था के लक्ष्य की प्राप्ति के सूत्र सूर्पनखा से होकर ही जाता है और सबसे महत्वपूर्ण बात इसे आदि कवि बाल्मीकि पहले ही चित्रित कर चुके हैं। इसलिये तुलसी के लिये प्रसंग थोड़ा आसान हो गया होगा।

इतना सबकुछ लिखने के बाद भी प्रश्न अनुत्तरित ही रह गया है कि राम से तुलसीदास ने "अहहि कुआर मोर लघु भ्राता" असत्य कथन क्यों कहलावाया ? क्या इसमें बदलाव नहीं किया जा सकता था? बाल्मीकि की तरह– "इन्हें भार्या की चाह होगी तो ? राम से क्यों नहीं कहलवाया तीनों ही सवाल चुभने वाली और गंभीर किस्म के हैं। पर मानस में वही कथन है "अहहि कुआर मोर लघु भ्राता"

इसका समाधान भी आसान नहीं है पर असंभव भी नहीं है क्योंकि –

1. रामचरितमानस गद्य में नहीं लिखा गया है कि हर बात को विस्तार में समझा के कहा जाय। मानस की रचना काव्य में होने ओभी छंद में होने के कारण कथा प्रवाह में हर छोटी बातों को लिखा या बताया नहीं जा सकता। यही नहीं छंद की भी एक सीमा होती है जिसके लिये भी शब्द चयन करना होता है जिसके कारण अर्थ में व्यवधान–सा उपस्थित दिखाई दे सकता है। यह स्थिति गद्य में लगभग नहीं आती। रामचन्द्र शुक्ल ने इसीलिए गद्य को कवियों के लिए कसौटी कहा हैं। अब हमें भी लगने लगा है कि मानस के इस प्रसंग में अर्थ संबंधी कमियाँ आ गई है।

2. प्रश्न उत्पन्न तो हो ही सकता है कि क्या तुलसीबाबा अपने आराध्य को झूठ बुलवा सकता है ? शायद नहीं तब समाधान क्या होगा ? क्योंकि श्रीराम का कथन –

''अहइ कुआर मोर लघु भ्राता''

असत्य है।

समाधान के लिये पंक्ति और उसके अर्थ पर हमें गौर करना चाहिए। यदि आप होते तो उक्त चौपाई को पूरा कैसे करते ? शायद आपके पास भी उपयुक्त शब्द न हो तब क्या करेंगे ? ऐसे समय में किसी एक शब्द में जैसे ''कुँआर'' शब्द चौपाई को पूरा कर रहा है तो उसी में दूसरे अर्थ को भी आरोपित कर देंगे। टीका करने वाले इसे समझें तो ठीक और न समझ सकें तो भी ठीक। ऐसी दशा में कवि के पास कोई दूसरा विकल्प बचता ही नहीं। इस लिये वह उसी शब्द से काम चलाता है जिससे छंद पूरा हो रहा हो। ऐसे ही एक जगह तुलसी को मानस में ही लिखना पड़ गया था –

मरम बचन सीता जब बोला।

होना तो यह चाहिये था – मरम बचन सीता जब ''बोली'' क्योंकि सीता स्त्री है। इसलिये बोला नहीं, बोली होना चाहिये था पर चौपाई उससे बन नहीं रही थी। इसलिये बोला से काम चला लिया गया। यहाँ पर

भी ''अहहि कुआर मोर लघु भ्राता'' को मरम बचन सीता जब बोला। की तरह समझकर काम चलाया जा सकता है।

जहाँ ऐसी स्थिति बनती है वहाँ किताब के या एक ही पंक्ति के कई–कई टीका किये जाते हैं यहाँ भी ''अहहि कुआँर मोर लघु भ्राता'' के टीका भी अलग–अलग हो सकता हैं। लेकिन सही अर्थ के तौर पर ''कुँआर'' को बाल्मीकि के कथन– ''अपूर्वी भार्यया चार्थी तरुणा प्रियदर्शनः'' के समकक्ष ही समझा जाना चाहिये। यही सही होगा।

***

सवाल - नौं

मानस में वेदों का उल्लेख क्यों ?

रामचरितमानस में ब्राम्हण या उसके पर्यायवाची के बाद सर्वाधिक बार प्रयुक्त होने वाला शब्द वेद और उसके पर्यायवाची ही है। वास्तव में वेद राम के पूर्व का माने राम के होने के पहले की रचना है। यह बात हमारे पिछले आलेखों में सिद्व हो चुकी है। इसलिए उसके पुनरावृत्ति करने की आवश्यकता नही है। यही नहीं वेद सर्वाधिक मान्य और धर्म को प्रमाणिकता प्रदान करता है। इसलिए रामचरितमानस को भी प्रमाणिकता प्रदान करने के लिए तुलसी के लिए यह आवश्यक हो गया था कि मानस भी वेद सम्मत रचना है। अस्तु यहाँ अवलोकनार्थ माने कथन की पुष्टि के लिए मानस से ही कुछेक उदाहरण पुनः दृष्टव्य है–

1 – देखिए इस उदाहरण में तुलसीदास ने निर्गुण और सगुण मत की पुष्टि के लिए कह रहे हैं कि –

सगुनहि अगुनहि नहि कछु भेदा। गावहिं मुनि पुरान बुध बेदा।

2 – यहाँ पर तुलसीदास मनुष्य के कर्मों के फल के लिए राम को उत्तरदायी बताते हुए वेद मत से प्रमाण के लिए उदाहरण देते हुए कह रहे हैं कि –

बेद पुरान संत मत एहू। फल सुकृत फल राम सनेहु।

3 – इसी तरह से श्रीराम चन्द्र जी के विवाह प्रसंग में राजा जनक के द्वारा किए जा रहे नेंग को विधि सम्मत बताने के लिए भी वेद विधान की बात कर रहे हैं। मानस के तत्संबंधी पंक्ति आप स्वयं देख लीजिए –

करि लोक बेद बिधानु कन्यादानु नृपभूषन कियो।

4– कोल किरात के उद्‌बोधन जो वे राम को सुना रहे हैं के लिए तुलसीदास मानस के श्रोताओं और पाठकों को समझाने के लिए कह रहे हैं कि –

वेद बचन मुनि मन अगम, तु प्रभु करुना ऐन।

बचन किरातन के सुनत, जिमि पितु बालक बैन।।

5 – अत्रि पत्नी अनुसुइया के द्वारा सीता को नारी धर्म संबंधी उद्‌बोधन को सत्य सिद्व करने के लिए जो बात तुलसीदास ने कही है उसमें भी वेद बल्कि चारों वेदों को यशोगान करते बताया गया है। तत्संबंधी पंक्ति का अवलोकन आप स्वयं कर लीजिए –

सहज अपावनि नारि, पति सेवत सुभ गति लहइ।

जसु गावत श्रुति चारि, अजहुँ तुलसिका हरहि प्रिय।।

वेदों का काल माने वैदिककाल इशा पूर्व 1500 से 500 तक का माना जाता है जबकि बाल्मीकि का समय माने राम का काल उसी अवधि में 600 इशा पूर्व के आसपास का ठहरता है। इस अन्तराल को तुलसीदास बखूबी जानते थे। इसलिए रामचरितमानस में कथनों की पुष्टि वेदों से करते रहे है। अब सवाल उत्पन्न हो सकता है कि तुलसीदास अपने कथनों की पुष्टि वेदों से ही क्यों कर रहे हैं ? इसके कई कारण हो सकते हैं जिनमें प्रमुख इस प्रकार हो सकता है ?

1. सर्वमान्यता –

हिन्दू समाज में वेद को सर्वमान्यता प्राप्त है। इसलिय स्वभाविक है कि यदि वेद सम्मत कथन है तो वह सर्वमान्य हो जाएगा। यही वजह है कि तुलसीदास अपने कथन की प्रमाणिकता सिद्व करने के लिए वेद सम्मत होने का प्रमाण दे रहे है। जिसे ऊपर के उदाहरणों में देखा जा सकता है।

2. सर्वग्राह्यता –

चूँकि हिन्दू समाज में वेद को सर्वमान्यता प्राप्त है। इसलिय स्वभाविक है वह सर्वग्राह्य भी होगा। यही वजह है कि तुलसीदास ने रामचरितमानस में अपने कथनों को वेद सम्मत बताते रहते है ताकि

मानस को सर्वग्राह्यता प्राप्त हो सके और लोग माने पाठक उस पर दृढ़ता के साथ यकीन कर सके।

3. समाज नियंता –

हिन्दू समाज का आदर्श वेद ही रहा है। इसलिए उसे ही सर्वमान्यता प्राप्त हो सका है और जिसे सर्वमान्यता प्राप्त हो वही समाज को नियंत्रित कर सकता है। जैसे कि दुनियाँ के तमाम धर्म करते आ रहे हैं। यही वजह है कि बड़े धार्मिक आयोजनों में सर्वोच्च धर्म गुरू की सहमति ली गई होती है या कहें उसके सानिध्य में ही ऐसे आयोजन होते हैं। यदि इसका पालन नहीं किया गया हो तब उसे चाहे राजनीतिक प्रभाव या अन्य किसी भी प्रभाव में आयोजित किए जाँय सर्वमान्य नहीं कहा जा सकता। तुलसीदास ने रामचरित्रमानस में सर्वत्र वेदों के अतिरिक्त मान्य धर्म शास्त्रों और पुराण सम्मत बातें होने का प्रमाण देते रहे हैं।

पंक्ति देखिए –

बेद पुरान संत मत एहू।

लेकिन कलियुग में वेद सम्मत कोई नहीं चलता इसका दुख तुलसीदास को है इसी लिए खिन्न होकर वे लिखते कि –

बरन धर्म नहिं आश्रम चारी। श्रुति विरोध रत सब नर नारी।

द्विज श्रुति बेचक भूप प्रसासन।कोउ नहिं मान निगम अनुसासन।

उत्तर काण्ड दोहा क्रमांक 98–क प्रथम चौपाई पृष्ट–984

अतः यदि कोई वेद सम्मत आचरण न करते हुए उसके विरुद्व आचरण करते दिखे चाहे वह सार्वजनिक मंच ही क्यों न हो, तो भी हमें खिन्न होने की आवश्यकता नहीं है। अपितु यह समझ लेना चाहिए कि यह कलियुग का प्रभाव है। इसलिए वेद–विरुद्व आचरण स्वभाविक है। चाहे वह अयोध्या में राम लला का मामला ही क्यों न हो ?

***

सवाल - दस

क्या नाम सुमिरन, भक्ति की नई पद्धति है ?

हिन्दी साहित्य में भक्ति का वर्गीकरण भक्तिकालीन कवियों की भक्ति पद्वतियों को देख कर ही किया गया है, जो अलग–अलग किस्म का है। भक्तिकाल याने संवत् 1050 से 1375 तक के काल। इसी काल को हिन्दी साहित्य का स्वर्ण काल भी कहा जाता है। इस काल में मुख्य रूप से भक्ति की दो धाराओं या कहें पद्धतियों का उल्लेख हुआ मिलता है – निर्गुण और सगुण। निर्गुण के भी दो रूप बताये गये हैं – ज्ञानाश्रयी और प्रेमाश्रयी। इसी तरह से सगुण के भी दो रूपों को मान्य किया गया है – कृष्ण भक्तिशाखा और राम भक्तिशाखा। तुलसीदास को राम भक्तिशाखा के कवि के तौर पर जाना और पहचाना जाता है।

जैसा कि हमने पहले ही कहा है कि तुलसीदास को हिन्दी साहित्य में राम भक्ति को जनमानस में प्रभावी बनाने के लिए न केवल निर्गुण भक्ति के प्रभाव से बाहर लाने के लिए प्रतिस्पर्धा करना पड़ा, बल्कि कृष्ण भक्ति के सशक्त प्रभाव से भी जबरदस्त मुकाबला करना पड़ा था। इस मुकाबले में तुलसीदास निर्विवाद रूप से सफल रहे हैं। इस प्रयास में उन्होंने निर्गुण–सगुण के अतिरिक्त एक और नई भक्ति पद्धति – नाम या गान अर्थात् 'नामसुमिरन' का भी प्रणयन कर दिया है। दुर्भाग्य से मानस के जानकारों टीकाकारों और समीक्षकों ने इसे उतनी अहमियत नहीं दी जितना कि मिलना चाहिए था और तुलसीदास ने स्वयं दिया है। लेकिन हमें तुलसी द्वारा स्थापित नामसुमिरन को नया और तीसरी भक्ति पद्धति स्वीकार करने में तनिक भी झिझक नहीं हो रही है। क्योंकि –

1. यह पद्धति स्वीकृत दो पद्धतियों–निर्गुण और सगुण से पृथक है।
2. यह निर्गुण और सगुण के मिश्रित पद्धति है।

3. यह पद्धति सगुण पर अवलंबित है अर्थात इस भक्ति पद्धति में सगुण–साकार याने अवतारी "राम" भी हैं और नाम माने उपासना भी। यही वजह है कि उपासक राम के मूर्ति की भी पूजा–अर्चना करता है और ऐसा कर सकने में यदि वह अस्मर्थ होता है, तब मुख से राम नाम का जाप करके भी पुण्यलाभ प्राप्त कर सकता है। तुलसीदास ने कलियुग के व्यस्ततम लोगों के लिये इसे ही मुक्ति का सरल और सहज उपाय बताया है। पंक्ति देखिये –

कलि महँ केवल नाम अधारा। सुमरि सुमरि नर उतरहिं पारा।

4. यह रामभक्ति और कृष्णभक्ति के अतिरिक्त शैव्य भक्ति में भी समान रूप से व्यवहृत हो सकता है।
5. इसे पूर्व प्रचलन – "जाप" के समकक्ष रखा जा सकता है।
6. इसमें सगुण और निर्गुण दोनों के लिये जगह है।
7. इसे तुलसी के समन्वयवादी दृष्टिकोण की उपज भी कह सकते हैं।
8. इसे बुद्व का मध्यमार्गीय प्रभाव भी कहा जा सकता है।

आइये अब आगे देखें कि राचरितमानस में नाम सुमिरन के संबंध में तुलसीदास जी की क्या धारणा हैं ? तुलसीदास की धारणा को समझने के लिये हमें मानस की कुछ उल्लेखनीय पंक्तियों पर दृष्टिपात करना होगा जिसमें रामनाम की महिमा शरीरी राम से अलग ही दृष्टिगोचर हो रही है। जैसे –

1. एहि महँ रघुपित नाम उदारा। अति पावन पुरान श्रुति सारा।
2. बंदउँ नाम राम रघुवर को।
3. जान आदिकवि नाम प्रतापू। भयउ सुद्ध करि उलटा जापू।
4. महामंत्र जोइ जपत महेसू।
5. समुझत सरिस नाम अरु नामी। प्रीति परस्पर प्रभु अनुगामी।

   नाम रूप दुइ ईस उपाधी। अकथ अनादि सुसामुझि साधी।

6. अगुन सगुन बिच नाम सूसाखी।

7. अगुन सगुन दुइ ब्रम्ह सरूपा।

8. मोरे मत बड़ नाम दुहू तें।

9. निरगुन तें एहि भाँति बड़ नाम प्रभाउ अपार।

कहउँ नामु बड़ राम तें, निज विचार अनुसार।

10. राम तें अधिक नाम बड़, वरदायक बरदानि।

हमें लगता है कि तुलसीदास नाम को निर्गुण–सगुण से बड़ा–

'राम एक तापस तिय तारी। नाम अनेक खल कुमति निवारी'

कह कर तात्कालिक ही नहीं आने वाले भारतीय हिन्दू समाज को सगुण उपासना के नाम पर सम्भावना के ढ़ोंग से मुक्त भी करना चाहते थे। शायद यही वजह है कि अवसर मिलने पर तुलसीदास ने तीर्थों के नाम पर होने वाले ढोंग की वजह और पवित्रता पर कटाक्ष करने से भी नहीं चूके। देखिये रावण के सिर और भुजा राम के द्वारा काटे जाने के उपरान्त पुनः स्थापित हो जाने के लिए वे क्या उपमा दे रहे हैं –

काटे बहुत बढ़े पुनि, जिमि तीरथ कर पाप।

निर्गुणोंपासक संत कबीर ने तो समाज के इस ढोंग की पहले ही बखिया उधेड़ चुके थे।

तीरथ चल्यो दूइ जनै चित चंलल मन चोर।

एकौ पाप न उतरिया, दस मन लाये और।

तुलसीदास कहाँ रुकने वाले थे। उत्तरकाण्ड में ही कलियुग की विसंगतियों का जो चित्रण प्रस्तुत किया है उसे समय की माँग और कबीर का प्रभाव भी कहा जा सकता है। तुलसीदास जी ने भी कबीर की तरह गुरु को उच्च स्थान पर रखा है। पंक्ति देखिये –

गुरु बिनु भव निधि तरइ न कोई।

जौं बिरंचि संकर सम होई।

तथापि वे विप्रमोह से मुक्त नहीं हो सके। यही वजह है कि जगह–जगह न केवल राम को उनके हित के लिये सदैव तत्पर बताते रहे बल्कि उन्हें हर हाल में पूजनीय तक बता दिया –

पूजइ विप्र जो बेद विहीना।

यही नहीं मानस में वे यहाँ तक कह गये कि –

द्विज निंदक बहु नरक भोग करि।

जग जनमइ बायस सरीर धरि।

इतना ही नहीं कुछेक प्रसंग में तुलसी ने ब्राम्हण को राम से भी ज्यादा प्रभावशाली बता दिया है। इस पर चाहें लोग असहमत होकर विरोध कर लें पर मानस में तुलसी ने ही लिखा है हिरण्यकश्यप जो अगले जन्म में रावण हुआ था, की मृत्यु भगवान श्रीराम के हाथों होने के बाद भी उनका मोक्ष नहीं हुआ था। मोक्षप्राप्त नहीं होने का कारण वे ब्राम्हण श्राप को बता रहे है। तत्संबंधी मानस की ही पंक्ति देख लीजिए –

भए निसाचर जाइ तेइ, महाबीर बलवान।

कुभकरन रावन सुभट, सुर बिजई जग जान।।

मुकुत न भये हते भगवाना। तीनि जनम द्विज बचन प्रमाना।

बालकाण्ड दोहा क्रमांक–122 और उसके बाद की चौपाई संख्या–1

हालांकि अन्यत्र राम से यह भी कहलवाकर अपने ही कथन पर एक प्रकार से मरहम भी लगा दिया है। पंक्ति देखिये–

भगतिवंत अति नीचउ प्रानी। मोहि प्रानप्रिय असि मम बानी।

अर्थात् दूसरे शब्दों में कहना चाहें तो यह कहा जा सकता है कि तुलसीदास ने भक्ति की जिस तीसरी पद्धति – नाम सुमिरन का प्रणयण किया उसे ही दोनों भक्ति से ऊपर ही रखा है। हम अपने कथन के प्रमाण में मानस के ही कुछ उदाहरण रखना चाहेंगे। जिसे देखकर पाठक स्वयं तय कर सकते हैं कि हमारे कथन में कितना दम है ? उदाहरण देखिये और निर्णय कीजिये –

1. बंदउँ नाम राम रघुबर को। हेतु कृसानु भानु हिमकर को।

बिधि हरि हरमय बेद प्रान से। अगुन अनुपम गुन बिधान को।
महा मंत्र जोइ जपत महेसू। कासीं मुकुति हेतु उपदेसू
महिमा जासु जान गनराऊ। प्रथम पूजियत नाम प्रभाऊ।

2. एकु छत्रु एकु मुकुटमनि, सब बरननि पर जोउ।
तुलसी रघुबर नाम के, बरन बिराजत दोउ।
समुझत सरिस नाम अरु नामी। प्रीति परस्पर प्रभु अनुगामी।
नाम रूप दुइ ईस उपाधी। अकथ अनादि सुसामुझि साधी।

3. राम नाम मनिदीप धरु, जीह देहरीं द्वार।
तुलसी भीतर बाहेरहुँ, जौं चाहसि उजियार।

4. अगुन सगुन दुइ ब्रम्ह सरूपा। अकथ अगाध अनादि अनूपा।
मोरे मत बड़ नामु दुहू तें। किए जेहि जुग निज बस निज बूतें।

5. निरगुन तें एहि भाँति बड़, नाम प्रभाउ अपार।
कहउँ नामु बड़ राम तें, निज बिचार अनुसार।

6. राम भगत हित नर तनु धारी। सहि संकट किए साधु सुखारी।
नामु सप्रेम जपत अनयासा। भगत होहिं मुद मंगल बासा।
'राम एक तापस तिय तारी। नाम अनेक खल कुमति निवारी'

हमें तो लग रहा है कि अब संशय की गुंजाइस बची ही नहीं है। बाकी निर्णय पाठकों पर है पर अब सवाल उत्पन्न होता है कि तुलसी के जीवन में या कहें रामचरितमानस में इसका महत्व क्या है ? क्या तुलसी ने केवल नाम सुमिरण का प्रणयन मात्र करके भूल गये ? या नाम सुमिरण को ही मानस में सर्वत्र व्यवहृत करते रहे ? प्रश्न विचारणीय है। इसलिये कि मामला गंभीर है। क्योंकि लोग तो सामान्यतः भक्ति की दुई पद्धति सगुण और निर्गुण को ही जानते, पहचानते और उसी का विश्लेषण भी करते रहे है।

हमारे विचार से भूलने का तो सवाल ही उत्पन्न नहीं होता। क्योकि इस भक्ति पद्धति का वर्णन तुलसी ने मानस में किसी प्रसंगवश

नहीं किया है। बल्कि वे इसका चित्रण मानस लिखने के समय के प्रारंभ में ही कर रहे हैं। प्रारंभ का मतलब आधार कथन। किसी भी चर्चा में या चर्चा प्रारंभ करने के समय जो कथन या विचार प्रस्तुत किया जाता है वही चर्चा के केन्द्र बिन्दु होता है उसे ही आधार व्यक्तव्य या आधार कथन कहते हैं। ऐसे में यह कैसे मान लिया जाय कि तुलसी अपने ही आधार कथन को आगे नज़र अंदाज कर गये होंगे ? बिल्कुल नहीं, असंभव ! तब सवाल उत्पन्न हो सकता है कि क्या रामचरितमानस में इसी तीसरी भक्ति पद्धति का उपयोग हुआ है ? जबकि पढ़ाया तो यही जाता है कि तुलसी सगुण भक्ति के कवि रहे हैं।

दरअसल जैसा कि हमने पहले ही कहा है भारत में अब तक दो ही भक्ति–सगुण और निर्गुण को मान्य किया गया है। अतः जब तीसरी भक्ति मान्य है ही नहीं तब नाम सुमिरन जिसमें नाम के साथ नामी भी उपस्थित है किस खाता में रखेंगे ? निर्गुण में या सगुण में ? जबकि यह दोनों से भिन्न होते हुए दोनों में समाहित भी है।

यद्धपि नाम सुमिरन एकदम से नया भी नहीं है तथापि प्रश्न तो अनुत्तरित ही है कि नाम सुमिरन को अलग महत्ता दिया जाय या नहीं ? यदि नहीं तब क्या इसे निर्गुण में समाहित कर लिया जाय ?

निर्गुण –

निर्गुण का मतलब ही गुण रहित होता है। इसलिये निर्गुण में केवल नाम होता है नामी के लिये वहाँ कोई जगह नहीं है। कहने का मतलब यह कि निर्गुण जैसा कि इसके पहले तुलसीदास जी ने ही कहा है कि वह –

बिन पद चलइ सुनइ बिन काना।

कर बिन करम करइ बिधि नाना।

आनन रहित सकल रस भोगी ।

बिन बानी बकता बड़ जोगी।

तन बिनु परस नयन बिनु देखा।

ग्रहइ घ्रान बिनु बास असेषा

है, तो सूरदास को कहना पड़ा कि –

निरा लंब कित धावे

को है मात पिता .... ।

जबकि कबीरदास ने कहा है –

दशरथ सुत तिहुँ लोक बखाना, राम नाम को मरम नहि जाना।

सगुण

तो क्या सगुण में ?

सगुण निर्गुण का उल्टा है। सगुण का मतलब गुण युक्त या सहित होता है। अर्थात इस भक्ति पद्धति में आराध्य के रूप–रंग का उल्लेख होता है। इसीलिये इस भक्ति पद्धति में मूर्तिपूजा की जाती है, जबकि निर्गुण में आराध्य का कोई रूप–रंग नहीं होता। इसमें केवल किसी परम तत्व की अराधना की जाती है। जिसमें समाधि, योग, ध्यान, नाम सुमिरन आदि का महत्व होता है अर्थात् इस पद्धति में मूर्ति के लिये कोई जगह है ही नहीं। जबकि सगुण में आरती और चरण वंदना की प्रमुखता होती है।

जहाँ तक रामचरित मानस का सवाल है उसमें ध्यान, साधना और समाधि के साथ–साथ चरणवंदना और आरती दोनों एक साथ उपस्थित है। देखिये महर्षि अत्रि के मिलन का एक दृश्य जहाँ नामसुमिरन के बाद राम के आगमन का एक दृश्य वर्णित है –

सबसे पहले राम को देखकर माने शरीरी राम के उपस्थित होने पर ऋषि के लिये कहा गया है –

देखि राम छबि नयन जुड़ाने। .... ।

''करि पूजा'' कहि बचन ..... ।

उसके बाद ऋषि – ''जोरि पानि अस्तुति'' करने लग जाते है।

नमामि भक्त वत्सलं। कृपालु शील कोशलमं।

भजामि ते पदांबुजं। अकामिनां स्वधामधमदं।

और स्तुति करने के बाद ऋषि अत्रि पुनः—

बिनती करि मुनि नाइ सिरु, कह कर जोरि बहोरि।

चरन सरोरुह नाथ जनि, कबहुँ तजै मति मोरी।

माने तुलसीदास ने नाम और नामी (दशरथ सुत) दोनों को एक साथ साधकर रामचरितमानस की रचना कर रहे थे। शायद यही वजह है कि आम जन की तरह कौशल्या के गर्भ में नव माह रहने के बाद भी राम स्वभाविक जन्म न लेकर प्रगट हो जाते हैं तब तुलसी को लिखना पड़ा हो सकता है –

भय प्रगट कृपाला दीन दयाला कौसिल्या हितकारी

सती के राम की परीक्षा लेने के लिये सीता का रूप धारण करने से शिव खिन्न होकर समाधि में चले जाते है। तो मानस में ही उल्लेखित पात्र चाहे वे अगस्त्य, ऋषि हों या अन्य कोई भी ऋषि हों सब राम के सन्मुख नहीं होने पर मूर्ति पूजा नहीं नाम जाप ही करते रहते हैं और जब राम स्वयं उपस्थित हो जाते हैं तब आरती और चरण वंदना करने लग जाते हैं। माने निर्गुण भी और सगुण भी दोनों एक साथ। यही तो नाम सुमिरन है।

दरअसल नाम सुमिरन सगुण की अवधारणा में पलकर पल्लवित होता है। दूसरे शब्दों में कहें तो इस भक्ति पद्धति में निर्गुण किसी धातु में प्रवाहित होते करंट की तरह अदृश्य होते हुये भी वह होता है। माने शिव जी की माने तो पानी और बर्फ की तरह। रामचतिमानस में करंट की तरह प्रवाहि होते इस प्रवाह को सर्वत्र महसूस किया जा सकता है। उदाहरण के तौर पर शिव समाधि के अतिरिक्त अन्य कुछ कथनों पर गौर किया जा सकता है। यथा –

1. कागभुशुण्डि गरुड़ संवाद में कागभुशुण्डि का कथन –

रामहि भजहिं तात सिव धाता। नर पावँर कै केतिक बाता।।

जासू चरन अज सिव अनुरागी। तासु द्रोहँ सुख चहसि अभागी।।

2. सुतीक्षण का कथन अगस्त मुनि के लिये –

नाथ कोसलाधीस कुमारा। आए मिलन जगत आधारा।।

राम अनूज समेत बैदेही। निसि दिनु देव जपत हहु जेही।।

3. सेतु बंधन के पूर्व जामवंत का कथन राम के समक्ष –

सुनहु भानुकुल केतु, जामवंत कर जोरि कहहि।

नाथ नाम तव सेतु, नर चढ़ि भवसागर तरहिं।

4. स्वयं तुलसी का कथन –

श्री रघुबीर प्रताप ते, सिन्धु तरे पाषान।

ते मतिमंद जे राम तजि, भजहि लइ प्रभु आन।

हमें लगता है कि अब संदेह की गुँजाइश नहीं रह गई है। देखा जाय तो इस नाम सुमिरन ने भी रामचरितमानस को जन–जन तक पहुँचाने में महती भूमिका अदा किया होगा। क्योंकि इस पद्धति में भक्ति जनित कोई रार नहीं था। स्वभाविक है बिना किसी का विरोध किये भी भक्ति सम्पन्न होती है तो यही बेहतर उपाय सिद्व हुआ होगा ? तथा इसे शैव्य सम्प्रदाय और वैष्णव सम्प्रदाय दोनों के लिये सुलभ हो गया होगा।

***

सवाल - ग्यारह

सीता का हनुमान से सवाल क्यों ?

सवाल तो उत्पन्न हो ही रहा है कि आखिर सीता जी ने सुन्दरकाण्ड में हनुमान से यह सवाल –

नर वानरहि संग कहु कैसे

सुन्दरकाण्ड दोहा क्रमांक–12 के बाद की चौपाई संख्या–6

क्यों कर रही है ?

जहाँ तक हनुमान का संबंध है तो उसका सोचना स्वभाविक था कि –

1. एक तो वह वानर है इसलिए सीता उस पर यकीन करेंगी या नहीं ?
2. वह सीता के लिए अपरिचित भी है।
3. लंका मायावी नगरी है। इसलिए सीता हनुमान जिसका रूप–रंग वानर का है।
4. हनुमान का यह सोचना कि उसके वानर रूप को देखकर हो सकता है सीता उससे बात करने से ही इंकार कर दे ? होता भी यही है। देखिए तत्संबंधी मानस की ही पंक्ति –

तब हनुमंत निकट चलि गयऊ। फिरि बैठीं मन बिसमय भयऊ।।

सुन्दरकाण्ड दोहा क्रमांक–12 के बाद की चौपाई संख्या–4

इसके पहले –

चकित चितव मुदरी पहिचानी। हरष बिषाद हृदय अकुलानी।।

सुन्दरकाण्ड दोहा क्रमांक–12 के बाद की चौपाई संख्या–1

उसके बाद मुद्रिका के होने के संबंध में सीता का तर्क –

जीति को सकइ अजय रघुराई। माया तें असि रचि न जाई।।

मुद्रिका नीचे गिराने के पहले वह चाहते रहा हो सकता है कि पहले सीता को यकीन दिला दिया जाय कि वह ही राम का दूत है पर कैसे ? इसके लिए हनुमान को चतुराई से काम लेना था। सो हनुमान ने चालाकी से काम लिया और बिना पूर्व संवाद के वह मन ही मन तर्क–वितर्क करने के बाद के लिए देखिए तुलसीदास क्या लिख रहे हैं–

कपि करि हृदय बिचार, दीन्हि मुद्रिका डारि तब।

जनु अशोक अंगार, दीन्ह हरषि उठि कर गहेउ।।

सुन्दकाण्ड सोरठा–12

वास्तव में पूर्व प्रसंगानुसार सीता को देह त्याग के लिए अग्नि ही नहीं मिल रही है ऐसा कह कर त्रिजटा पहले ही जा चुकी है। देखिए मानस की पंक्ति –

निसि न अनल मिलि सुकुमारी।

अस कहि सो निज भवन सिधारी।

सुन्दरकाण्ड दोहा क्रमांक–11 के बाद की चौपाई संख्या–3

ऐसे में निराश सीता गगन के तारों से और अशोक के वृक्ष से ही अग्नि की माँग करने लग जाती है। पंक्ति देखिए पहले तारों से –

देखिअत प्रगट गगन अंगारा। अवनि न आवत एकउ तारा।

सुन्दरकाण्ड दोहा क्रमांक–11 के बाद की चौपाई संख्या–3

और फिर अशोक वृक्ष से जो वहाँ पर थे –

सुनहिं बिनय मम बिटप असोका।

सत्य नाम करु हारु मम सोका।

सुन्दरकाण्ड दोहा क्रमांक–11 के बाद की चौपाई संख्या–5

यही उचित समय था जब वह सीता को अपना पहचान बता सकता था। इसलिए हनुमान ने वही किया, माने मुद्रिका नीचे सीता के सामने गिरा दिया।

लेकिन हनुमान के लिए राम के द्वारा दी गई मुद्रिका को सीता के पास नीचे गिराना ही पर्याप्त नहीं था। क्योंकि राम की मुद्रिका को देखकर सीता को प्रसन्नता के साथ–साथ अशंका भी हो सकती है कि कहीं राम का बुरा न हो गया हो ? हनुमान का अनुमान गलत नहीं था, क्योंकि आगे हुआ भी वही जिसकी आशंका उन्हें पहले से ही रहा है। इसके पहले वही सीता जो रावण के द्वारा हरण किए जाने पर आकाश मार्ग से जाते समय –

गिरि पर बैठे कपिन्ह निहारी

तब नीचे पर्वत में बैठे वानरों को देखकर अपनी पहचान राम के लिए –

कहि हरि नाम दीन्ह पट डारी।

अरण्यकाण्ड दोहा क्रमांक–28 के बाद की चौपाई संख्या–13

माने भगवान राम का नाम लेकर अपना अंग वस्त्र को नीचे वानरों के पास गिरा रही है। फिर भी वह आगे जाकर सुन्दरकाण्ड में हनुमान से ऐसा सवाल – "नर बानरहि संग कहु कैसे," क्यों कर कर रही है ? क्या वह भूल गई है या तब उसे यह बात समझ में नहीं आई होगी कि नर–वानर में संग याने मित्रता भी हो सकती है ? और यदि नहीं तब अपना अंगवस्त्र क्यों कर गिरा रही है ? अथवा सवाल यह भी कि कहीं वृहद रचना करते तुलसी ने ही गलती तो नहीं कर दिया, सीता से ऐसा प्रश्न करवाकर ?

जहाँ तक तुलसीदास का सवाल है तो हम निश्चित रूप से कह सकते हैं कि इस प्रसंग में तुलसीदास ने कोई गलती नहीं की है। क्योंकि अपरिचित होने के बाद भी हनुमान को सीता के समक्ष उपस्थित कराने में उन्होंने बहुत धैर्य और मनोविज्ञान का सहारा लिया है, तब ऐसे रचनाकार से इस प्रकार की गलती की संभावना लगभग नहीं रहती। तात्पर्य यह कि तुलसीदास ने सीता से हनुमान से प्रश्न – 'नर बानरहि संग कहु कैसे,' करवाकर कोई गलती नहीं की है। तो .....

तो इस बात को समझने के लिए हमें नाट्यशास्त्र की दृष्टि से पहले सीता के चरित्र को समझना होगा। वह यह कि यहाँ सीता के समक्ष ना राम है और न बताने के लिए तुलसी। इसका मतलब साफ है

कि यहाँ पर सीता स्वमेव वैसा ही अभिनय कर रही है, जैसे वह लक्ष्मण को राम की अनुपस्थिति में पर्णकुटी से बाहर करने के लिए पंचवटी में प्रत्युत्पन्नमति या कहें बुद्धिमत्ता का परिचय देते हुए, माने 'मरम वचन' बोलकर कर चुकी थी। ठीक वैसे ही यहाँ पर माने लंका में जहाँ हर पल सीता के लिए यह संदेह बना रहता था कि राक्षस कोई न कोई माया कर उन्हें धोखा न पहुँचा दे। इसलिए यदि वह हनुमान जोकि एक वानर है पर एकबारगी विश्वास नहीं करती तो इसे स्वभाविक और तुलसी का रचना–कौशल ही कहा जाएगा। अपने इसी संदेह को परखने के लिए ही सीता यह जानना चाह रही हो सकती है कि उसने जो 'पट' वानरों के सामक्ष नीचे गिराई थी उसका इस बानर से सही कनेक्शन है भी या नहीं ? यदि राक्षसी माया हुआ तो उपस्थित वानर उसका सही कनेक्शन साबित नहीं कर सकेगा। इधर हनुमान जी के लिए भी तुलसीदास जी ने –

कही कथा भइ संगति जैसे

लिखकर रचनाकार के तौर पर तथा नाट्यशास्त्र की दृष्टि से अपनी सूत्रधार की भूमिका में दर्शकों को बताकर यह सूचित कर दिया कि हनुमान ने सही कनेक्शन साबित कर दिया, माने सीता के संदेह का निराकरण कर दिया।

इतना सब होने के बाद ही सीता हनुमान पर विश्वास कर सकी थी। इस तरह से जब सीता को भरोसा हो जाता है कि जो बानर उसके सामने उपस्थित है उसका संबंध राम से है, तभी वह हनुमान पर पूरा भरोसा कर पाती है और उसके बाद ही वह राम–लक्ष्मण की कुशलता भी पूछने लग जाती है। देखिए तत्संबंधी मानस की ही पंक्ति–

अब कछु कुशल जाउँ बलिहारी।

अनुज सहित सुख भवन खरारी।

कोमलचित कृपाल रघुराई।

कपि केहि हेतु धरी निठुराई।

सुन्दरकाण्ड दोहा क्रमांक–13 के बाद की चौपाई संख्या–02

इस प्रसंग को आप चाहें तो नाट्यशास्त्र के पूर्व संकेत के तौर पर भी समझ और देख सकते हैं। क्योंकि जब सीता बानरों के समूह को देखकर अपना अंग–वस्त्र उनके पास नीचे गिरा देती है तभी यह तय हो गया था कि आगे जाकर कथावस्तु में उसका किसी न किसी रूप में उपयोग होगा ही।

***

सवाल - बारह

क्या सच में मानस एक अद्‌भुत रचना है?

प्रश्न का उठना स्वभाविक है कि – क्या सच में रामचरितमानस एक अद्‌भुत रचना है ? यह अलग बात है कि इस पर प्रश्न ज्यादा नहीं किया गया है। क्योंकि प्रायः सभी के विचार में रामचरितमानस बेशक एक अद्‌भुत रचना है। इसे अद्‌भुत बनाता है इसकी कथा नहीं शैली।

सामान्यतः शैली का अर्थ होता है ढंग या रीति। भार्गव आदर्श हिन्दी शब्दकोश के अनुसार–

चाल ढंग, रीति, प्रथा, प्रणाली, परिपाटी (काव्य कला आदि की) रचना की रीति, पत्थर की मूर्ति।

अशोक मानक हिन्दी–हिन्दी शब्द कोश के अनुसार –

चाल, ढंग, प्रणाली, तर्ज, रीति, प्रथा, रिवाज, व्याकरण का वह विशिष्ट प्रकार जो लेखक को भाषा संबंधी निजी विशेषताओं का सूचक होता है। (स्टाइल) हाथ से बनाई जाने वानी वस्तुओं में ऐसी बातों का समूह जिनकी विशेषताओं में उसके कर्ताओं की मानोवृत्ति की एकरूपता के कारण साम्य हो जैसे मुगल या पहाड़ी शैली के चित्र।

संस्कृत हिन्दी शब्दकोष के अनुसार –

(शीलमेव स्वर्थे प्यञूङीपियलोपः) 1. व्याकरण सूत्र की संक्षिप्त वृत्ति अर्थ अभिव्यक्ति या अर्थकरण का एक प्रकार– प्रयेणाचार्यणामियं शैली यत्स्वाभिप्रयामपि परोपदेशमिव वर्णयन्ति – मनुकृ1.4 पर कुल्लू 3. व्यवहार, काम करने का ढंग, आचरण, क्रम।

कहने को तुलसीदास ने रामचरित मानस की रचना मुख्य रूप से चौपाई, दोहा और सोरठा नामक छंदों में किया हैं। जबकि अर्थ की

दृष्टि से यह ग्रंथ व्यंजनामूलक शैली से आणुप्राणित भी है। कारण के तौर पर समझना चाहें तो –

पहला –

शायद पहिली वजह यही हैं कि इसके पंक्तियों का प्रायः टीकाकार अपने–अपने ढंग से अर्थ लगाते रहते है और उन्हें लगता हैं कि उसने एक नया अर्थ प्रस्तुत कर दिया है। यथा –

माँगी नाव न केवटु आना। कहई तुम्हार मरमु मैं जाना।

या –

मरम बचन सीता जब बोला

अथवा –

ब्रम्ह जो व्यापक बिरज अज, सकल अनीह अभेद।

सो कि देह धरि होइ नर, जाहि न जानत वेद।

या –

बिन पद चलइ सुनइ बिन काना।

कर बिन करम करइ बिधि नाना।

आनन रहित सकल रस भोगी।

बिन बानी बकता बड़ जोगी।

तन बिनु परस नयन बिनु देखा।

ग्रहइ घ्रान बिनु बास असेषा।

इत्यादि, इत्यादि।

दूसरा –

और दूसरी वजह यह कि इसे साधारण पढ़े–लिखे किस्म के लोगों को भी लगता है कि वे इसकी टीका कर सकते है। गाँव–गाँव में गठित रामायण मंडली (पार्टी) और प्रतियोगिता (छत्तीसगढ़ के गाँवों में) को देखकर तो यही लगता है। मसलन –

हर कोई जो भी मानस का टीका करता है (चाहे वह अधिक पढ़ा–लिखा हो या कम) वह समुद्र पर राम के क्रोध करने के प्रसंग में–

ढोल गँवार सुद्र पसु नारी । सकल ताड़ना के अधिकारी।

पंक्ति की टीका करके समाधन भी प्रस्तुत कर देते है, जैसे अब उस पंक्ति पर किसी प्रकार की आशंका शेष नहीं रह गई हो।

तीसरा –

तीसरे क्रम में उसे रखा जा सकता है जिसमें विद्वान किस्म के लोगों को लगता है कि रामचरितमानस का टीका करना उसके लिये कठिन है। इसके लिये वह तुलसी की पंक्ति –

मति अनुसार राम गुन गाउँ। कहने से नहीं हिचकता।

वैसे समीक्षाशास्त्र के अनुसार देखें तो व्यंजना मूलक काव्य को श्रेष्ठ काव्य कहा जाता है। रामचरितमानस भी व्यंजना मूलक काव्य है। इसके समर्थन में एक–दो उदाहरण ही काफी होगा –

जिन्ह कें रही भावना जैसी। प्रभु मूरति तिन्ह देखी तैसी।

या

उदित उदय गिरि, मंच पर, रघुबर बालपतंग।

बिकसे संत सरोज सब, हरषे लोचन भृंग।

अथवा

संकर चापु जहाजु, सागरु रघुबर बाहुबलु।

बूडु सो सकल समाजु, चढ़ा जो प्रथमहिं मोह बस।

इन सबसे परे तुलसी का रामचरितमानस जैसा कि हमने इसी ग्रंथ के आलेख – "महाकाव्य में समाया है – नाट्यशास्त्र और उसके तत्व" में कहा है कि यह दुनियाँ का इकलौता ग्रंथ हो सकता हैं जिसमें महाकाव्य और नाट्यशास्त्र दोनों के ही गुण मिलते हों। उल्लेखनीय बात यह हैं कि इसमें महाकाव्य और नाट्यशास्त्र दोनों के ही गुण मात्र नहीं मिलते अपितु दोनों ही दृष्टि से यह एक सफल रचना भी सिद्ध

होता है। इसके अतिरिक्त इसी काव्य में पात्र अभिनेयता (अभिनेय क्षमता) के गुणों से युक्त होकर सफल अभिनय भी कर रहे हैं। देखें इसी ग्रंथ के दूसरा आलेख –अभिनेता राम लेखक–निर्देशक तुलसी।

शायद इस दृष्टि से भी यह इकलौता ग्रंथ हो सकता है कि यह एक धार्मिक ग्रंथ होते हुये भी साहित्य की दृष्टि से इसको पठन–पाठन और शिक्षा के पाठ्यक्रमों में भी शामिल किया गया है। यही वजह है कि इसका मूल्यांकन (समीक्षा) भी होता है अन्यथा प्रायः धार्मिक ग्रंथ को केवल पूजनीय समझ कर श्रद्धापूर्वक पाठ भर करते देखा गया हैं और जो टीका करते भी हैं तो वह केवल उसके समर्थन में, विरोध में कोई बात ही नहीं कर सकता पर मानस में ऐसा नहीं है। लोग इसके विरोध में एक–दो नहीं अनेक तरह के विरोध करते पाये जाते रहे हैं। पिछले दिनों तो मानस की पंक्ति– ''ढोल गँवार सुद्र पसु नारी'' को लेकर राजनीतिक में काफी उठा–पटक होते देखा गया था। हिन्दी की एक प्रतिष्ठित पत्रिका में ''हिन्दू के पथभ्रष्टक तुलसीदास'' करके एक विरोधी अभियान ही चलाया गया था। लेकिन यह रामचरित मानस की ही विशेषता है कि इससे इसकी लोकप्रियता में कमी नहीं आई। मानस की यही विशेषता इसे अद्‌भुत बनाता है।

किसी रचना में यदि साहित्य विधाके एक पक्ष (गद्य, काव्य या नाटक में से) प्रबल होकर सफलता को प्राप्त करले तो रचना और रचनाकार कृतार्थ हो जाता है। सोचिये जब रचना दोनों विधा में (काव्य और नाटक) सफल हो जाय तब ? ऐसा होना लगभग दुर्लभ है। लेकिन रामचरितमानस इसका अपवाद है। क्योंकि यह महाकाव्य और नाट्यशास्त्र दोनों ही दृष्टि से एक सफल रचना है। इसलिये उसे हम अद्‌भुत रचना कह सकते हैं। लेकिन जब रचना के पात्र ही अभिनय और अभिनय भी निपुणता से करने लगे हों तो उसे क्या कहेंगे ? अद्‌भुत से भी ऊपर न ! सच कहें तो उस ऊपर की रचना शैली में भी सफल हो उसको बताने के लिये लिये हमारे पास उपयुक्त शब्द ही नहीं है। बस! यही कि इसे हिन्दी ही नहीं अपितु दुनियाँ का एक अद्‌भुत रचना तो कह ही सकते है।

निष्कर्ष के तौर पर कहना चाहें तो हम कह सकते हैं कि रामचरितमानस नामक यह धार्मिक रचना महाकाव्य और महाकाव्य के

भीतर नाटक तथा नाटक (विधा) के भीतर के पात्र अभिनय कर रहे हैं। जिनमें प्रमुख हैं–नायक राम, नायिका सीता और तथाकथित खलनायक रावण। इनमें किसी के भी अभिनेय क्षमता पर संदेह नहीं किया जा सकता। यही वजह हैं कि उनके कृत्य पर पाठक, दर्शक और टीकाकार प्रश्न होने पर भी कोई प्रश्न नहीं कर रहा है। ऐसा होने में यह संभवतः दुनिया का इकलौता ग्रंथ साबित हो सकता है।

नाट्यशास्त्र की दृष्टिकोण से देखें या परीक्षण करें तो इस स्थिति को तादात्म्य की स्थिति कह सकते है। इस स्थिति को सभी अभिनेता और रचनाकार प्राप्त कर लेना चाहता है और समीक्षाशास्त्र की दृष्टि से देखें तो इसे ही साधारणीकरण की स्थिति कह सकते है। आचार्य रामचन्द्रष्शुक्ल ने साधारणीकरण को परिभाषित करते और साहित्य में उसके महत्व को प्रतिपादित करते हुए अपने निबंध– ''साधरणीकरण और व्यक्ति वैचित्र्यवाद'' में लिखा भी है– ''जब तक किसी भाव कोई विषय इस रूप में नहीं लाया जाता कि वह सामान्यतः सबसे उसी भाव का अवलम्बन हो सके तबतक उसमें रसोद्‌बोधन की पूर्ण शक्ति नहीं आ जाती। इसी रूप में लाया जाना हमारे यहाँ 'साधारणी करण' कहलाता है। यह सिद्धान्त यह घोषित करता है कि सच्चा कवि वही है।''

चिन्तामणि भाग–एक पृष्ठ – 151

सभी उत्तम साहित्य इसी बिन्दु तक पहुँचने की कोशिश करता हैं। तुलसी प्रणीत रामचरितमानस इसी बिन्दु के शिखर पर सफलतापूर्वक विराजमान है। इसमें किसी को संदेह नहीं होना चाहिये। यही है श्रेष्ठ रचना के लक्षण। जिसमें रामचरित मानस खरा उतरता है। क्या – है दुनियाँ में ऐसी शैली की कोई रचना ? जो धार्मिक होने के बाद भी पठन–पाठन के लिये पाठ्यक्रम के तौर पर भी मान्य हो ? जिस पर प्रश्न भी किया जा सकता हो और विपरीत टिप्पणी भी ? मेरी समझ से नहीं है ?

प्रश्न तो यह भी हो सकता है कि क्या रामचरितमानस के अतिरिक्त दुनियाँ में है ऐसा कोई महाकाव्य है जिसके भीतर नाटक समाहित हो और नाटक के भीतर ही अभिनेता अभिनय भी कर रहे हों

और पात्र निर्देशक से ही निर्देशित नहीं हो रहे हैं अपितु निर्देशक की अनुपस्थिति में अपने आप से प्रत्युत्पन्न मति के द्वारा या उसका प्रयोग कर स्वयं से भी निर्देशित हो रहे हैं। शायद नहीं ? जैसे – लक्ष्मण को कुटिया से बाहर भेज देने के लिए सीता का प्रत्युत्पन्न मति। जिसके तहत ही वह स्वयं से लक्ष्मण को मरम बचन बोल देती है। इस समय सीता के पास न राम था और न ही तुलसी। इस दृष्टि से यह एक बेजोड़ कृति है ! सचमुच में अद्‌भुत रचना है– रामचरित्रमानस !

उद्‌देश्य प्राप्ति के दृष्टिकोण से देखने पर भी हमें रामचरितमानस अद्‌भुत ग्रंथ ही सिद्व होता है। क्योंकि सामन्यतः उपन्यास, महाकाव्य अथवा नाटकों में उद्देश्य की प्राप्ति केवल नायक को होता चित्रित किया जाता है पर मानस शायद दुनिया का अद्‌भुत ग्रंथ हो सकता है जिसमें खलनायक को भी उद्देश्य की प्राप्ति होती है। अर्थात् खलनायक रावण ने अपने लिए जो उद्‌देश्य – 'राम के हाथों मरकर मोक्ष प्राप्त करना' निर्धारत किया था –

सुर रंजन भंजन महि भारा। जौं भगवंत लीन्ह अवतारा।

तौ मैं जाइ बैरुहठि करउँ। प्रभु सर प्रान तजें भव तरउँ।

को अंततः राम के हाथों मरकर प्राप्त कर लेता है अर्थात् नाट्यशास्त्र के अनुसार कहें तो नायक की तरह उद्देश्य को प्राप्त कर लेता है। हमें लगता है कि हमारे कथन कि – मानस में खलनायक भी उद्‌देश्य को प्राप्त करता है से हमारे पाठक भी सहमत होगे और उससे सहमत होकर स्वीकार करेंगे कि हाँ सचमुच में रामचरितमानस एक अद्‌भुत रचना है।

***

सवाल-तेरह

तुलसी की चतुराई......?

शीर्षक को देखकर आपको लग सकता है कि हम ऐसा क्यों कह रहे हैं? ऐसा करके हमें क्या हासिल होगा ? प्रथम दृष्टया यह सवाल गलत लग सकता है पर जैसा कि हमने पूर्व में ही सूचित कर दिया था कि हम मानस रूपी सरोवर के किनारे बैठकर बातें नहीं करेंगे। हम इस सरोवर में गोता लगायेंगे और हमें जो भी मिलेगा उसको सामने रखकर बातें करेंगे। तो आइये ऊपर लिखें सवालों के उत्तर के लिये एक बार फिर से मानस में गोता लगा लेते हैं और गोता लगाने पर जो हासिल होगा उसको सामने रखकर समझने का प्रयास करते हैं कि तुलसी और उनकी रचना इस संबंध में क्या कहता है?

गोता लगाने पर जो मिला उसके अनुसार रामचरितमानस कलयुग के लोगों की भलाई के लिये लिखा गया है। इसीलिए तुलसीदास ने ही मानस में लिखा है। कि –

कलि महँ केवल नाम अधारा । सुमरि सुमरि नर उतरहिं पारा।

अथवा यह कथन देखिए –

नामु राम को कल्पतरु, कलि कल्यान निवासु।

जो सुमिरत भयो भाँग तें, तूलसी तुलसीदास।

अब देखें इसमें चतुराई कहाँ से आ गई ? ऐसी बेतुकी बातें हमारे जेहन में क्यों आया ? इसके अनेक कारण हो सकते हैं। यथा–

नम्बर एक –

मानस (महाकाव्य) के अन्दर समाये नाट्य तत्वों को खोजते समय (देश काल और वातावरण के परिपेक्ष्य में) हमने पाया है कि देश काल और वातावरण की दृष्टि से मानस में नाट्य तत्व कमजोर स्थिति में है। क्योंकि राम विवाह प्रसंग में तुलसीदास ने वहाँ पर विवाह के

आधुनिक रीति–रिवाजों और परंम्पराओं का उल्लेख कर दिया है, जबकि राम को त्रेतायुगीन कहा है। यदि इस संबंध में तिथिगत गणना पौराणिक मान्यता के अनुसार करें तो त्रेतायुग माने लाखों–लाख साल पुराना हो जाता है। तब संभवतः शादियों का प्रचलन भी नहीं रहा हो सकता है पर इसमें भी संदेह ही बरकरार होगा? क्योंकि शादियों का प्रचलन भारत में कुछ ही हजार साल का रहा है। (अधिक जानकारी के लिये देखें किताब का दूसरा खण्ड–देशकाल और वातावरण) इस आधार पर लगेगा कि क्या सच में मानस में तुलसीदास ने कोई चतुराई की हैं। यहाँ पर याददाश्त को ताजा करने के लिये राम विवाह से कुछ उदाहरणों को प्रस्तुत किया जाना अन्योनाश्रित नहीं होगा। अस्तु देखिये कुछ उदाहरण –

1. प्रमुदित मुनिन्ह भाँवरी फेरी। नेगसहित सब रीत निबेरीं।
2. नाउ बारी भाट नट, राम निछावरि पाई।
3. राम सीय सिर सेंदुर देहीं
4. कहि न जाइ कछु दाइज भूरी।
5. करि लोक बेद बिधानु कन्यादानु नृपभूषन कियो।

क्या बात है तुलसी ने राम की शादी में अपनाये गये रीति–रिवाजों को "बेद बिधानु" भी कह दिया। वैदिककाल मात्र कुछ हजार साल पुराना है। पौराणिक त्रेतायुग से उसका क्या संबंध? मानस में वेद–विधान या वेद सम्मत बातों का उल्लेख जगह–जगह हुआ है। लेकिन ऊपर के उदाहरणों को गंभीरता से देखें माने दूसरे शब्दों में पौराणिक मुलम्मा को हटा कर देखें तो वास्तविकता आपके सामने आ जायेगा। वह वास्तविकता होगा कि–

तुलसीदास ने बड़ी चतुराई के साथ अपने समय के रीति–रिवाजों को राम के विवाह में शामिल कर दिया है और किसी को संदेह भी नहीं हुआ। यही कारण है कि मानस के पाठक और टीकाकार सवाल नहीं कर रहे हैं। इसका माने यह कि यदि आप अभी तक नहीं समझ पाये हैं तो गौर कीजिये –

क. दरअसल तुलसीदास जी ने त्रेतायुग कहकर वेदकाल के बाद के युग तथा पौराणिक त्रेतायुग को एक में ही समेंट दिया है। इसीलिये लोग गच्चा खा गये और बाल्मीकि के काल को ही पौराणिक त्रेतायुग समझ लिये हैं। इसका कारण यह भी है कि अब तक त्रेतायुग माने पौराणिक मान्यता का युग को ही लोग जानते थे और हैं। इसलिये उनके जेहन में वेद रचना या उसके बाद का युग आ ही नहीं सकता था। यह बात तुलसी भी जानते थे, इसलिये बड़ी चतुराई से उसने त्रेतायुग उल्लेखित कर दिया। है न चतुराई की बात ?

ख. ऐसा करके ही तुलसीदास श्रीराम के वैवाहिक परम्पराओं को वेद सम्मत बता रहे हैं माने झूठ नहीं लिख रहे हैं। क्योंकि तुलसी के त्रेतायुग का संबंध वेद रचना और उसके बाद का है, जबकि पाठक आँख बंद कर पौराणिक त्रेतायुग समझ रहे हैं। कहने का मतलब यह कि तुलसीदास जी ने यहाँ भी मानस के मर्मज्ञ तथा अतिसाधारण पाठक के साथ–साथ कर्मकाण्डी किस्म के टीकाकारों को भी एकसाथ साध लिया है। ऐसी चतुराई तुलसी ही कर सकते थे।

सवाल नम्बर दो –

तुलसीदास ने बार–बार अपनी रचना में कथानक या घटनाओं के प्रमाणिकरण के लिये वेद सम्मत कहा है। इससे यही प्रमाणित हो रहा है कि रामावतार के पहले वेदों की रचना हो चुकी थी। तभी तो राम विवाह के समय वेदों का पाठ करना मानस में ही वर्णित है। आप चाहें तो तत्संबंधी मानस की ही पंक्तियाँ देख लीजिए जिसमें राम विवाह के अवसर पर जब –

कनक कलस मनि कोपर रूरे। सुचि सुगंध मंगल जल पूरे।

तब ....

निज कर मुदित रायँ अरु रानी। धरे राम के आगे आनी।

बालकाण्ड दोहा क्रमांक–323 के बाद की चौपाई संख्या–3

उसके बाद तुलसीदास लिख रहे हैं .....

पढ़हिं बेद मुनि मंगल बानी।

बालकाण्ड दोहा क्रमांक–323 के बाद की चौपाई संख्या–4

ऐसे में पता नहीं क्यों तुलसीदास मानस में ही लवकुश का यशोगान वेदों में होना तक बता दिया है। पंक्ति देख लीजिए –

दुइ सुत सुंदर सीता जाए। लव कुस बेद पुरानन्ह गाए।

उत्तरकाण्ड दोहा क्रमांक–24 के बाद की चौपाई संख्या–3

ऐसा ही वर्णन तुलसीदास ने रामराज स्थापित हो जाने के बाद के समय के लिए में भी किया है। तत्संबंधी मानस की ही पंक्ति देख लीजिए –

बरनाश्रम निज निज धरम निरत वेद पंथ लोग।

चलहिं सदा पावहिं सुखहि नहिं भय सोक न रोग।।

उत्तरकाण्ड दोहा क्रमांक–20

तुलसी के इस कथन पर हमने सवाल भी उठाया था कि जब उनके पिता राम का उल्लेख वेदों में नहीं है तब लवकुश का यशोगान वेदों में कैसे हो सकता है ? माने इस आधार पर सामान्यतः रामचरितमानस को धार्मिक प्रोपेगेंडा करार दिया जा सकता है। क्योंकि यह एक असत्य कथन है।

आपको लग सकता है कि यह हमने क्या कह दिया है ? लेकिन हमने जो भी कहा है ऐसा रामचतिमानस के साक्ष्य में ही कहा हैं। इसका कारण भी स्पष्ट ही है। क्योंकि वेद मानस के राम के पहले थे दूसरे शब्दों में कहे तो मानस के राम के अग्रज हैं तो श्रीरामचन्द्र जी वेदों के बाद के ही हुये, माने अनुज ही कह सकते है। ऐसे में वेदों में उनका उल्लेख न होना स्वभाविक ही है। अब यह कैसे हो सकता है कि पिता के होने के पहले ही पुत्र के चरित्र का उल्लेख हो जाय और यदि कहीं ऐसा होता पाया जाय तो आप उसे क्या कहेंगे ?

आप तिथि गणना करके वेदों का समय ज्ञात कर लीजिये क्योंकि वेद ऐतिहासिक रचना और काल है, तो मानस के राम के काल का पता स्वमेव चल जायेगा। वैसे हमने कर लिया है। इसे आप तुलसी के त्रेतायुग माने अध्याय में देख सकते हैं।

लेकिन देखा जाय तो यही एकमात्र तुलसी की चतुराई का उदाहरण नहीं है जिसे तुलसीदास ने मानस में किया है। इससे बड़ा झूठ तो श्रीरम से ही बोलवा दिया है। जी हाँ सही सुन रहे हैं आप। यकीन न हो तो आप खुद ही रामचरितमानस, गीता प्रेस गोरखपुर संवत 2067 दो सौ तैंतालिसवाँ पुनमुद्रण 30,000 के पृष्ठ क्रमांक 626 अरण्यकाण्ड दोहा क्रमांक – 16 चौपाई क्रमांक – 06 देख लीजिये।

सीतहिं चितइ कही प्रभु बाता। अहइ कुआर मोर लघु भाता।

कथन का संकेत किसके लिये है ? मानस के पाठकों को समझने में देर बिल्कुल ही नहीं लगेगी और यह भी समझने में कि लक्ष्मण का विवाह राम के साथ जनकपुर में ही हो गया था। फिर भी चाहें तो आप मानस की पंक्ति देख लीजिए –

जसि रघुबीर ब्याह बिधु बरनी। सकल कुअँर ब्याहे तहि करनी।

बालकाण्ड दोहा क्रमांक–325 के बाद की चौपाई संख्या–01

और आगे –

तीनिउ भाइ राम जस जानी। धोए चरन निज पानी

बालकाण्ड दोहा क्रमांक–327 के बाद की चौपाई संख्या–3

अब प्रश्न हो सकता है कि राम के पौराणिक त्रेतायुग का फण्डा माने घालमेंल को समझने के लिये एक और पर्दा हटाना पड़ेगा। वह पर्दा है। नाम और नामी का। जिसको समझने के लिये इसी पुस्तक के सवाल नम्बर चार "नाम सुमिरन पर जोर देने के माने" का अवलोकन किया जा सकता है। जैसे –

एक राम जो शरीरी है जिस पर तुलसीदासजी ने रामचरितमानस नामक ग्रंथ की रचना की है, जो वनवास काल में बाल्मीकि आदि अनेंक

ऋषि–मुनियों से मिले है। जिनके बारे में तुलसीदास ने मानस में ही लिखते हैं –

राम एक तापस तिय तारी।

तथा दूसरा अशरीरी राम माने ''नाम'' जिसका सुमिरण वही सभी ऋषि–मुनि, और अन्य साधू–संत कर रहे होते हैं जिनका उल्लेख रामचरितमानस में हुआ है। जिसकी महिमा का बखान करते हुये तुलसीदास ने ही मानस में लिखा है –

नाम कोटि खल कुमति सुधारी।

नोट – अधिक जानकारी के लिये इसी पुस्तक के सवाल नम्बर–दस– ''क्या नाम सुमिरन भक्ति की नई पद्धति है?'' का अवलोकन किया जाना चाहिये।

यदि आप दोनों को अलग करके देखेंगे तो आपको स्पष्ट दिखने लगेगा कि शरीरी राम जो बाल्मीकि के काल के है और अशरीरी राम जिसमें केवल ''राम'' है माने नाम है नामी का पता नहीं, वह अनंतकाल तक के प्राचीन हैं। जिसे नेति–नेति माने न इति–न इति कहा गया है, उसे आप चाहें तो पौराणिक त्रेतायुग में रख कर देख सकते हैं। लेकिन केवल राम कहने से वह दोनों त्रेतायुग में समाहित हो जाता है और यही तथ्य लोगों को भ्रमित कर रहा है। कहने का मतलब यह कि ऐसी स्थिति तुलसीदास ने बड़ी चालाकी से पैदा कर दिया है। आप चाहें तो ''त्रोतायुग'' और ''राम'' को शाब्दिक दृष्टि से व्यंजनामूलक शब्द शक्ति तथा अलंकारिक दृष्टि से श्लेष अलंकार कहकर समझ सकते हैं।

सवालों का समाधान –

दोनों सवालों के समाधान तलाशने के लिये हमें इसी पुस्तक के सवाल – तीन माने अध्याय तीन – ''तुलसी के कलियुग माने क्या'' को पुनः गौर से देखना माने अध्ययन करना होगा। क्योंकि इसी अध्याय में हमने पौराणिक युग और तुलसी का युग का परीक्षण किया है। इस परीक्षण में हमने पाया है कि तुलसी के युग पौराणिक युगों से अलग है।

नोट–उसी अध्याय में हमने तुलसी के कथनों और रामचरितमानस में उपलब्ध प्रमाणों के साक्ष्य में युग निर्धारण भी किया है। उसे ही प्रमाणित उत्तर के तौर पर देखा जाना चाहिये।

वैसे पौराणिक युग और तुलसी का युग जो हमने मानस में गोता लगाने पर पाया है, को आमने–सामने रख कर कोई भी व्यक्ति इसकी सत्यता को परख सकता है। क्योंकि समय गणना के अनुसार दोनों में बहुत ही भिन्नता है। तुलनात्मक अध्ययन के बाद आपको भी लगने लगेगा कि हमारी गणना ही प्रमाणित है।

अध्याय प्रारंभ करते हुये हमने दूसरा सवाल किया था – ऐसा करके हमें क्या हासिल होगा ? इसके समाधान के लिये जब हमने मानस में गोता लगाया तब हमें जो प्राप्त हुआ उसके अनुसार –

ऐसी बेवकूफी भरा सवाल करके हमें जो हासिल हुआ वह आपके समक्ष उजागर हो चुका है। वैसे जानकारी के लिये बता दें कि न्यूटन ने भी ऐसे ही बेवकूफी भरा सवाल– पेड़ से फल नीचे क्यों गिरते हैं ? कह कर गुरुत्वा कर्षण को खोज निकाला था। हम न्यूटन तो नहीं है पर ऐसे ही किसी सवाल जिसे बेवकूफी भरा कहा जाता है से महत्वपूर्ण तथ्यों की खोज हो जाती है। कहने का मतलब यह कि तुलसी मानस रचना करके जो कर रहे थे, लगभग वही हम भी कर रहे हैं। इसीलिये अनेक कर्मकाण्डी मानस और तुलसी के विरोधी हो गये थे। हो सकता है हमारे भी हो जाँय। क्योंकि तुलसी के मानस की वजह से उनका कर्मकाण्ड दम तोड़ रहा था।

तब उन लोगों ने रामायण महत्तम का ढोंग रचनाकर शिव जी के बहाने अत्म समर्पण कर दिया और बाद में मानस का प्रवचन करके फिर से कर्मकाण्ड करने लग गये थे और आज भी कुछ लोग वैसा ही कर रहे हैं। हम भी मानस के यथार्थ को सामने लाकर अनेक न सही कुछ लोगों को उनके मोहजाल माने चंगुल से निकालने में सफल हुये होंगे ऐसा हमें लग रहा है। हम अपने इस प्रयास में कितने सफल हुये होगे ये तो हम नहीं कह सकते पर कर्म तो कर ही रहे हैं। और इसे फल की चिंता किये बगैर कर रहे हैं।

वैसे भी कट्टर पंथियों और मूर्खों के लिये यहाँ कोई जगह ही नहीं है। क्योंकि तुलसीदास जी ने पहले ही बता दिया है कि दोनों को ब्रम्हा भी नहीं समझा सकता, जिसमें हम कही नहीं ठहरते। तुलसीदास के अनुसार वे वैसे ही होते हैं जैसे –

फूलहिं फलहिं न बेत, जदपि सुधा बरषहिं जलद

मूरख हृदय न चेत, जो गुरु मिलहिं बिरंचि सम।

तुलसीदासजी ने तथाकथित तीर्थों के नाम पर होने वाले लूट को भी भाप कर ही ऐसा लिखा होगा। पंक्ति देखिये रावण के सिर काटे जाने के उपरान्त फिर से बढ़ जाने के लिये वे क्या लिख रहे हैं –

काटे बहुत बढ़े पुनि, जिमि तीरथ कर पाप।

कर्मकाण्डी बताते हैं कि तीरथ करने से पाप का नाश होता है और पुण्य बढ़ता है। इसके बाद भी तुलसीदास जी "जिमि तीरथ कर पाप" क्यों कर लिख रहे है ? इस क्योंकर के बाद भी सरकार अयोध्या को तथाकथित तीर्थ बनाने पर तुली हुई है। इसे क्या कहेंगे ? कुछ भी कह लें पर तुलसी की इच्छा तो कदापि नहीं कहा जा सकता। इसलिये यहाँ पर हम भी तुलसीदास जी के विपरीत कदम नहीं रख सकते।

अस्तु आशय यही कि हम यहाँ पर तुलसी का अनुशरण करने के लिये एक प्रकार से विवश है, बाध्य हैं। क्योंकि यही प्रगतिशील विचारधारा भी है और यही तुलसी की मंशा भी। इसका मतलब यह कदापि नहीं लगाया जाना चाहिये कि हम इस किताब में केवल और केवल तुलसीदास का बचाव करने के लिये आये हैं या कर रहे हैं। नहीं कदापि नहीं। हाँ जहाँ पर हमें लगा कि तुलसीदास जी सही हैं वहाँ पर उस सत्य का केवल समर्थन किया है। बाकी हमने इस किताब में उसी तरह से तटस्थ रहने की कोशिश की है जैसे कमल का पत्ता पानी में रहकर करता है अर्थात् वह पानी में रहने के बाद भी पानी को अपने से सराबोर या कहें लिपटने नहीं देता।

सारांश –

सारांश के तौर पर कहना चाहें तो हम यही कहेंगे कि तुलसीदास के नाम सुमिरन और राम नाम ही महत्ता को पुनः गंभीरता

पूर्वक पढ़कर समझना होगा। जिसका वर्णन करके तुलसीदास ने नाम महिमा बताकर या कहें नाम को राम से भी ऊपर रखकर सबको एक प्रकार से कर्मकाण्ड की कुरीतियों और उनके फैलाये भ्रमजाल से बचने के लिये आगाह ही किया है और हम भी लगभग वही करने का प्रयास कर रहे हैं। हमारा प्रयास कितना सार्थक है इसे पाठक ही बेहतर बता सकते हैं ? जहाँ तक हमारी बात है हम तथ्यात्मक कथनों के बाद इतना तो कह सकने की स्थिति में आ ही चुके हैं कि हमने कोशिश तो पूरी ईमानदारी से की है। हमारी ईमानदारी की परख पाठक पुस्तक को पूरा पढ़कर ही कर सकते है। इसलिये ग्रंथ पाठकों को सादर समर्पित है।

***

सामयिकी

तुलसी और राम मंदिर

वैसे तुलसी का संबंध श्रीरामचन्द्र जी से बहुत ही गहरा रहा है यह निर्विवाद सत्य है। इसका मतलब यह नहीं है कि अयोध्या के राम मंदिर से भी उनका उतना ही गहरा संबंध होगा। इसका मतलब यह भी हो सकता है कि अयोध्या में बन रहे राम मंदिर का तुलसीदास या रामचरितमानस से राम जन्मभूमि के अतिरिक्त और कोई खास संबंध रहा ही न हो और यह केवल राजनीतिक प्रपंच मात्र हो, जिसका निर्माण केवल हिन्दू मतदाता को प्रभावित करने के उद्देश्य से किया जा रहा हो ? चूँकि हम पूर्व में ही सिद्व कर चुके हैं कि अयोध्या के राम मंदिर से किसको कितना फायदा होगा ? इसलिये उसे हम यहाँ पर दुहराकर आपका समय बर्बाद करना नहीं चाह रहे हैं, तथापि रामचरितमानस के साक्ष्य के आलोक में हम नये सिरे से यह सिद्ध करने का प्रयास करेंगे कि अयोध्या में बन रहे राम मंदिर से तुलसीदास सहमत या बिल्कुल ही न सहमत रहे हो सकते थे या हैं। इसे समझने के लिये मानस के कुछ कथन या कथाप्रसंगों को सामने रख कर देखना या कहें समझना होगा। जैसे –

1. बालकाण्ड

बालकाण्ड रामचरितमानस का प्रथम काण्ड है। अस्तु इसके प्रारंभिक कथनों को हम आधार कथन के तौर पर देख या समझ सकते हैं। इसलिये हमें भी आधार कथन के महत्व की दृष्टि से ही इसकी महत्व को समझना होगा। इस काण्ड के प्रारंभ में ही माने राम कथा लिखने के पहले ही तुलसीदास ने बता दिया है कि राम एक नहीं अनेंक हुए हैं। ''नाना भाँति राम अवतारा'' जिनमें तीन का स्पष्ट उल्लेख तुलसीदास ने अपने मानस में किया है। उनमें अब निर्भर आप पर करता है कि आप किसे अपना या कहें अपना आराध्य मानते है ? तुलसी की दृष्टि से मानस में उल्लेखित तीन राम देखिये –

एक—हिरण्यकश्यप हैं

जिन्हें मारने के लिये श्रीहरि को –

.... । धरि बराह बपु एक निपाता।
होइ नरहरि दूसर पुपि मारा।.............................. ।
भए निसाचर जाइ तेइ, महाबीर बलवान।
कुंभकरन रावण सुभट, सुर बिजई जग जान।

दूसरा जलंधर –

तहाँ जलंधर रावन भयऊ। रन हति राम परम पद दयऊ।

यहाँ भी रावण को मारने के लिये एकबार फिर से ईश्वर को रामावतार लेना पड़ा था ओ भी देवताओं की विनती पर।

तीसरा सत्यकेतु –

तीसरे कथानक के अनुसार सत्यकेतु छले जाने के कारण विप्रों से श्रापित होकर राक्षस बने। वही राक्षस रावण, कुम्भकर्ण और उसके समस्त बन्धु—बान्धव हुए। देखिये मानस की ही पंक्ति –

काल पाइ मुनि सोइ सुनू राजा। भयउ निसाचर सहित समाजा।
दस सिर ताहि बीस भुजदंडा। रावन नाम बीर बरिडंडा।
भूप अनुज अरिमर्दन नामा। भयउ सो कुम्भकरन बलधामा।

तीनों ही जगह पर रावण को मारने के लिये प्रभु को रामावतार लेकर रावण का वध करना पड़ा था, यही तुलसी का कथन है। हम यहाँ पर इसकी सत्यता पर या कहें सवाल के तौर पर कुछ भी नहीं कह सकते। क्योंकि यह हमारा लक्ष्य भी नहीं है। इसलिये मानस में जैसा उल्लेखित है, हमने ज्यों के त्यों प्रस्तुत कर दिया है।

इसी काण्ड में तुलसीदास आगे बताते हैं कि शरीरी राम माने दशरथ पुत्र राम ने ज्यादा कुछ नहीं किया है सिवाय अहिल्या उद्धार के। तत्संबंधी तुलसी का ही कथन देख लीजिए–

राम एक तापस तिय तारी। नाम अनेक खल कुमति सुधारी।

दोहा क्रमांक–24 के अधीन 3 री चौपाई

माने शरीरी दशरथपुत्र राम ने ज्यादा कुछ नहीं किया है सिवाय "तापस तिय तारी" अर्थात् अहिल्या उद्धार के, जबकि नाम माने रामनाम ने अनेंको का उद्धार कर दिया। तत्संबंधी एक और उदाहरण देखिये। इसमें भी तुलसीदास लगभग वही बात कह रहे हैं जो दोहा क्रमांक 24 के ही अधीन चौपाई में कहा है। दोहा देख लीजिये –

सबरी गीध सुसेवकनि, सुगति दीन्ह रघुनाथ।

नाम उधारे अमित खल, वेद बिदित गुन गान।

अगले ही दोहे में यहाँ तक कह दिया कि –

ब्रम्ह राम तें नाम बड़, बर दायक वर दानि।

राम चरित सत कोटि महँ, लिय महेस जिय जानि।

तुलसीदास ने मानस में ही ऐसे लोगों की एक लंबी लिस्ट ही जारी किया कर दिया है जो नाम सुमिरन करके जन्म–मरण की झंझटों से मुक्त हो गये है। ऐसा इसलिये कर रहे हैं ताकि लोग उस पर विश्वास कर सकें। उसी लिस्ट में आदि कवि बाल्मीकि का भी नाम है। देखिये बाल्मीकि के संबंध में तुलसीदास ने क्या लिखा है –

जान आदिकवि नाम प्रतापू। भयउ सुद्ध करि उलटा जापू।

दोहा क्रमांक–19 के अधीन की चौपाई

अर्थात् बाल्मीकि जिसे राम कहते भी नहीं बनता था, क्योंकि वह डाकू था और इस वजह से लोगों को मारना उसका पेशा था पर ज्ञान होने पर उसने भी राम नाम जपने का प्रयास किया। चूँकि उसे मरा, मरा माने मर गया, मर गया कहने की आदत थी, इसलिये वह राम के उल्टा मरा, मरा कहकर महामुनि हो गये। (मरा, मरा को बार–बार निरंतर दुहराया जाय तो वह राम, राम सुनाई देता है) माने रामनाम का सुमिरन करके बाल्मीकि ब्रह्म ज्ञानी हो गये। यह सब कारनामा दशरथपुत्र राम ने नहीं किया बल्कि रामनाम के प्रताप से हो गया। माने नाम राम से भी बड़े है। देखिये स्वयं तुलसी के ही अन्य कथन मानस से –

कहउँ नाम बड़ राम तें, निज बिचार अनुसार।

दोहा क्रमांक–23

ब्रम्ह राम तें नाम बड़, नाम बड़, बरदायक बरदानि।

दोहा क्रमांक–25

आगे तुलसीदास यहाँ तक कह देते हैं कि –

कहौं कहाँ लगि नाम बड़ाई। राम न सकहिु नाम गुन गााई

दोहा क्रमांक–25 के बाद की चौपाई संख्या–4

दरअसल यह कह कर तुलसीदास तात्कालिक ही नहीं आने वाले भारतीय हिन्दू समाज को सगुण उपासना के नाम पर सम्भावना के ढोंग से मुक्त भी कराना चाहते थे। शायद यही वजह है कि अवसर मिलने पर तीर्थों के नाम पर होने वाले ढोंग की वजह और पवित्रता पर कटाक्ष करने से भी नहीं चुके हैं। देखिये रावण के सिर और भुजा राम के द्वारा काटे जाने के उपरान्त पुनः स्थापित हो जाने के लिए वे क्या उपमा दे रहे हैं –

काटे बहुत बढ़े पुनि, जिमि तीरथ कर पाप।

लंका काण्ड दोहा क्रमांक – 97

अब ज़रा बिचार कीजिये सरकार अयोध्या में राम मंदिर बनवाकर क्या कर रही है ? एक प्रकार से तीर्थ का निर्माण ही न। जबकि तुलसी ने पहले ही सूचित कर दिया है कि तीर्थ से पुण्य नहीं पाप की ही वृद्धि होती है। तब ऐसी दशा में आप कैसे कह सकते हैं कि तुलसीदास राम मंदिर निर्माण के समर्थक रहे हो सकते हैं ?

इसे हम महज संयोग भी नही कह सकते क्योंकि संयोग एकाधबार ही होता है जबकि तुलसी ने राम कथा लिखने के पहले ही बता दिया था कि यद्वपि वे लिख तो रामकथा रहे हैं पर इस रामकथा में वह राम माने निर्गुण राम प्लास्टिक के अंदर की धातु में बहते करेंट की तरह निरंतर प्रवाह मान रहेंगे। क्योंकि वह नहीं होते हुए भी हैं, नहीं दिखते हुए भी आभासीय हैं क्योंकि वे –

बिना पैर के चल रहे होते हैं, बिना कान के भी सुन रहे होते हैं, बिना हाथ के कर रहे होते है, बिना मुख के आस्वादन करते रहते हैं और बिना वाणी के बोलते रहते हैं। राम के इसी गुण को देखते हुए

तुलसीदास ने मानस के बाल काण्ड में ही रामकथा लिखने के पहले ही आशय स्पष्ट कर दिया था। यही नहीं आगे जाकर लंका काण्ड में तीर्थों के नाम पर होने वाले पाखण्ड को बताने के बाद उत्तर काण्ड में जाकर यह कहने से नहीं हिचके कि –

कलि मँह केवल नाम अधारा। सुमरि सुमरि नर उतरहिं पारा।

यही नहीं तुलसीदास यहाँ तक कह गए जिसकी कल्पना साधारणतः नहीं किया जा सकता था पर कहा तो यही गया है कि कलियुग में –

द्विज श्रुति बेचक भूप प्रसासन।

उत्तर काण्ड दोहा क्रमांक 98–क प्रथम चौपाई पृष्ठ–984

वही हो गया। इसे भारत में 22 जनवरी 2024 को सबने देखा कि चारों मठ के शंकराचार्यों की अनुपस्थिति में ही अयोध्या के नव निर्मित राम मंदिर में हिन्दू धर्म प्रधान (शंकराचार्य) के हाथों नहीं राजनेता के द्वारा प्राण–प्रतिष्ठा का कार्मकाण्ड सम्पन्न हो गया। वैदिक मान्यताओं के विपरीत सब कुछ हो गया और देशवासी तथाकथित को देखते ही रह गए पर घटना तुलसी के कथन को शतकों साल बीत जाने के बाद भी चरितार्थ कर गए। तत्संबंधी तुलसी की पंक्ति देख लीजिए–

बरन धर्म नहिं आश्रम चारी। श्रुति विरोध रत सब नर नारी।

द्विजश्रुति बेचक भूप प्रसासन। कोउ नहि मान निगम अनुशासन।

उत्तर काण्ड दोहा क्रमांक 98–क प्रथम चौपाई पृष्ठ–984

कहने का मतलब यह कि तुलसीदास ने अपनी रचना रामचरितमानस में प्रारंभ से लेकर अंत तक यही बताते रहे कि "नाम" माने राम अर्थात् रामनाम ही सार है।

इतना सब कुछ जान और समझ लेने के बाद जरा सोचिये जब इतनी सुविधा लोगों के पास घर बैठे उपलब्ध हो रहा है तब दूर अयोध्या में जाकर राम दर्शन के लिये लाईन लगाने का औचित्य ही क्या है? इस पर ठंडे दिमाग से और गंभीरता से चिंतन की आवश्यकता है। सूरदास के शब्द उधार लूँ तो यही कहा जा सकता है कि जब घर में कामधेनु हो तब छेरी माने बकरी का दूध क्यों पियें –

कामधेनु तजि छेरी कौन दुहावे

इसी लिये हमारा मानना है कि इस संबंध में राजनीति पर भरोसा करने की आवश्यकता नहीं है, क्योंकि राजनीति लोगों को प्रायः सत्ता में बने रहने के लिए गुमराह करती है अर्थात सब कुछ हो जाता है केवल वोट के खातिर। जबकि साहित्य लोगों का उत्थान करती है, सःहितौ साहित्यम्। इसलिये राम मंदिर निर्माण के राजनीतिक दृढ़ता को गुमराह का ही एक हिस्सा करार देने में अब हमें कोई संकोच और झिझक नहीं हो रहा है।

ऐसा सोचने का हमारा एक कारण यह भी रहा है कि हमें तुलसी की भावना या कहें इरादा का पता है, इसलिये हम तुलसी की भावना का कद्र करते हुये उसी के साथ रहना चाहेगें।

इस संबंध में आप चाहें तो तुलसीदास जी के मानस की कुछ और पंक्तियों पर गौर कर सकते हैं जैसे –

1. बंदउँ नाम राम रघुवर को। हेतु कृसानु भानु हिमकर को।
   बिधि हरि हरमय बेद प्रान से। अगुन अनुपम गुन बिधान को।
   महा मंत्र जोइ जपत महेसू। कासीं मुकुति हेतु उपदेसू
   महिमा जासु जान गनराऊ। प्रथम पूजियत नाम प्रभाऊ।
2. एकु छत्रु एकु मुकुटमनि, सब बरननि पर जोउ।
   तुलसी रघुबर नाम के, बरन बिराजत दोउ।
   समुझत सरिस नाम अरु नामी। प्रीति परस्पर प्रभु अनुगामी।
   नाम रूप दुइ ईस उपाधी। अकथ अनादि सुसामुझि साधी।
3. राम नाम मनिदीप धरु, जीह देहरीं द्वार।
   तुलसी भीतर बाहेरहुँ, जौं चाहसि उजियार।
4. अगुन सगुन दुइ ब्रम्ह सरूपा। अकथ अगाध अनादि अनूपा।
   मोरे मत बड़ नामु दुहू तें। किए जेहि जुग निज बस निज बूतें।

नोट– सामयिकी संबंधी बानगी आपको इसी किताब के सवाल नंम्बर – 12 में भी देखने को मिलेगा लेकिन विस्तार में जानने के लिये आपको सवाल नम्बर 4 को देख लेना चाहिए।

अब सवाल उत्पन्न हो सकता है कि क्या इतने सारे प्रमाणों के बाद भी किसी के मन में संदेह रह गया है। हमारे विचार से शायद नहीं होना चाहिए पर इसके बाद भी संदेह बचा समझा जाता है तो हम इसके आगे कुछ नहीं कह या कर सकते। हाँ यदि कोई राम जिसे रामचरितमानस में ही तुलसीदास ने नाम से छोटा बताया है को जानबूझकर नाम को त्यागकर राम के पीछे अयोध्या भागता है तो इसके लिये तुलसीदास ने जो कहा है उससे ज्यादा कुछ कहा भी नहीं जा सकता क्योंकि ऐसे लोगों के लिए तुलसीदास ने ही कह दिया है कि –

मूरख हृदय न चेत जो गुरु मिलहिं बिरंचि सम

फूलहिं फलहिं न बेत जदपि सुधा बरसहिं जलद।

माने कि जब उन लोगों को ब्रम्हा भी नहीं समझा सकता ? तब हम कहाँ ठहरते हैं?

***

द्वितीय खण्ड

प्रथम रत्न- नाटयतत्व

नाटयशास्त्र की परिधि में मानस

रामचरितमानस में गोता लगाने पर ही हमें पता चला कि यह ग्रंथ केवल महाकाव्य नहीं है, अपितु इसमें नाट्यशास्त्र माने नाट्यतत्व भी समाहित है। इसलिए हमें लगा कि क्यों न हमें नाट्यतत्वों के अनुसार इसका परीक्षण कर लिया जाना चाहिए। ऐसा करने पर हमने पाया कि मानस एक सफल नाट्य रचना भी है। इस आधार पर इसे हमने काव्य नाटक नाम दिया है और इसे हिन्दी का प्रथम काव्य रचना भी माना है। यह पाठकों पर निर्भर करता है कि वे हमारी मान्यता से कहाँ तक सहमत हो पाते हैं ?

इसके बाद भी हम रुके नहीं, बल्कि हमने तय किया कि जब मानस नाट्यतत्वों की परिधि में एक सफल रचना सिद्व हो ही चुका है, तब उसमें अभिनेयता के गुण भी हो सकता है और यदि ऐसा है तब निर्देशक भी होगा ही ? इसकी पड़ताल करने पर हमने पाया कि हाँ इसके प्रमुख पात्र–नायक, नायिका और खलनायक एक सफल अभिनेता की तरह अभिनय कर रहे हैं, जिसको स्वयं इसके रचनाकर–तुलसी ही निर्देशन करते हुए सूत्रधार की भूमिका भी निभा रहे हैं।

इसलिए हमारे लिए किताब का यह भाग विशिष्ट से अतिविशिष्ट हो गया। अब पाठकों प़र निर्भर करता है कि वे इसे किस रूप में स्वीकार करते हैं ?

– डॉ. पी. आर. कोसरिया

नाट्यतत्वों की परिधि में मानस का मूल्यांकन

रामचरितमानस शायद हिन्दी ही नहीं बल्कि दुनिया का एक ऐसा महाकाव्य है जिसके भीतर पूरा का पूरा नाट्यशास्त्र समाया हुआ है। सुनने में चाहे एकबारगी विश्वास न हो पर यह एकदम सत्य है कि रामचरितमानस एक साथ साहित्य के दो विधाओं– 'महाकाव्य और नाटक' का अनुठा संगम है। कहने का मतलब यह कि रामचरितमानस को 'महाकाव्य और नाटक' के श्लेष माने 'चिपके' होने के लिये भी जाना और पहचाना जा सकता है। महाकाव्य जिसका वह मूल है और इसी मूलभाव का हिन्दी साहित्य में अध्ययन–अध्यापन और समीक्षा अबतक होते आ रहा है। इसलिये उसकी अलग से अब चर्चा की आवश्यकता नहीं है। लेकिन जैसा कि हमने पहले ही कहा है कि रामचरितमानस में नाट्यशास्त्र के सभी तत्व विद्यमान हैं। काव्यमय होने के कारण इसे हिन्दी का प्रथम नाट्यकाव्य की संज्ञा दिया जा सकता है या दिया जाना चाहिए। क्योंकि हिन्दी में साहित्य विधा के तौर पर नाट्यरूप का प्रारंभ 19 वीं शताब्दी में भारतेन्दु से माना जाता है, तथापि रामचरितमानस का नाट्यशास्त्र के तत्वों को दृष्टिगत रखते हुए उसका परीक्षण अन्योन्याश्रित नहीं होगा।

साहित्य में नाटक के जो तत्व बताये गये हैं (इसमें एकांकी के तत्वों जोकि कमोबेश नाटक के तत्वों के ही समान है, को भी शामिल करके देखा जाना चाहिये) वह निम्नलिखित हैं–

1. कथावस्तु
2. पात्र
3. चरित्र चित्रण
4. संवाद
5. देश–काल और वातावरण
6. भाषा–शैली
7. उद्देश्य

8. गौण तत्व – (नाटक के तड़के और मशाले)

क– नाटक में प्रहसन (हास्य)

ख– नाटक में गीत–संगीत

ग– रोमांच

1 कथावस्तु –

यह नाटक का पहला तत्व है बिना कथावस्तु के नाटक की कल्पना ही नहीं किया जा सकता। कथावस्तु के दो भेद होते है – मुख्य कथावस्तु और प्रासंगिक कथावस्तु।

मुख्य कथावस्तु –

नाटक में मुख्य कथावस्तु उसे कहा जाता है जिसका संबंध नायक या नायिका से होता है। सफल नाटक के लिये यह भी निर्धारित किया गया है कि उसकी कथानक को लोकप्रसिद्ध होना चाहिये। मानस इस पैमाने पर खरा उतरता है। क्योंकि रामचरितमानस एक ऐसी धार्मिक कथानक (राम कथा) पर आधारित है जो भारतीय जनमानस में बहुत अंदर तक रसाबसा है।

सामान्यतः पाठक मानस के कथावस्तु से परिचित ही हैं इसलिये उसे दोहराने की आवश्यकता नहीं है। रामचतिमानस में राम (नायक) और सीता (नायिका) से जुड़ी सम्पूर्ण कथा को मुख्य कथावस्तु कहा जा सकता है।

प्रासंगिक कथावस्तु –

प्रासंगिक कथावस्तु उस कथा को कहते हैं जो मूल कथा के साथ–साथ या बीच–बीच में आवश्कतानुसार उपस्थित और तिरोहित होते रहता हैं अर्थात ये उपस्थित होकर कुछ समय के लिये रहते हैं और फिर मूल कथा में विलीन या कहें 'समाप्त' हो जाते हैं या कभी कभी कुछ समय तक लुप्त रहने के बाद पुनः उपस्थित हो जाते हैं। मानस में तुलसीदास ने अनेक प्रासंगिक कथावस्तुओं का सृजन किया है। दशरथ और कैकेयी, भरत, परशुराम, अहिल्या, केंवट, शबरी, बाली, सुग्रीव, जटायु आदि की कथा को प्रांगिक कथावस्तु की श्रेणी में रखा

जा सकता है। सुन्दरकाण्ड तो पूरी तरह से हनुमान को समर्पित है। क्योंकि इस काण्ड में कथा के वहन की जिम्मेदारी हनुमान जी पर छोड़ दिया गया है। एक प्रकार से इस काण्ड के लिये नायकत्व तुलसीदास ने राम से पावर ऑफ एटर्नी, 'शक्ति का हस्तांतरण' हनुमान को करा दिया है। जिसके कारण वह कुछ समय के लिये ही सही (एक अध्याय के लिये) नायकत्व की भूमिका में आ गया है।

यह अलग बात है कि बाल्मीकि ने भी ऐसा ही किया है। लेकिन दोनों के कथ्य में थोड़ा अंतर है जिसके कारण उसके उद्‌देश्य में भी बहुत अंतर आ गया है। वह यह कि बाल्मीकि ने कथा का विस्तार हनुमान के स्वगत कथन –

"पराक्रमस्त्वेवेष समेह रोचते ।। 3 ।।

बाल्मीकिरामायण सुन्दरकाण्ड एकचत्वारिंशः सर्ग श्लोक–03

अर्थात – मुझे यहाँ पराक्रम ही उचित जान पड़ता है।

तथा –

इहैव तावचत्कृतनिश्चयो ह्यहे

ब्रजेयमद्य पल्वगेश्वरालयम्।

परात्मसम्मर्दविशेषतत्ववित्

ततः कृतं स्यान्पम भतृशसनम्।। 7 ।।

बाल्मीकिरामायण सुन्दरकाण्ड एकचत्वारिंशः सर्गः श्लोक–07

अर्थात–यदि इसी यात्रा में मैं इस बात को ठीक–ठीक समझ लूँ अपने और शत्रु पक्ष में युद्ध होने पर कौन प्रबल होगा और कौन निर्बल, तत्पश्चात भविष्य के कार्य का भी निश्चय करके आज सुग्रीव के पास चलूँ तो मेरे द्वारा स्वामी की आज्ञा का पूर्णरूप पालन हुआ समझा जाएगा।

से कराया है, जो कि एक स्वभाविक और मनोवैज्ञानिक दृष्टि से भी उपयुक्त जान पड़ता है। लेकिन जहाँतक इसके उद्‌देश्य का सवाल

है उसमें उपरोक्त कथन से ही बहुत अंतर भी आ गया है। जैसे– यदि बाल्मीकि ने कथा विस्तार के कारण को यह कहकर –

इहैव तावचत्कृतनिश्चयो ह्यहे

ब्रजेयमद्य पल्वगेश्वरालयम्।

परात्मसम्मर्दविशेषतत्वविंत्

ततः कृतं स्यान्पम भतृशसनम्।। 7 ।।

स्पष्ट कर दिया है। तो तुलसीदास ने रामचरितमानस में ऐसा कोई स्पष्टीकरण नहीं दिया है और उसी में ही हनुमान के नायकत्व को उभरने का अवसर दे दिया है।

दूसरा यह कि बाल्मीकिरामायण में जैसा कि हमने अपनी अन्य किताब– अद्भुत ग्रंथ है रामचरितमानस में कहा है कि बाल्मीकि के राम प्रभावशाली राजपुरुष से ज्यादा कुछ नहीं ठहरते, की पुष्टि हो जाती है। इसी लिए अपनी रचना में बाल्मीकि ने राम के लिए ''नरश्रेष्ट'' अथवा पुरुषरिंह विशेषण का भी उपयोग ज्यादा किया है। तत्संबंधी कुछ उदाहरण बान्मीकि रामायण से देख लीजिए –

सर्व प्रथम परशुराम के कथन की पंक्ति–

अनुसृष्टं सुरैरेकं त्र्यम्बकाय युयुस्वे।

त्रिपुरघ्नं नररेष्ठ धग्नं काकुस्थ्यत्तवया।। 12 ।।

बाल्मीकिरामायण बालकाण्ड पंचसप्ततितमः सर्गः श्लोक–12

अर्थ– नरश्रेष्ठ इनमें से एक को देवताओं ने त्रिपुरासंर के युद्ध करने के लिए भगवान शंकर को दिया था। काकुस्थनमन्दनम ! जिसमें त्रिपुर नाश हुआ था, वह वही धनुष था, जिसे तुमने तोड़ डाला है।

कथावस्तु में रचनाकार को जगह–जगह आने वाली घटना का संकेत भी देते रहना पड़ता है। मानस में इसका निर्वहन तुलसीदास ने सर्वत्र किया है। इस बात को समझने के लिये एक ही उदाहरण काफी है–

तुलसी ने ताड़का का वध राम से तो एक ही बान में करवा दिया।

एकहिं बान प्राण हरि लीन्हा

लेकिन जब मारीच की बारी आई तब उसे मारने के बजाय जीवित बचे रहने के लिए–

बिनु फर बान राम तेहि मारा।

छोड़ दिया, ताकि वह आगे के किरदार 'सोने का मृग बनकर सीताहरण में मदद करके' निभा सके। इसलिये उसे मात्र –

सत जोजन गा सागर पारा

भेज दिया।

2. पात्र –

नाटक का दूसरा महत्त्वपूर्ण तत्व पात्र है। क्योंकि नाटक में कथा को गति पात्रों से ही मिलती है। दूसरे शब्दों में कहें तो कथाविस्तार पात्रों के माध्यम से ही होता है। पात्रों के भी मुख्य दो वर्ग किये जा सकते हैं– जिसमें पहला है मुख्य पात्र और दूसरा सहयोगी या सहायक पात्र।

1. मुख्य पात्र –

इसमें नायक–नायिका और खलनायक को रखा जा सकता हैं जो कथावस्तु के मुख्य वाहक होते हैं उल्लेखनीय मुख्य पात्रों में पहला पात्र हैं – नायक

क. नायक –

नायक वह पात्र होता है जो नायिका के पति या प्रेमिका होने के साथ–साथ कथा का केन्द्रबिन्दु भी होता है। इस दृष्टि से राम नाटक के नायक हैं। मानस की कथा उन्हीं पर केन्द्रित है। राम न केवल धीरोदात्त, नायक हैं बल्कि वह उच्च कुल 'रघुवंश' में उत्पन्न भी हैं, यही नहीं वह लोकहितकारी भी हैं। यही नायक के प्रमुख गुण भी है। देखिये तुलसीदास ने यह बात रावण से ही कहलवा दिया है –

सुर रंजन भंजन महि भारा। जो भगवंत लीन्ह अवतारा।

अर्थात राम ईश्वरावतारी पुरूष होने के कारण दुष्टों का संहार करने वाले है। इसलिये उनका इस नाटक में नायक होना स्वभाविक है।

नायक के गुण –

1. वीर, निडरता और उत्साही होना

नाट्यशास्त्र के अनुसार नायक के गुणों में वीर, निडरता और उत्साही तत्वों का होना भी आवश्यक है। ये सभी गुण (तत्व) नायक राम के गुणों में शुमार हैं। उदाहरनार्थ मानस से ही पंक्तियाँ देखिये –

निसिचर हीन करउँ महि, भुज उठाय पन कीन्ह।

सकल मुनिन्ह के आश्रमन्हि, जाइ जाइ सुख दीन्ह।

यही नहीं बाल्यकाल में ही विश्वामित्र के साथ जाकर यज्ञ की रखवाली करने में भी नायक राम की वीरता और निडरता को देखा जा सकता है। ये सभी कार्य नायक के द्वारा उत्साह पूर्वक किया गया चित्रित है। अतः नायक राम के कार्यों में वीरता और निडरता के साथ–साथ उत्त्साह को भी जोड़कर देखना उचित होगा।

यही नहीं नाट्यशास्त्र के मापदंड के अनुरूप मानस की कथावस्तु नायक राम पर ही आश्रित या कहें 'केन्द्रित' है साथ ही वह कथा में आद्यांत उपस्थित भी रहता है और अन्तिम फल (युद्ध में रावण को मारकर यानी विजय प्राप्त कर नायिका सीता से मिलन और अयोध्या का राजा बनकर) का भोक्ता भी हैं अर्थात अयोध्या का राज्य राम 'नायक' को ही मिलता है। तुलसीदास ने मानस में ही बता दिया है कि राम किस प्रकार के राजा थे। रामराज के बारे में बताये उनकी ही पंक्ति देखिये –

दैहिक दैविक भौतिक तापा। राम राज नहिं काहुहि व्यापा।

नायक राजा राम के बनवास चले जाने के बाद भरत के द्वारा राज्य सिंहासन ठुकरा कर श्रीराम के चरण–पदुका को सिंहासन पर रखवाकर तुलसीदास ने पहले ही सूचित कर दिया था कि बाधाओं के बाद भी आगे जाकर राम ही अयोध्या का राजा बनेंगे। मानस की पंक्ति देखिये–

सिंहासन प्रभु पादुका, बैठारे निरुपाधि।

भरत के सेवक की तरह अयोध्या की जनता का सेवा करने के संकल्प के कारण, एक प्रकार से राम के वनवास के बाद भी अयोध्या के राज्य सिंहासन पर राम का ही आधिपत्य बना रहता है।

2. नायक ही नायिका के प्रेमी या पति होता है –

नाट्यशास्त्र के अनुसार नायक ही नायिका का पति या प्रेमी होता है। रामचरितमानस में नायक राम ही 'सीता' का वरण माने 'शादी' करता है। 'मानस में राम राजा जनक की प्रतिज्ञा के अनुसार शिव धनुष जिसे अन्य राजा नहीं तोड़ सके थे, को तोड़ कर सीता से व्याह करता है। इससे राम का शक्तिशाली होना भी सिद्ध होता है और यह भी नाट्यशास्त्र के अनुसार नायक का एक महत्त्वपूर्ण गुण है।

नायक प्रायः सुन्दर होता है। मानस के राम सुन्दर भी हैं। सुन्दर इतने कि वल्कल–वसन में भी वनवास के लिए जाते समय जिस गाँव से भी होकर वे जाते हैं गाँव के नर–नारी उसे देखने के लिये निकल पड़ते हैं और राम लक्ष्मण तथा सीता की सुन्दरता को देखकर वे अपने–अपने भाग्य तक को सराहने लग जाते हैं कि नहीं देख पाते तो जैसे वे आभागे हो जाते। पंक्तियाँ देखिए –

सुनत तीर बासी नर नारी। धाये निज निज काज बिसारी।

लखन राम सिय सुन्दरताई। देखि करहिं निज भाग्य बड़ाई।

इसके अतिरिक्त भी नायक के लिये जो अन्य गुण बताये गये हैं जैसे –

ज्ञानी होना –

नायक को ज्ञानी भी होना चाहिये। 'इसे तुलसीदास ने रामचरितमानस में जगह–जगह वर्णित किया है।' माने नायक राम के ज्ञानी होने के अनेक उदाहरण मानस में विद्यमान हैं। एक उदाहरण देखिये जिसमें भरत के द्वारा पूछे जाने पर राम ने संत और असंत के लक्षण का वर्णन जिस प्रकार से कर रहे है उससे राम के ज्ञानी होने का प्रमाण मिल ही जाता है। पंक्ति देखिये –

संत असंतन्हि कै असि करनी। जिमि कुठार चंदन अचरनी।

काटइ परसु मलय सुनु भाई। निज गुन देइ सुगंध बसाई।

चतुरता या चतुर होना –

नायक में चतुरता का गुण भी अपेक्षित है। 'इसे भी मानस में यत्र–तत्र देखा जा सकता है। तुलसीदास ने तो राम को अवतारी माना है तब संदेह की गुंजाइश भी नहीं रह जाती।

अंतिम फल का भोक्ता –

यह नायक के महत्वपूर्ण गुणों में शुमार है। रामचरितमानस में भी अंत में नायक राम वनवास की समाप्ति के बाद अयोध्या लौटकर अयोध्या का राजा बनकर अंतिम फल का भोक्ता भी बन जाता है।

सारांश यह कि नाट्यशास्त्र में वर्णित नायक के 'अपवादों को छोड़कर' प्रायः गुण माने विशेषताएँ नायक राम में विद्यमान हैं और वही तत्व रामचरितमानस में राम को निर्विवाद नायक सिद्व करता है।

ख. नायिका –

नाट्यशास्त्र के अनुसार नायिका में भी 'पुरुषोचित गुणों को छोड़ कर' प्रायः वही गुण होने की बात कही गई है जो नायक के लिए आवश्यक है। जैसे –

1. सुन्दरी होना।

सीता अद्वितीय सुन्दरी थी। इस बात की पुष्टि सूर्पनखा ने भी रावण के समक्ष की है। देखिए मानस की ही पंक्ति जिसे सूर्पनखा रावण के समक्ष –

''रूप रासि बिधि नारि संवारी। रति सत कोटि तासु बिहारी।''

कहकर की थी। इसके अतिरिक्त मानस के रचनाकार तुलसीदास जी ने सीता का सौन्दर्य वर्णन करते हुए लिखा है –

सिय सोभा नहिं जाइ बखानी। जगदंबिका रूप गुन खानी।

उपमा सकल मोहिं लघु लागी। .... ।

जिसके सौन्दर्यवर्णन के लिये उपमा लघु या छोटा लगने लगे। स्वभाविक है वह अद्वितीय सुन्दरी होगी ही।

2– नायक का प्रेमी या पत्नी होना –

नाट्यशास्त्र में नायिका के लिये नायक का प्रेमी या पत्नी होना भी आवश्यक बताया गया है। मैथिलीशरण गुप्त प्रणीत साकेत जैसे अपवादों को छोड़ कर हिन्दी साहित्य में इसी परम्परा का निर्वहण किया गया है। साकेत नामक महाकाव्य में नायिका तो उर्मिला हैं लेकिन वहाँ नायक उर्मिला का पति लक्ष्मण नहीं अपितु राम हैं। मानस में सीता को राम की पत्नी बताया गया है। वैसे भी 'सीता–स्वयंवर' की रचना करके तुलसीदास ने एक प्रकार से मानस की नायिका सीता ही होगी इसकी सूचना पहले ही दे दिया था। जबकि सीता की तीन और बहनें 'मांडवी, श्रुतकीर्ति और उर्मिला' ब्याहने योग्य थीं जिनका ब्याह राम के तीनों भाईयों के साथ उसी मंडप में 'राम–सीता के साथ–साथ' करवा दिया गया था, लेकिन उनके लिये अलग से स्वयंबर की रचना नहीं की गई थीं।

तुलसीदास ने तो नायक–नायिका के प्रेम की शुरुआत राजा जनक के पुष्पवाटिका में ही करवा दिया था। एक सफल नाट्य रचनाकार की तरह। देखें –

प्रथम –

तुलसीदास ने पुष्पवाटिका में गौरी पूजा के लिए आई सीता के चलने से उत्पन्न नुपूर ध्वनि मात्र से ही नायक राम के मन में सीता 'नायिका' के लिये प्रेम की हलचल उत्पन्न कराकर दर्शन–लालसा की उत्कंठा जागृत करा दिया था। पंक्ति देखिये–

कंकन किंकिनि नुपुर धुनि सुनि।

कहत लखन सन रामु हृदय गुनि।

और जब सीता को राम देख लेता हैं तब–

देखि सीय सोभा सुख पावा।

और –

सिय सोभा हियँ बरनि प्रभु, आपनि दसा बिचारि।

द्वितीय –

तुलसीदास ने नायिका सीता के मन में भी वैसे ही नायक राम के प्रति प्रेम का संचार करा दिया था, लेकिन पूरी मर्यादा के साथ। पंक्ति देखिये –

लता ओट तब सखिन्ह लखाये।

देखि रूप लोचन ललचाने। हरषे जनु निज निधि पहिचाने।

थके नयन रघुपति छबि देखें। पलकन्हिहूँ परिहरीं निमेषें।

इसे नाटक के पूर्व–संकेत के तौर पर भी देखा जा सकता है। क्योंकि अभी जहाँ 'पुष्पवाटिका' में राम–सीता अपरिचित युवक–युवती हैं। इसलिये उनमें उत्पन्न प्रेम नाजायज भी हो सकता था। लेकिन जैसा कि सीता की सखियाँ दोनों को देखकर चाहतीं तो है कि –

देखि राम छबि कोउ एक कहई। जोगु जानकिहि यह बरु अहई।

लेकिन क्या ऐसा हो सकेगा ? सखियों को संदेह है। क्योंकि –

एक– राजा जनक अपना प्रण छोड़ेंगे नहीं और

दूसरा– शिव के धनुष को तोड़ना शायद आसान न हो ? माने राम जैसे सुकुमार के बस का ही न हो ? पंक्ति देखिये –

कोउ कह संकर चाप कठोरा। ए स्यामल मृदुगात किशोरा।

फिर भी सीता की सखियाँ सीता को क्यों मिलवा रही हैं क्या उन्हें नैतिकता का ज्ञान नहीं है ? ऐसा हरगिज नहीं हैं। सीता की सखियाँ भी सीता की तरह ही बुद्धिमान हैं। तो सीधी सी बात है तुलसीदास ने इसे पूर्व सूचना के तहत रखा है। यही नहीं पूर्व सूचना देने में तुलसी जज्बाती तक हो गये हैं। जज्बाती इतने कि वह सीता को यहाँ पार्वती से राम को पति के रूप में वर्दान पाने की कामना तक करवा देता है। पंक्ति देखिये –

पतिदेवता सुतीय महु, मातु प्रथम तव रेख।

और भगवती पार्वती को भी सीता को वर्दान देने में जरा भी संकोच और विलम्ब नहीं करवाया गया है।

'पुष्पवाटिका' में जहाँ पार्वती का मंदिर था वहाँ सीता अपनी माता की आज्ञा से पूजा करने गई थी। स्वाभाविक है वहाँ पार्वती की कोई प्रतीक या प्रतिमा भी रही हो सकती है ? लेकिन यहाँ तो पार्वती डायरेक्ट उपस्थित होकर सीता को वर्दान दे देती है। है न कमाल की बात ? पंक्ति देखिये –

सादर सियँ प्रसादु सिर धरेऊ। बोली गौरि हरषु हिय भरेऊ।

सुनु सिय सत्य असीस हमारी। पूजिहिं मन कामना तुम्हारी।

नायिका की भूमिका –

नाटक में नायिका की भूमिका अन्य सहयोगी पात्रों की अपेक्षा ज्यादा ही होती है। फिर भी 'प्रायः नायक से कम ही होता है, नायिका प्रधान नाटको को छोड़ कर। हाँ कथाविस्तार में कभी–कभी वह प्रत्यक्ष और प्रायः अप्रत्यक्ष अर्थात् हेतु (कारण) की भूमिका में भी हो सकती है।

प्रत्यक्ष प्रभाव –

भारतीय नाट्यशैली में नायिका का प्रभा्व प्रायः संक्षिप्त लेकिन अतिमहत्वपूर्ण होता है। इसलिये प्रायः उनसे ऐसे वाक्य बोलवा दिया जाता है जिसे नायक या खलनायक नहीं भुला पाता और उसी व्यंग्योक्ति या प्रेरणा के सहारे कथा स्वमेव गतिमान होते रहता है। महाभारत में दुर्योधन के लिये द्रौपदी का व्यंग्य कथन, उसने कहा था एकांकी में लहनासिंह के लिए कहे (नायिका जो लहनासिंह के बचपन की मित्रस्वरूपा थी जिसे लहनासिंह एकतरफा प्रेम करता था) आदेशानुरूप कथन ''इनका युद्व भूमि में खयाल रखना'' के अनुपालन में अपनी जान की परवाह न कर खुद घायल होने के बावजूद स्वयं इलाज के लिये न जाकर दोनों पिता–पुत्र को भेज देना, वैसे ही सीता का असंभावी कथन 'स्वर्ण मृग के चर्म के लिए नायक राम को भेज देना' तथा लक्ष्मण के लिए –

मरम बचन सीता जब बोला

आदि को इसी के अन्तर्गत रखा जा सकता है।

अप्रत्यक्ष प्रभाव –

चूँकि नायक खलनायक और अन्य सभी सहयोगी पात्र किसी न किसी रूप में नायिका से प्रभावित या संचालित होते रहते हैं। इसलिये इस रूप में वह कथा को हेतु (कारण) की तरह प्रभावित करती रहती है। मानस में धनुष यज्ञ और सीताहरण को हेतु के क्रम में ही देखा जाना चाहिए।

3. प्रत्युत्पन्न मति –

सीता ने मानस में प्रत्युत्पन्न मती का उपयोग तब करते दिखाया गया है जब उसे श्रीराम की अनुपस्थिति में कथा को आगे ले जाना होता है। मसलन – यहाँ पर एकाध उदाहरण ही काफी होगा। प्रसंग लक्ष्मण को पर्णकुटी से बाहर करने का है। यदि सीता वैसा नहीं करती तो उसका हरण असंभव हो जाता। इसी तरह से रावण के द्वारा आकाश मार्ग से लंका लेजाते समय। बानरों के समुह को देख कर –

कहि हरि नाम दीन्ह पट डारी।

अर्थात ऐसा करके वह राम के लिए आगे का रास्ता आसान कर देती है। ताकि दर्शकों के मन में अभिनय को लेकर कोई शंका उत्पन्न न हो जाय और कथा में कौतूहल भी बना रहे ? यहाँ पर प्रश्न तो हो सकता है कि सीता को कैसे पता कि राम बानरों और इन्हीं बानरों से पता पूछेंगे ? पर हमार लक्ष्य यहाँ उन प्रश्नों का समाधान तलाशना नहीं है, अपितु सीता के प्रत्युत्पन्नमति को उजागर करना मात्र है, इसलिये हम यहाँ पर शंका समाधान न करते हुये अपने लक्ष्य की ओर अग्रसर होना चाहेगे। यही हमारे लिये उचित भी होगा। भारत में नाटक प्रायः सुखान्तक होता है। इसलिए भारतीय साहित्य में नायक–नायिका में से किसी एक का या दोनों की मृत्यु का वर्णन लगभग नहीं मिलता। मानस इसका आपवाद नहीं है।

ग. खलनायक –

खलनायक शब्द नायक के विपरीत गुणों ''खल'' के योग से बना है। खल का अर्थ ''दुष्ट' होता है। अर्थात ऐसा पात्र जो समाज के लिये मान्य मापदण्डों 'नैतिकतापूर्ण चरित्र और मान्यताओं' के विपरीत कार्य करता हो, खलनायक कहलाता है। नायक इसके विपरीत चरित्र का स्वामी होता है। समाज के याने 'सबके' हित के अनुकूल व्यवहार होने के कारण ही वह समाज का चहेता यानी हीरो बन जाता है। जबकि खलनायक मान्य परम्पराओं याने अनैतिकतापूर्ण कार्य में संलिप्तता के कारण त्याज्य हो जाता है। इसी लिये नायक और खलनायक में द्वंद होते रहता है। सामाजिक चरित्र से उपजा यह द्वंद प्रायः निजी और कभी–कभी सामाजिक दुश्मनी में परिवर्तित हो जाता है और यह तबतक चलते रहता है जब तक या तो खलनायक मारा नहीं जाता या कानूनन उसको गिरफ्तार नहीं कर लिया जाता। रामचरित मानस में तथाकथित खलनायक रावण मारा जाता है।

मानस में तुलसीदास ने रावण को खलनायक के रूप में प्रस्तुत किया है। शायद इसीलिए पाठक और नाटक के दर्शक मानस में उल्लेखित रावण के चरित्र का परीक्षण किये बगैर रावण को 'अभिमानी और दुराचारी' मान लेता है। 'रावण के चरित्र को समझने के लिए इसी पुस्तक के– ''अभिनेता राम निर्देशक तुलसी'' नामक लेख का अवलोकन किया जाना चाहिए।

फिर भी याददाश्त को ताजा करने के लिए रामचरितमानस से ही कुछ प्रसंगों को हम यहाँ पर उद्धृत करना चाहेंगे। सर्वप्रथम रावण के यज्ञविध्वंस के कारणों में रावण का निर्देश देखिये –

..............................हमरे बैरी बिबिध बरूथा।

तिन्ह कर मरन एक बिधि होई।।

द्विजभोजन मख होम सराधा। सब कै जाइ करहु तुम बाधा।

छुधा हीन बलहीन सुर, सहजेहिं मिलिहहिं आइ।

तब मारिहउँ कि छाड़िहउँ, भली भाँति अपनाइ।

राज्य विस्तार के लिए प्रायः राजा इस तरह का निर्णय लेते ही रहता था। इसलिये इसे खलनायक के गुण के तौर पर नहीं देखा जाना चाहिए। चूँकि राम साधु–संतों के हित के लिये ही अवतरित हुये हैं। इसलिये रावण से अप्रत्यक्ष ही सहीं दुश्मनी होने लगती है। यही स्वरूप प्रायः नाटकों में देखने को मिलता है। जहाँ तक रावण के अभिमानी और क्रोधी होने का सवाल है तो मानस के कथाप्रबंध के अनुसार लक्ष्मण और परशुराम रावण के बनिस्बत ज्यादा अभिमानी सिद्ध होते हैं। तथापि रचनाकार का दृष्टिकोण (जैसे नायक–नायिका के निर्धारण के लिये मान्य होता है वैसे ही खलनायक के निर्धारण में भी मान्य है) को ही मान्य किया जाना उचित होगा। मानस में तुलसीदास ने रावण के लिये 'अभिमानी' शब्द का कईयों बार प्रयोग किया है। इस दृष्टि से रावण इस नाटक का खलनायक है और वह अभिमानी पात्र है, ऐसा स्वीकार कर लिया जाना ही समीचीन होगा।

इसके लिये मानस में रावण के द्वारा यज्ञ विध्वंस कराने को पर्याप्त कारण न होने पर भी खलनायक के लिए मान्य किया जा सकता है। क्योंकि यज्ञ का संबंध ऋषि–मुनि तपस्वियों आदि से है आम जनता से नहीं। ऐसा मानने का एक प्रमुख कारण के तौर पर यह स्वीकार किया जा सकता है कि राम का अवतार ही ऋषि–मुनियों को भय रहित करने के लिये ही हुआ है। आम जनता को रावण द्वारा कष्ट दिये जाने का उल्लेख मानस में नहीं मिलता तथा राम के द्वारा यज्ञ रक्षा करने को नायक के लिए एक योग्यता मान्य किया जा सकता है क्योंकि इससे नायक का वीर एवं साहसी होना भी सिद्ध हो रहा है।

दूसरे कारण के तौर पर सीताहरण को लिया जा सकता है। कारण चाहे कोई भी हो अर्थात् कारण पर गौर नहीं करने पर सीताहरण के कारण रावण को आसानी से खलनायक ठहराया जाता है। क्योंकि ऐसा करना सामाजिक नियमों और मापदण्डों के विपरीत आचरण है। इसलिये इस कृत्य के लिये रावण को बड़ी आसानी से खलनायक ठहराया जा सकता है।

नायक के विपरीत चरित्र होने के कारण नाटकों, महाकाव्यों और उपन्यासों में खलनायक की उपस्थिति से ही कथा में नायक के नायकत्व उभर पाता है। इसलिये नाटक में उसकी महती उपयोगिता

स्वीकार किया गया है। रामचरितमानस में भी खलनायक रावण के ही कारण कथा में उत्साह बना हुआ था। जोकि उनके वध के साथ शिथिल पड़ जाता है। इसीलिये तुलसीदास को आगे के कथाविस्तार के लिये आदर्श राज्य याने "राम राज्य" की कल्पना तथा मनुष्य के हितकारी नीति और ज्ञान उपदेशक चर्चा के साथ ही साथ कागभुसुण्डि गरूड़ संवाद की कथा को जोड़कर काम चलाना पड़ गया है।

घ. अन्य पात्र (सहयोगी पात्र) –

नाटकों में नायक–नायिका और खलनायक के अतिरिक्त अनेकानेक अन्य सहयोगी पात्र भी होते हैं जिनसे कथा को विस्तार माने गति मिलती रहती है। उनमें से एकाध पात्र कथा में प्रारंभ से लेकर अन्त तक भी हो सकता हैं। जबकि इस प्रकार के प्रायः पात्र रंगमंच में कुछ समय के लिए ही उपस्थित होकर कथा को गति देकर लुप्त हो जाते रहे हैं। रामचरितमानस में भी दोनों तरह के सहायक पात्रों का समायोजन हुआ है। उनमें से –

पहला है –

कथा में नायक के साथ आदि से अंत तक बने रहने वाले पा्त्र। इस तरह के पात्र मानस में केवल एक ही है और वह है लक्ष्मण। कहने का मतलब यह कि मानस में लक्ष्मण ही एकमात्र ऐसे सहायक पात्र हैं जो नायक राम के साथ कथावस्तु के विस्तार में कथा प्रारंभ होने से लेकर अन्त तक माने कथा की समाप्ति तक बने हुये रहते हैं।

दूसरा है –

इसके अंतर्ग हम मानस के ऐसे शेष बचे सभी पात्रों को रखकर देख सकते हैं जो समयानुसार कथावस्तु के रंगमंच में उपस्थित होकर अपनी प्रस्तुति दे–देकर लुप्त या कहें कुछ समय के लिये लुप्त होते गये हैं। इनका भी दो वर्ग किया जा सकता है।

एक –

एक ही बार उपस्थित होकर अपनी भूमिका निभाने वाले पात्र–

ऐसे पात्र जो कथावस्तु के विस्तार में एक ही बार उपस्थित हुए और अपनी भूमिका निभाकर लुप्त हो गए। इनके भी दो प्रकार गिनाए जा सकते हैं। जिनमें पहले प्रकार के पात्रों में मानस के उन सभी पात्रों को रखा जा सकता है, जो अत्यल्प समय के लिए उपस्थित होकर भूमिका निभा चुके है। जैसे– परशुराम, मंथरा, केवट, बाली, सूर्पनखा, खरदूषण, मैंनाक, सुरसा, कुम्भकर्ण, शबरी या अन्यान्य ऋषि–मुनि और दूसरा उनसे अधिक समय तक उपस्थित रहकर भूमिका निभाने वाले पात्र। इस तरह के पात्रों में उन सभी पात्रों को शामिल किया जा सकता है जो कथावस्तु के विस्तार में अपेक्षतया ज्यादा समय तक उपस्थित रहकर अपनी भूमिका निभाए हैं। इस तरह के पात्रों में – सुग्रीव, अंगदादि बानर सेना, जिसमें हनुमान ने तो एक पूरे काण्ड माने सुन्दरकाण्ड में नायकत्व की भूमिका भी निभा चुके हैं।

दूसरा –

दो–बार या उससे भी ज्यादा बार उपस्थित होकर अपनी भूमिका निभाने वाले पात्र–

इसके अंतर्गत हम मानस के उन पात्रों को ले सकते हैं, जिन्होंने कथावस्तु के विस्तार में दो या उससे अधिक बार उपस्थित होकर अपनी भूमिका निभाते रहे हैं। इस तरह के पात्रों में भरत के अतिरिक्त सुमंत, वशिष्ट, मंदोदरी, मेघनाद, विभीषण इत्यादि का नाम गिनाया जा सकता है।

ङ.– सूत्रधार –

आवश्यकतानुसार प्रायः नाटकों में सूत्रधार की भी योजना की जाती हैं। सूत्रधार नाटक में उन जगहों पर उपस्थित होता है, जहाँ पर कथावस्तु में संकेत की स्थिति बनी होती है। वहाँ पर सूत्रधार मंच में उपस्थित होकर अभिनय के लिये लुप्त तथ्यों को मुख्य कथा के साथ संबद्ध कर उसे दर्शकों को अवगत कराते हुये कथा के सूत्र को जोड़ता रहता है। यद्यपि मानस में कथावाचक माने सूत्रधार चार हैं –

1. शिव
2. काकभुशुंडि

3. जागबलिक
4. और स्वयं तुलसी

शिव चूँकि पौराणिक और स्वयं ईश्वररूपा पात्र हैं, जिसका उपयोग तुलसीदास जी ने रामचरितमानस को जनमानस में स्वीकार्य बनाने, राम को ईश्वरीयता प्रदान करने तथा विशाल और प्रभावी शैव्य सम्प्रदाय को मानस के विरोध से बचाकर उनका समर्थन प्राप्त करने के लिए किया था। जिसे समीक्षकों ने तुलसी का समन्वयवाद या समन्यवादी दृष्टिकोण नाम दे दिया है। इसके लिये क्यों का सवाल खड़ा कर अलग से विवेचना किया जा सकता है पर हमारा उद्देश्य फिलहाल मानस नामक नाट्यरूप ग्रंथ में केवल सूत्रधार के स्वरूप को बताना भर है, इसलिये उसकी चर्चा हम यहाँ पर नहीं करना चाहेंगे।

रामचरितमानस में सूत्रधार की भूमिका में कभी शिव, पार्वती के साथ संवाद करते उपस्थित होते हैं तो कभी कागभुशुण्डि जी गरुड़ के साथ तो कभी तुलसीदास श्रोताओं के साथ कथा सुनाते हुये उपस्थित होते रहते हैं। जागबलिक मुनि को भी मानस में कहीं–कहीं सूत्रधार की तरह उपस्थित होते दिखाया गया है। चूँकि मानस में तुलसी और शिव को ही ज्यादातर सूत्रधार की तरह उपस्थित होते देखा गया है इसलिए हम विशेष रूप से दोनों का उदाहरण देना चाहेंगे। बात को समझने के लिये पूर्व में दिये उदाहरण जिसमें तुलसीदास उपस्थित हो रहे हैं, को पुनः सामने रख कर समझा जा सकता है। प्रसंग श्रीराम के द्वारा सीता को पार्ट अदा करने के लिये समझाये जाने के समय का है। देखिये–

जबहिं राम सब कहा बखानी। प्रभु पद धरि हियँ अनल समानी।

निज प्रतिबिंब राखि तहँ सीता। तैसइ सील रूप सुबिनीता।

राम ने जो कुछ किया उसकी जानकारी लक्ष्मण को नहीं था। इस बात को तुलसीदास सूत्रधार की भूमिका निभाते हुये मंच में अर्थात् कथा के बीच में श्रोताओं के बीच आकर अर्थात् दर्शकों को बता रहे हैं कि –

लछिमनहूँ यह मरमु न जाना। जो कछु चरित रचा भगवाना।

यद्यपि शंभू माने शिव एक पौराणिक पात्र है, उसे भी तुलसीदास ने जगह–जगह पौराणिक पात्र ही पार्वती के साथ संवाद करते बतौर

सूत्रधार उपस्थित कर दिया है। सूत्रधार की भूमिका में शिव जी के कुछ कथन देख लीजिए, जब हनुमान निर्भीक होकर लंका में प्रवेश कर शौर्य प्रदर्शन कर रहे होते है तब उसके इस प्रदर्शन पर उमा के बहाने दर्शकों को समझा देते हैं कि –

उमा न कछु कपि के अधिकाई। प्रभु प्रताप जो कालहिं खाई।

सुन्दरकाण्ड–दोहा क्रमांक–2 के बाद की चौपाई संख्या–5

यह इसलिए समझा रहे हैं कि हनुमान को इस प्रकार से शक्ति प्रदर्शन करते देख कही दर्शक श्रीराम को नजरअंदाज न कर दें।

एक और उदाहरण देखिए जब हनुमान को अशोक वाटिका में मेधनाद नागफाँस से बाँध लेता है। हनुमान जो राम का दूत है उसके इस प्रकार से बंध जाने से दर्शकों के मन में रामनाम की महिमा को लेकर संदेह उत्पन्न हो सकता है। इसलिए उस प्रसंग की व्याख्या करते हुए शिवजी सूत्रधार की भूमिका में पार्वती के बहाने मानस के दर्शकों को बता रहे हैं कि –

जासु नाम जपि सुनहु भवानी। भव बंधन काटहिं नर ज्ञानी।

तासु दूत कि बंध तरु आवा। प्रभु कारज लगि कपिहिं बंधावा।

सुन्दरकाण्ड–दोहा क्रमांक–19 के बाद की चौपाई संख्या–2

बचे दो और में से एक कागभुशुण्डि और गरुढ़ की जोड़ी जिसमें कागभुसुण्डि सूत्रधार और गरुड़ श्रोता माने दर्शक वृंद तथा ये दोनों ही पात्र पौराणिक माने काल्पनिक पात्र हैं, जबकि मानस के अंतिम बचे सूत्रधार जागबलिक और उसके श्रोता भारद्वाज ऐतिहासिक पात्र हैं।

3. चरित्र चित्रण –

चरित्रचित्रण भी नाटक का एक महत्वपूर्ण तत्व है। नाटक में पात्रों के चरित्र–चित्रण उनके कृत्य से स्वमेव हो जाता है। जैसे मानस में राम, रावण सीता, लक्ष्मण, कैकेई, हनुमान, अंगद, सुग्रीव, परशुराम, विभीषण, त्रिजटा इत्यादि अन्यान्य सभी पात्र अलग–अलग भूमिका में आवश्यकता के अनुसार उपस्थित होकर अलग–अलग चरित्रांकन प्रस्तुत करते रहे हैं।

सामान्यतः जिस तरह से नाटकों में पात्रों के क्रियाकलापों से ही पात्र का चरित्र उभरते रहता है उसी तरह से रामचरितमानस में भी मानस के पात्रों के क्रियाकलापों से ही उनके चरित्र का चित्रण भी हो रहा है। जैसे राम जब शिव धनुष को आसानी से तोड़ देते हैं जिसे उपस्थित कोई भी राजा नहीं तोड़ सका था तब उससे राम के शक्तिशाली होने का पता चलता है और जब विश्वामित्र के साथ जाकर यज्ञ विध्वंस को रोक देते हैं तब उनके वीर होने के साथ–साथ साधू–संतों के शुभचिंतक चरित्र का भी पता चलता है। इसी तरह से जब राम पिता दशरथ की आज्ञा से वनगमन को चले जाते हैं तब उनके आज्ञाकारी पुत्र होने के 'चरित्र' का पता चलता है। लेकिन मानस में राम के कुछ कार्य ऐसे भी रहे हैं जिनसे उनके चरित्र के कमजोर पक्ष का भी ज्ञान हो रहा है। जैसे छुपकर बाली का वध करना और सूर्पनखा का 'स्त्री होने के बाद भी' नाक–कान काटने के लिए लक्ष्मण को प्रेरित करना (भारत में जहाँ स्त्रियों पर बल प्रयोग वर्जित रहा है 'महाभारत में भीष्म पितामह ने इसीलिए नारी स्वरूपा श्रीखण्डी के सामने आ जाने पर वार करना तो दूर धनुष ही रख देता हैं) इस प्रसंग में सूर्पनखा का अंगभंग सामान्यजन के लिये भी अशोभनीय हो सकता था। ऐसे में ऐसे राजवंश जिसके बारे में जनकपुर में धनुष यज्ञ के समय हुँकार भरते हुये लक्ष्मण ने कहा है कि –

रघुबंसीन महँ जहाँ कोई होई। तेहि समाज अस कहै न कोई।

जैसे वीरशिरोमणि द्वारा हुए अशोभनीय, कृत्य का चरित्रांकन तो हो ही रहा है। यही नहीं सामान्य परंपरा के विपरीत राम ने सूर्पनखा जो नाटक के तथाकथित खलनायक रावण की बहन है का नाक–कान काटकर दुश्मनी की शुरुआत भी कर रहे है। जबकि औसतन चाहे नाटक हो या उपन्यास सभी में दुश्मनी की शुरुआत खलनायक के द्वारा किया जाना पाया जाते रहा है पर यहाँ तो रचनाकार तुलसीदास ने नाट्य परम्परा (इसमें फिल्मों को भी शामिल किया जा सकता है) के विपरीत नायक पक्ष से ही करवाया दिया गया है। तो क्या इसे भी नायक के चरित्र का एक कमजोर पक्ष मान लिया जाय ? नायक के द्वारा खलनायक से रार की शुरुआत की बात तुलसी की ही पंक्ति से उजागर हो रहा है। देखिये उन्हीं की पंक्ति –

ताके कर रावन कहँ, मनौ चुनौती दीन्हिं।

अभी तो रावण सीता का हरण भी नहीं किया है, फिर चुनौती किस बात की ?

उपरोक्त पंक्ति काव्य की दृष्टि से अलंकारिक (उत्प्रेक्षा अलंकार) होने का एक उदाहरण तो हो सकता। क्योंकि मानस की रचना मूलतः काव्य के लिए ही हुआ है नाटक के लिए नहीं। इसीलिए यह प्रसंग अर्थ पक्ष की दृष्टि से एक स्वतंत्र और विस्तृत व्याख्या की माँग करता है, जो वर्तमान संदर्भ में हमारे लिये संभव नहीं है। क्योंकि तब हमारे लिये विषयान्तर हो जाने का खतरा है और हम ऐसा नहीं होने देना चाहते। तथापि तुलसी के ऐसा करने से लक्ष्मण के चरित्र का एक कमजोर पक्ष भी उजागर हो गया है, भले ही वह राम के कहने या 'इशारे' पर किया गया क्यों न हो। पंक्ति देखिये –

सीतहिं सभय देखि रघुराई। कहा अनुज सन सयन बुझाई।

संकेत मिलते ही आज्ञाकारी भाई ने....

लछिमन अति लाघवँ सो, नाक कान बिनु कीन्हि।

फिर भी लक्ष्मण के इस कृत्य से भाई के प्रति सम्मान और आज्ञा पालक के गुण या 'चरित्र' तो उजागर हो ही रहा है।

इसी तरह से भरत के द्वारा राम के आज्ञा से वनवास तक अयोध्या का राजपाठ राजसिंहासन पर राम के खड़ाऊ को रखकर संभालने में भरत का भाई राम के प्रति आज्ञाकारी होने के साथ उसके भ्रातृत्व प्रेम होने सबंधी चरित्र का अंकन स्वमेव हो रहा है।

नाटक में चरित्रचित्रण का एक और तरीका अपनाया जाता है वह है– जब एक पात्र दूसरे पात्र के बारे में कुछ कहता है तब स्वभाविक रूप से उस पात्र का चरित्रांकन हो जाता है। मानस से इस तरह के चरित्रांकन का कुछेक उदाहरण देखें –

रावण की व्यंग्योक्ति –

तुम्हरे कटक माझ सुनु अंगद। मो सन भिरिहि कवन जोधा बद।

के उत्तर में अंगद ने राम, सुग्रीव और हनुमान की वीरता का चरित्रांकन रावण की शैली 'व्यंग्य' में इस प्रकार प्रस्तुत किया है –

सत्य नगर कपि जारेउ बिनु प्रभु आयसु पाइ।

फिर न गयउ सुग्रीव पहिं, तेहि भय रहा लुकाय।

नोट– रावण और अंगद संवाद जिसमें वक्रोक्ति है उसे आचार्य रामचन्द्र शुक्ल के अनुसार काव्य के जिसे उन्होंने 'चमत्कारवाद' कहा है के अंतर्गत रखकर भी देख और समझ सकते हैं। इसे आप आचार्य रामचन्द्र शुक्ल के चिंतामणि नामक निबंध संग्रह में–कविता क्या है पृष्ठ संख्या– 111 में चमत्कारवाद में देख सकते हैं।

इसी तरह से रावण का चरित्रांकन विभीषण के कथन से –

तैं सुर नर मुनि नाग बिरुद्धे।

कहने से रावण के स्वभाव माने 'चरित्र' का ज्ञान तो हो ही रहा है।

जब सूर्पनखा रावण के पास जाकर अपने नाक–कान काटे जाने का बदला लेने के लिये रावण को उकसाती है, तब उस समय वह राम की वीरता का भी चरित्रांकन कर ही रही होती है। पंक्ति देखिये –

अवध नृपति दशरथ के जाए। पुरुष सिंह बन खेलन आए।

तथा –

अतुलित बल प्रतापद्वौ भ्राता। खल बध रत सुर मुनि सुख दाता।

सूर्पनखा अपने कथन के अंत में जानबूझ कर सीता के सौन्दर्य का बखान भी करती है। ताकि रावण शत्रु के नाते युद्व न भी करे तो नारी सौन्दर्य ही सही के वशीभूत होकर राम के साथ युद्ध अनिवार्य रुप से करे पर नाट्यशास्त्र की दृष्टि से देखने पर हमें सीता के सौन्दर्य का बखान शत्रु पक्ष की सूर्पनखा के द्वारा होना पाया जा रहा है। पंक्ति देखिये –

तिन्ह के संग नारि एक श्यामा

कभी–कभी पात्र के स्वयं के कथन से भी चरित्रचित्रण हो जाता है। मानस में भी इस पद्धति को अपनाया गया है। एक उदाहरण देखिए जिसमें रावण अपने बलशाली होने का बखान स्वयं कर रहा है –

रावन नाम जगत जस जाना। लोकपाल जाके बंदीखाना।

इसी तरह का चरित्र चित्रण तुलसीदास ने परशुराम प्रसंग में परशुराम से भी करवाया है। देखिए मानस में ही जब परशुराम का लक्ष्मण से विवाद हो जाता है तब वह अपने ही चरित्र का बखान रावण वाले प्रसंग की तरह ही कर रहा है –

बालकु बोलि बधउँ नहिं तोही। केवल मुनि जड़ जानहिं मोहीं।

बाल ब्रम्हचारी अति कोही। बिस्व बिदित छत्रियकुल द्रोही।

भुजबल भूमि भूप बिनु कीन्ही। बिपुल बार महिदेवन्ह दीन्ही।

सहसबाहु भुज छेदनिहार। परसु बिलोकु महीपकुमारा।

बालकाण्ड, दोहा क्रमांक–271 के बाद की चौपाई संख्या–3–4

इसके अतिरिक्त कभी–कभी किसी पात्र के वेश–भूषा में भी उसके माने पात्र के चरित्र अर्थात् स्वभाव को भी बता दिया जाता है। तुलसीदास ने मानस में ही परशुराम के स्वभाव को उसके वेश–भूषा में ही दिखा दिया है। देखिए परशुराम के स्वभाव को रेखांकित करता मानस की पंक्ति –

सीस जटा ससिबदनु सुहावा। रिसबस कछुक अरुन होइ आवा।

भृकुटी कुटिल नयन रिस राते। सहजहुँ चितवत मनहुँ रिसाते।

बृषभ कंध उर बाहु बिसाला। चारु जनेउ माल मृगछाला।

बालकाण्ड, दोहा क्रमांक–267 के बाद की चौपाई संख्या–3–4

नोट– तुलसी के इस वर्णन को आप नाटक में रचनाकार के कर्तब्य जिसमें वह पात्रों की वेश–भूषा कैसी हो, को सूचित करता है या कहें लिखता भी है के प्रसंग से जोड़कर देख और समझ सकते हैं।

और अंत में तुलसीदास परशुराम के वेश–भूषा पर अपना अभिमत दे कर उनके चरित्र को ही रेखांकित करते हुए कह माने लिख रहे है कि –

सांत बेसु करनी कठिन, बरनि न जाइ सरूप।

धरि मुनितनु जनु बीर रसु, आयउ जहँ सब भूप।

बालकाण्ड, दोहा क्रमांक–269

अनेक बार रचनाकार भी पात्र के चरित्र का अंकन स्वयं कर देता है। जैसे मानस में ही तुलसीदास ने किया है। तुलसीदास ने मानस में रावण को मूर्ख और अभिमानी चरित्र का व्यक्ति बताया है। एक उदाहरण देखिये –

गर्जेउ मूढ़ महा अभिमानी।

वहीं राम को कोमल स्वभाव का तथा दयालु किस्म का चित्रित किया है। उदाहरण देखें –

कोमल चित रघुवीर कृपाला।

कहने का तात्पर्य यह कि रामचरितमानस नाट्यशास्त्र के मान्य चरित्र चित्रण की दृष्टिकोण से भी परिपूर्ण है।

4. संवाद –

संवाद नाटक का प्राण है। क्योंकि नाटक में कथाविस्तार पात्रों के द्वारा बोले गये संवादों से होता है। यह अलग बात है कि कथा की माँग, परिस्थिति, पात्रों की योग्यता और कभी–कभी उनकी मनःस्थिति के अनुसार शैली में बदलाव भी होते रहता है। रामचरित मानस में भी संवाद के उपरोक्त स्थितियाँ सर्वत्र विद्यमान हैं।

वैसे तो मानस में कथाविस्तार छोटे–बड़े संवादों से होते रहा है। जिसमें उल्लेखनीय तथा चर्चित संवादों में परशुराम संवाद हनुमान रावण संवाद तथा अंगद रावण संवाद को लिया जा सकता हैं। इसके अतिरिक्त और भी छोटे बड़े संवाद रामचरित मानस में विद्यमान हैं। चूँकि मानस के पाठक उन संवादों से भली–भाँति परिचित हैं इसलिये उन्हें दुहराने की आवश्यकता हम महसूस नहीं कर रहे है। फिर भी

उदाहरण के तौर पर परशुराम संवाद का एक दृष्य देखिये जब राम द्वारा शिव धनुष तोड़ने के उपरांत परशुराम के आगमन के पश्चात् टूटे हुए शिव धनुष को देखने के साथ शुरू हो जाता है। जब परशुराम जनक से क्रोधित हो कर पूछते हैं कि –

कहु जड़ जनक धनुष कै तोरा।

का उत्तर स्थिति की नजाकत को समझते हुए तुलसीदास जी ने राम से ही पहले दिलवा दिया है। जोकि न केवल बेहद ही प्रासंगिक सिद्ध हुआ है, बल्कि तुलसी के सफल लेखन क्षमता का भी परिचायक बन गया है। संवाद देखिये –

नाथ संभुधनु भंजनिहारा। होइहिं केउ एक दास तुम्हारा।

चूँकि परशुराम से कोई भी राजा उलझने की हिमाकत नहीं कर सकता था। इसलिए राम से उत्तर दिलवाये जाने में तुलसीदास का बुद्धिचातुर्य स्पष्ट झलक रहा है। इसे परिस्थितिसाम्य भी कहा जा सकता है और शैली को परशुराम के व्यक्तित्व 'क्रोधी स्वभाव' को व्यक्त करनेवाला कहा जा सकता है। तत्संबंधी पंक्ति देखिए –

होइहिं केउ एक दास तुम्हारा।

इस कथन को अतिविनम्रता से युक्त भावाभिव्यक्ति में सक्षम शैली करार दिया जा सकता है। वहीं बात का बतंगड़ बन जाने पर तुलसीदास जी ने लक्ष्मण के लिए जिस संवाद–शैली का सृजन किया है उसमें व्यंग्योक्ति और चुनौती युक्त ओज गुण से परिपूर्ण कर दिया है, जो क्रमशः रौद्र रूप धारण करते नजर आता है। ऐसा सृजन करके तुलसीदास ने एक प्रकार से अपने रचना कौशल की दक्षता का भी परिचय दे दिया है। यह संवाद दर्शकों को सांस थामें रहने के लिये मजबूर करने में सक्षम है। देखिये परशुराम के कथन –

मातु पितहि जनि सोचवश करसि महीपकिसोर।

गर्भन्ह के अर्भक दलन, परसु मोर अति घोर।

के उत्तर में प्रतिसंवाद देखिये –

बिहसि लखन बोले मृदु बानी।

बिहंसि माने थोड़ा 'हँसते हुए'......

कल्पना करें कोई आप पर तमतमा रहा हो और आप उस पर मुसकुरा रहे हों तो उसका क्रोध करने वाले पर क्या प्रभाव पड़ेगा ? जैसे "बिहसि लखन बोले मृदु बानी" कह कर परशुराम के लिए कर दिया गया है। इसी लिए संवाद आगे रौद्र रूप धारण करने लगता है, जोकि स्वभाविक है। आगे लक्ष्मण का संवाद देखिये –

अहो मुनीसु महा भटमानी।... ।

पुनि पुनि मोहि देखाव कुठारु। चहत उड़ावन फूँकि पहारू।

इहाँ कुम्हड़बतिया कोउ नाहीं। जो तरजनी देखि मरि जाहीं।

नाटकों में प्रायः नाटककार इस बात का भी उल्लेख कर देता है कि पात्र की भावभंगिमा संवाद बोलने के समय कैसी हो इसका निरुपण भी तुलसीदास ने पहले ही "बिहसि लखन" लिखकर दे दिया है ताकि लक्ष्मण का अभिनय कर रहे पात्र संवाद बोलने के पहले चेहरे में हँसी और 'ओठों में मुस्कुराहट' ला सके अर्थात लक्ष्मण बने पात्र होंठो में हँसी लाये हुये स्थिति में ही संवाद बोलेगा। तभी संवाद का प्रभाव विपक्षी पात्र 'परशुराम' पर सही पड़ेगा और आगे के संवाद के लिए यही भाव असर छोड़ सकेगा मानस में वही असर होता दिख भी रहा है। ऐसी स्थिति में दर्शकों का रससिक्त या भावविभोर होना स्वभाविक है। नाटककार ऐसे में ही तादात्म्य की स्थिति को प्राप्त कर नाटक को सफल बना देता है। इस दृष्टि से मानस की सफलता में किसी को संदेह नहीं होना चाहिए।

उपरोक्त विश्लेषण से यह बात सिद्ध हो जाती है कि तुलसीदास नाट्यशास्त्र की बारीकियों से परिचित ही नहीं पारंगत भी रहे हैं। यही सब नाट्यशास्त्र की बारिकियाँ हैं जो मानस में सर्वत्र विद्यमान है और वही मानस को एक सफल नाट्यरचना सिद्ध करता है। हमें लगता है कि उपरोक्त विश्लेषण और निष्कर्ष के बाद संवाद के लिये और अन्य किसी संवाद की चर्चा और उदाहरण की आवश्यकता नहीं है। ऊपर के उदाहरण के परिपेक्ष्य में यह दृढ़ता के साथ कहा जा सकता है कि संवाद की दृष्टि से रामचतिमानस एक सफल नाट्यरचना है।

5– देश, काल और वातावरण

नाटक के इस तत्व में तीन तत्वों को एक साथ जोड़कर समझा और अध्ययन किया जाता है। जिसमें –

पहला– देश

इसका आशय यह है कि नाटक में जिस कथावस्तु को मंचन के लिए तैयार किया गया है उसका संबंध किस देश और स्थान –'शहरी या ग्रामीण जीवन' से ताल्लुक रखता है, से समझा जाता है। इस दृष्टि से देखें तो सामान्यतः मानस का कथाप्रबंध प्रचीन भारत भूमि से ताल्लुक रखता प्रतीत होता है। तब भारत आर्यावर्त कहलाता था और जहाँ तक स्थान – शहरी या ग्रामीण से संबंध का सवाल है –

प्रथम –

जब तक राम अयोध्या या जनकपुर में रहे हैं तबतक उसका संबंध शहरी कह सकते हैं क्योंकि अयोध्या राजा दशरथ की और जनकपुर राजा जनक की राजधानी रहा है। लेकिन बनवास का काल पूरी तरह से जंगली याने अति ग्रामीण रहा है। जहाँ राम और उससे मिलने वाले सब के सब या तो आश्रम में रहनेवाले ऋषि–मुनी थे जिन्हें ज्ञानी की श्रेणी में रख कर प्रबुद्ध कहा जा सकता है जिसे ज्ञान और संस्कार आदि की दृष्टि से शहरी भी कहा जा सकता हैं। बाकी को ग्रामीण कहना ही उपयुक्त होगा।

द्वितीय –

वानरादि के प्रसंग को अति ग्रामीण कहना ज्यादा उपयुक्त होगा। बनवास के समय की वेश–भूषा गेरुई वल्कल रहा है। तुलसीदास ने राम के वेश–भूषा के संबंध में मानस में ही लिखा है –

तापस बेस बिसेस उदासी। चौदह बरस राम बनवासी।।

अर्थात् केवल बनवास काल में राम का अभिनय कर रहे पात्र वल्कल वसन में रहेगा। शेष अवधि के फिल्मांकन में शहरी या कहें राजसी वेष–भूषा का उपयोग करेगा।

यदि राम के लिये वेश–भूषा निर्धारित कर दिया गया था तब स्वाभाविक है उनके साथ उनका अनुकरण करने वाने लक्ष्मण और सीता की वेश–भूषा भी वही होगा जो राम के लिये निर्धारित है।

दूसरा काल –

काल से तात्पर्य है नाटक में वर्णित कथावस्तु का समय, गणना के अनुसार किस काल का है से है। सामान्यतः राम कथा का संबंध भारतीय मान्यता के अनुसार त्रेतायुग से है। भारतीय पौराणिक कथानकों के अनुसार मानव इतिहास को 4 खण्डों में विभक्त किया गया है।

1. सतयुग
2. त्रेता युग
3. द्वापर युग और
4. कलियुग।

त्रेतायुग की अवधारणा पौराणिक होने के कारण काल्पनिक है। तुलसीदास ने राम कथा का संबंध त्रेतायुग से माना है। देखिये मानस की पंक्ति –

एक बार त्रेता युग माहीं। संभु गये कुम्भज रिसी पाँही।।

के बाद से रामावतार की कथा का प्रणयन होता है।

तथ्यात्मक आधार पर गणना करने पर यह समय आज से हजारों, हजार वर्ष ही नही लाखों वर्ष पुराना हो जाता है। उस काल के मानव जीवन और उसके रहन–सहन का आज कोई पुख्ता प्रमाण हमारे पास नहीं है। इस आधार पर मानस का मंचन मुश्किल हो जायेगा। जबकि गंभीरता से अध्ययन करने पर राम का काल वैदिक काल माने वेद रचना के बाद के काल का ठहरता है।

इसलिये मानस के मंचन में उस काल के वातावरण और वेशभूषा का उपयोग किया जा सकता है। शायद यही वजह है कि रामानंद सागर ने भी इसका फिल्मांकन लगभग उसी काल के परिवेश में ही कर दिया है।

तीसरा–वातावरण –

वातावरण से तात्पर्य नाटक में वर्णित कथा के समय के सामाजिक और सांस्कृतिक वातावरण से है। मानस में वर्णित समस्त सामाजिक वातावरण आधुनिक समाज के रीति–रिवाज और परम्पराओं से मेल खाता है। जैसे राम के विवाह का ही प्रसंग जो रामचरितमानस में वर्णित है, देख लीजिये –

प्रमुदित मुनिन्ह भाँवरी फेरी। नेगसहित सब रीत निबेरीं।

यहाँ नेगसहित सब रीत निबेरीं पर गौर कीजिये। सब रीत आज की प्रचलित रीति की ओर ही संकेत कर रहा है। त्रेतायुग में ब्याह के समय की रीति का तो पता नहीं है ? तब ऐसी स्थिति में कोई भी समझदार इस तरह के तुलनात्मक 'सब' का उल्लेख कैसे कर सकता है ? क्योंकि 'सब' में यह बात नीहित है कि कोई भी नेग की रीति छूटी नहीं है। वास्तव में छूटने की बात भी वही व्यक्ति कर सकता है या पूछ सकता है जो प्रायः सभी वैवाहिक रीतियों को जानता हो। जबकि पौराणिक त्रेतायुग में विवाह में लोकप्रचलित नेग का किसी को भी ज्ञात नहीं है। ज्ञात तो यह भी नहीं है कि क्या उस काल में मानव विवाह भी करता था या नही ?

ऐतिहासिक प्रमाणों के अनुसार मनुष्य में विवाह का प्रचलन भी कुछ ही हजार साल का है। अधिक से अधिक वैदिक युग के कुछ ही सौ साल पहले हड़प्पा सभ्यता के समय से। ऐसे में नेग सहित सभी वैवाहिक रीति का पालन होना समझ के परे है। कहने का तात्पर्य यह कि भले ही तुलसीदास ने यह कह कर –

एक बार त्रेता जुग माहीं। संभु गए कुंभज रिषि पाहीं।

तेहि अवसर भंजन महिभारा। हरि रघुवंस लीन्ह अवतारा।

कह कर राम कथा को त्रेतायुग का बता दिया हो पर सामाजिक रीतिरिवाज और परम्पराओं को आधुनिक ही रखा है माने अपने ही समय में। इस तथ्य को साहित्य समाज का दर्पण है के आलोक में भी सही और प्रासंगिक ठहराया जा सकता है और मानस का यही तथ्य राम के प्राचीन होने पर सीधा सवाल खड़ा करता है।

और भी –

करि लोक बेद बिधानु कन्यादानु नृपभूषन कियो।

हद हो गई "बेद बिधानु" भी कह दिया। बैदिक काल मात्र कुछ हजार साल पुराना है। त्रेतायुग से उसका क्या संबंध ? मानस में बेद–बिधान या बेद सम्मत बातों का उल्लेख जगह–जगह हुआ है। जबकि वेद कुछ हजार साल की ही रचना है भारत में आर्यों के आगमन के बाद की। यह तथ्य भी राम के पौराणिक मान्यता के त्रेतायुगीन होने पर संदेह ही नहीं बल्कि उसे पूरी तरह से अमान्य माने 'रिजेक्ट' घोषित करता है। इसीलिए तुलसीदास वेद सम्मत कह रहे हैं।

अस्तु राम के काल माने त्रेतायुग की सत्यता को समझने के लिये हमारे द्वारा निर्धारित इसी पुस्तक के "तुलसी के कलियुग माने" नामक सवाल नम्बर–तीन का अवलोकन किया जाना चाहिये।

यहि नहीं तुलसीदास जी ने –

1. नाउ बारी भाट नट, राम निछावरि पाइ।

2. राम सीय सिर सेंदुर देहीं

3. कहि न जाइ कछु दाइज भूरी।

लिख कर वर्तमान लोक रीति और परम्परा को ही समाहित कर दिया है। ताज्जुब है फिर भी कथावाचक टीकाकार आदि तुलसी की तरह भावविभोर होकर तथ्य से मुँह फेरे हैं और रंगमंच में भी दर्शक संदेह तक नहीं कर रहे हैं ? कैसे करेंगे ? लोग तो जनक जी के द्वारा प्रायोजित 'जेवनार' का आनंद उठा रहे हैं।

इसके पहले शंकर विवाह में भी तुलसीदास ने दहेज दिए जाने का उल्लेख कर चुके हैं। मानस की तत्संबंधी पंक्ति देख लीजिए –

दासीं दास तुरग रथ नागा। धेनु बसन मनि बस्तु बिभागा।

अन्न कनकभाजन भरि जाना। दाइज दीन्ह न जाइ बखाना।

बालकाण्ड, दोहा क्रमांक–100 के बाद की चौपाई संख्या–4

भला इन्हें कौन बताये कि नाउ, बारी, दहेज आदि आधुनिक परम्परा है। वैसे तुलसीदास ने मानस की रचना जैसा कि उन्होंने स्वयं ही लिखा है–

संबत सोलह सै एकतीसा

के से करना प्रारंभ किया था। यह समय भारत में मुगलों का रहा है और प्रायः इसी काल के रीति–रिवाजों का उल्लेख राम और शंकर विवाह में हो गया है।

जैसा कि रामानंद सागर ने भी फिल्मांकन किया है, उसे देखकर तो यही लगता है कि राम कथा के रीति, रिवाज और परम्परा सब जाना–पहचाना सा ही है। कुल मिलाकर यही कहा जा सकता है कि देश, काल और वातावरण की अभिव्यक्ति मानस में विद्यमान हैं पर थोड़ा हेरफेर के साथ।

6. भाषा–शैली –

भाषा–शैली मनुष्य की सभ्यता की पहचान है। यदि मनुष्य सृष्टि के अन्य प्राणियों से श्रेष्ठ बन सका है तो वह भाषा–शैली के कारण ही है। इसका मतलब यह भी नहीं है कि अन्य प्राणियों की भाषा नहीं होती। अन्य प्राणियों की भी अपनी–अपनी भाषा होती है। यह बात तुलसीदास ने भी स्वीकार किया है। तभी तो उन्होंने मानस में ही लिखा है –

खग जाने खगही की भाषा।

स्वभाविक है कि यदि पक्षी, पक्षियों की भाषा समझता है, तो शेर, शेर की या हाथी–हाथियों की भाषा समझता है, तभी ये जन्तु अपना निर्वहण कर पाते हैं। जब हम मानव भाषा की बात करते हैं तब स्वभाविक रूप से अन्य प्राणियों से समुन्नत भाषा का ही नहीं अपितु लिपि को भी उसमें शामिल कर रहे होते हैं और जब हम लिपि को समाहित करते हुए भाषा की बात कर रहे हैं तो अन्य प्राणियों से एकदम अलग भाषा की बात कर रहे हैं। जिसकी तुलना किसी भी स्थिति में अन्य प्राणियों की भाषा से नहीं किया जा सकता।

प्रायः यह भी देखा जाता है कि सभ्य और संस्कारिक लोगों की भाषा–शैली असंस्कारिक लोगों की भाषा–शैली से भिन्न होती है। नाटक में भी इसी बात को ध्यान में रख कर अर्थात् पात्र की शिक्षा, संस्कार और हालात के अनुसार रचनाकार भाषा–शैली की रचना करता है। तुलसी का मानस इसका अपवाद नहीं है। पूर्व में ही प्रसंगानुसार हमने मानस में प्रयुक्त हुये भाषा–शैली पर चर्चा कर चुके हैं, इसलिए पुनरुक्ति दोष से बचते हुए उसपर ज्यादा चर्चा नहीं करना चाहेंगे। फिर भी जानकारी के लिए बता दें कि मानस की भाषा–साहित्यिक अवधी है। हिन्दी में निर्गुण भक्तिशाखा के प्रेममार्गी शाखा के कवि जायसी ने भी अपनी रचना "पद्मावत" में अवधी भाषा का प्रयोग कर चुके हैं। लेकिन पद्मावत की भाषा मानस की तरह साहित्यिक न होकर ग्रामीण है। एक बात और मानस को जन–जन तक पहुँचाने में भाषा का भी विशेष हाथ रहा है। तुलसीदास ने मानस में पात्र की दशा, भाव और आवेग में आये बदलाव के अनुरूप भाषा–शैली के तेवर में भी बदलाव करते रहे हैं। जैसे राम को ईश्वरावतार बताने के कारण उसकी भाषा–शैली को कोमल और मधुर ही रखा है। यह भाषा–शैली विशेषरुप से परशुराम के क्रोध को एक हद तक शांत करने में भी सफल रहा है। देखिये परशुराम के क्रोधयुक्त प्रश्न पर राम का कथन –

नाथ संभुधनु भंजनिहारा। होइहि केउ एक दास तुम्हारा।

वहीं लक्ष्मण को उग्र स्वभाव का बताने के लिए तथा नाटक में उत्पन्न परिस्थिति के अनुसार उसके लिये तुलसीदास ने ओजगुण समपन्न भाषा–शैली की रचना की है। देखिये लक्ष्मण का परशुराम के प्रति व्यंग्यात्मक भाषा–शैली में उत्तर–

का छति लाभु जून धनु तोरें।

या

इहाँ कुम्हड़बतिया कोउ नाहीं। जो तरजनी देखि मरि जाहीं।

सारांश के तौर पर कहना चाहें तो यह कहा जा सकता है कि नाटक के तत्व भाषा–शैली की दृष्टि से भी रामचरितमानस एक सफल नाट्य रचना है।

7. उद्देश्य–

यह नाटक का सातवाँ और अन्तिम तत्व है। वैसे मनुष्य बिना उद्देश्य के कोई भी कार्य सम्पादित नहीं करता। इसे 'कारण–कार्य संबंध' नाम भी दिया जा सकता है।' इसके लिए यह आवश्यक नहीं कि उद्देश्य 'सर्वहिताय' ही हो वह 'स्वहिताय' भी हो सकता है पर जब हम नाटक की बात कर रहे हैं तब 'स्व' का सवाल ही उत्पन्न नहीं होता। वैसे भी साहित्य का संबंध ही समाज से है तो हिताय भी समाज का ही नीहित होना स्वभाविक है। यद्यपि तुलसीदास ने मानस रचना को ''स्वान्तः सुखाय'' कहा है। तथापि –

''मंगल करनि कलिमल हरनि तुलसी कथा रघुनाथ की''

कह कर अर्थात वर्णित कर राम कथा को कलियुग में जन्मे मनुष्य के दोषहरण करने वाला बता कर एक प्रकार से'' इसकी सार्वजनिकता की भी घोषणा कर दिया है। तुलसी को शायद विश्वास नहीं रहा होगा कि रामचरितमानस 'में वर्णित राम' को भारतीय जनता आसानी से और व्यापक रूप में स्वीकार सकेगी ? 'यह अलग बात है कि मानस तुलसी के जीवित रहते ही प्रसिद्धि को प्राप्त कर चुका था। इसी लिए मानस विरोधियों को मानस महात्तम का अलग से नाटक अर्थात रचना करना पड़ गया था'। तुलसीदास ने इसके लिए –

राम एक तापस तिय तारी। नाम अनेक खल कुमति सुधारी

कह कर नाम सुमिरन को आगे कर दिया था तथा यह भी घोषित कर दिया था कि –

कलि महँ केवल नाम अधारा। सुमरि सुमरि नर उतरहिं पारा।

इसी बात को तुलसीदास ने शिव से पार्वती के समक्ष भी कहलवा दिया, ताकी सब को विश्वास हो जाय कि सच में राम कथा ही कलियुग में जन्में लोगों का एकमात्र सहारा है। तत्संबंधी मानस की पंक्ति देख लीजिए –

रामकथा सुन्दर कर तारी। संसय बिहग उड़ावनिहारी।

रामकथा कलि बिटप कुठारी। सादर सुनु गिरिराजकुमारी।

बालकाण्ड दोहा क्रमांक–113 के बाद की चौपाई संख्या–01

इतना सबकुछ बता देने के बाद भी तुलसी के मन में संदेह रह गया रहा हो सकता है कि शायद कोई उसपर आसानी से विश्वास न कर सके। इसके लिये वे प्रमाण भी माँग सकते हैं। इसके पहिले ही इसके लिए तुलसीदास ने –

बंदउँ नाम राम रघुबर को। हेतु कृसानु भानु हिमकर को।

बिधि हरि हरमय बेद प्रान सो। अगुन अनुपम गुन बिधान सो।

बालकाण्ड, दोहा क्रमांक–18 के बाद की चौपाई संख्या–01

(मैं श्रीरघुनाथजीके नाम :राम' की वन्दना करता हूँ, जो कृशानु (अग्नि) भानु (सूर्य) और हिमकर (चन्द्रमा) का हेतु अर्थात् 'र' 'अ' और 'म' रूप में बीज है। वह 'राम' नाम ब्रम्हा, विष्णु और शिव रूप है। वह वेदों का प्राण है, निर्गुण, उपमारहित और गुणों का भण्डार है)

बताकर अनेक पौराणिक मान्यताओं के प्रमाण प्रस्तुत कर दिये। देखिये तुलसी बाबा द्वारा रामचरितमानस में प्रस्तुत अन्य प्रमाण –

1. *नाम प्रसाद संभु अबिनासी। साजु अमंगल मंगल रासी।*
2. *सुक सनकादि सिद्ध मुनि जोगी। नाम प्रसाद ब्रम्हसुख भोगी।*
3. *नारद जानेउ नाम प्रतापू। जग प्रिय हरि हरि हर प्रिय आपू।*
4. *नामु जपत प्रभु कीन्ह प्रसादू। भगत सिरोमनि भे प्रहलादू।*
5. *ध्रुव समलागि जपेउ हरि नाऊँ। पायउ अचल अनुपम ठाऊँ।*
6. *सुमरि पवनसुत पावन नामू। अपने बस करि राखे रामू।*
7. *जपितु अजामिल गजु गनिकाऊ। भए मुकुत हरि नाम प्रभाऊ।*

तथा आखिर में –

कहौं कहाँ लगि नाम बड़ाई। रामु न सकहिं नाम गुन गाई।

कह कर अपनी बात को समाप्त कर दिया।

अब उन्हें विश्वास हो गया था कि राम को चाहे लोग अस्वीकार कर दें पर नाम स्वीकृत हो जायेगा और हुआ भी यही। बल्कि लोगों ने तो तुलसी की अपेक्षा के विपरीत नाम से भी ज्यादा नामी अर्थात् शरीर

धारी "राम" को ही स्वीकार कर लिया। यही कारण है कि रामचरितमानस की रचना "संवत सोलह सौ एकतीस" के बाद से भारत में राम मंदिरों की संख्या एकदम से बढ़ गई। अयोध्या में राम मंदिर के लिए लंबी कानूनी लड़ाई और अब मंदिर निर्माण के लिये उतावलापन को इसी की परिणति के तौर पर देखा और जाना जा सकता है।

वैसे रामचरितमानस के उद्देश्य को तुलसीदास ने राम जन्म के कारण में ही स्पष्ट कर दिया था। कारण भी एकदम स्पष्ट था – रावण वध। क्योंकि देवताओं ने रावण के अधीन होने के बाद मुक्ति के लिये पृथ्वी के साथ विष्णु की आराधना किया था –

जय जय सुर नायक जन सुखदायक प्रनतपाल भगवंता।

देवताओं की प्रार्थना से प्रसन्न होकर –

जानि सभय सुर भूमि, सुनि बचन समत सनेह।

गगनगिरा गंभीर, भइ हरनि सोक संदेह।

आकाशवाणी में स्पष्ट कर दिया गया था कि –

जनि डरपहु सुर सिद्ध सुरेसा। तुम्हहि लागि धरिहउँनर बेसा।

तो स्वभाविक है तुलसीदास ने रामावतार के बाद समय आने पर राम के लिये रावणवध के निमित्त वातावरण तैयार करा दिया था। जिसे रावणवध के साथ ही पूरा कर लिया गया था पर रामचरितमानस में जो परंम्परा से हटकर भी उद्देश्य प्राप्त करते वर्णित है वह है रावण माने कथावस्तु के खलनायक को। सामान्यतः उपन्यास, महाकाव्य अथवा नाटकों में उद्देश्य की प्राप्ति केवल नायक को होता चित्रित किया जाता है पर मानस शायद दुनिया का अद्‌भुत ग्रंथ हो सकता है जिसमें खलनायक को भी उद्देश्य की प्राप्ति होती है। इसे समझने के लिए हमें मानस में वर्णित रावण माने खलनायक के उद्देश्य क्या था ? को समझना होगा। इसे तुलसीदास जी ने तथाकथित खलनायक रावण के स्वगत कथन में ही कहलवा कर स्पष्ट कर दिया था। पंक्ति देखिए –

सुर रंजन भंजन महि भारा। जौं भगवंत लीन्ह अवतारा।

तौ मैं जाइ बैरुहठि करउँ। प्रभु सर प्रान तजें भव तरउँ।

रावण अपने उद्देश्य को प्राप्त करने के लिए दृढ़प्रतिज्ञ था। इसी लिए वह सीता का हरण करता है ताकि राम के साथ शत्रुता हो जाय और बदले में राम लंका पर आक्रमण करके रावण और उसके कुल, विभीषण को छोड़कर सबका नाश कर दे। यही वजह रहा है हि रावण अपने मकसद में कामयाब होने के लिए ही किसी का कहा नहीं मानता, अपनी पत्नी मंदोदरी तक का नहीं। भले ही मानस के पाठक और टीकाकार रावण के इस कृत्य के लिए उसे दोषी ठहराते रहे हों पर रावण अपने लक्ष्य से थोड़ा भी नहीं डगमगाता और अंततः राम के हाथों मरकर मोक्ष को अपने कुल के साथ प्राप्त कर लेता है अर्थात नाट्यशास्त्र के अनुसार कहें तो नायक की तरह उद्देश्य को प्राप्त कर लेता है। हमें लगता है कि हमारे इस तर्क से हमारे पाठक भी सहमत होगे।

यह अलग बात है कि रामचरितमानस में मुख्य कथावस्तु के साथ–साथ प्रासंगिक कथाएँ भी उद्देश्य पूर्ति के लिये प्रवृत्त होती रही हैं और उद्देश्य प्राप्ति के बाद माने रावण वध के बाद कथा में लगभग ठहराव सा आ जाता हैं तब नायक राजा बन कर उपदेश देने में समय व्यतीत करता है।

8– नाटक के गौण तत्व– (नाटक के तड़के और मसाले)

इसे आधुनिक परिवेश में नाटक के तड़के और मसाले भी कहते हैं। ऊपर नाटक के जिन सात तत्वों के आधार पर हमने रामचरितमानस का परीक्षण किया है वह सब उल्लेखित नाट्यतत्वों पर अवलंबित शास्त्रीय स्वरूप के अनुरूप रहा है। लेकिन शास्त्रकारों का यह भी मानना है कि उन सात तत्वों के अतिरिक्त भी कुछ अन्य तथ्य हैं जिनके प्रयोग से नाटक दर्शकों में अत्यधिक लोकप्रिय हो जाता है। इसे नाटक के गौण तत्व भी कहा जा सकता है। इसे दूसरे शब्दों में या बोलचाल की आधुनिक भाषा में (यह नाम विशेष रूप से फिल्मों के लिए प्रयुक होने लगा है) नाटक के मसाला और तड़का कहा जाता है। इस तथ्य को फिल्मों के साथ जोड़ देने पर यह फिल्मी मसाला और तड़का बन जाता है। फिल्म या आधुनिक नाटकों में जिन मसालों और तड़कों का उपयोग किया जाता है वे निम्नांकित है –

क. गीत –

गीत को फिल्मों के अभिन्न हिस्सा के तरह स्वीकार किया जाता है। हिन्दी के कुछ नाटकों मे भी इस तड़के को देखा जा सकता है।

रामचरितमानस में राम को ईश्वरावतार बताये जाने के कारण तुलसीदास ने जगह–जगह आवश्यकतानुसार स्तुति गान किया है। इसलिए उसका स्वरूप 'जो संगीतमय' है। स्तुति का संगीतात्मकता के कुछेक उदाहरण देखिये –

भय प्रगट कृपाला दीनदयाला कौसिल्या हितकारी।

हरषित महतारि मुनि मन हारी अद्‌भुत रूप बिचारी।

लोचन अभिरामा तनु घनस्यामा निज आयुध भुज चारी।

भूषन बनमाला नयन बिसाला सोभासिंधु खरारी।

इसके पूर्व देवताओं द्वारा की गई वंदना का संगीतमय प्रस्तुति भी अवलोकनीय है–

जय जय सुरनायक जन सुखदायक प्रनतपाल भगवंता।

गो द्विज हितकारी जय असुरारी सिंधुसुता प्रिय कंता।

इसके अतिरिक्त राम के आगमन पर कुछ ऋषियों के द्वारा राम का स्तुतीगान भी कराया है, जिसकी प्रस्तुती संगीतमय ही रहा है, को भी उदाहरण के तौर पर समझ और देख सकते हैं।

ख. प्रहसन (हास्य) –

कुछ नाटककारों ने अपने नाटकों को दर्शकों में लोकप्रियता प्रदान करने के लिए प्रहसन को स्थान दिया है। जिसके कारण विदुषकों को भी नाटक में स्थान मिलने लगा है। विशेष रूप से जयशंकर प्रसाद के नाटकों में गीत और विदुषक की योजना का दर्शन किया जा सकता है। रामचरितमानस में हास्य के तौर पर शंकर विवाह, नारद मोह प्रसंग, केवट प्रसंग को लिया जा सकता है। सूर्पनखा का प्रणय–निवेदन को भी हास्य का रूप दिया जा सकता था, जैसा कि

बाल्मीकि ने दिया है पर तुलसी ने वैसा नहीं किया। मानस से ही उदाहरणार्थ कुछ पंक्ति देख लीजिए। सर्वप्रथम शिव विवाह से –

1. देखि सिवहिं सुरत्रिय मुसुकाहीं। बर लायक दुलहिन जग नाहीं।

2. जस दुलहु तसि बनी बराता। कौतुक बिबिध होहिं मग जाता।

बालकाण्ड दोहा क्रमांक–93 के बाद की चौपाई संख्या–01

नारद प्रसंग के अतिरिक्त केवट प्रसंग में भी तुलसीदास ने हास्य का सृजन किया है। इसलिए हम यहाँपर केवट प्रसंग से ही उदाहरण देना चाहेंगे। देखिए पंक्ति –

सुनि केवट के बैन, प्रेम लपेटे अटपटे।

बिहसे करुनाऐन, चितइ जानकह लखन तन।

बालकाण्ड सोरठा–100

रामचरितमानस में परशुराम की अवधारणा को नाटक में रोमांच पैदा करने का एक उपक्रम के तौर पर देखा जा सकता है।

ग. रोमांच –

वैसे देखा जाय तो ऊपर वर्णित तथ्यों के अतिरिक्त नाटक को रोमांच माने अप्रत्याशित विष्मयकारी या भय उत्पन्न करने वाली घटनाएँ भी नाटक को सफल बनाने में सहायक सिद्व होती हैं। इसी लिये प्रायः नाटककार अपने नाटक में इसका सृजन करते रहते हैं। जहाँ तक रामचरितमानस का सवाल है यहाँ भी तुलसीदास ने ऐसी घटनाओं का सृजन किया है जिसे अप्रत्याशित कह सकते हैं। इस संदर्भ में मुख्य रूप से ल़क्ष्मण और परशुराम संवाद के साथ–साथ, सीता का लक्ष्मण को पर्ण कुटी से बाहर भेजना, सुग्रीव द्वारा लिया गया राम की परीक्षा, बाली वध और रावण वध को भी लिया जाना चाहिए। सर्वप्रथम लक्ष्मण–संदर्भ से उदाहरण लिया जा सकता है। इस संदर्भ के उल्लेखनीय प्रसंग में धनुष यज्ञ का जिक्र किया जा सकता है। संदर्भ है– सीय स्वयंवर में उपस्थिति कोई भी राजा जनक की प्रतिज्ञा के अनुसार सीता के वर के लिये निर्धारित शिव धनुष को तोड़ नहीं सका था। तब नैराश्य में जनक के कथन –

बीर बिहीन मही मैं जानी

के प्रत्युत्तर में लक्ष्मण से तमतमाए स्थिति में कहलवा कर तुलसीदास ने कथानक में अचानक रोमांच भर दिया है। लक्ष्मण के कथन देखिये–

तोरौं छत्रक दंड जिमि, तव प्रताप बल नाथ।

जौं न करौं प्रभु पद सपथ, कर न धरौं धनु हाथ।

लक्ष्मण के उक्त कथन से जनक के साथ–साथ दर्शक जो धनुष के नहीं टूटने के कारण लगभग हताश हो गये थे। सब के सब अचानक रोमांचित हो जाते हैं।

दूसरा परशुराम का धनुष यज्ञ में प्रवेश –

पूर्व के प्रसंग की तरह ही धनुष टूट जाने के बाद सभा में परशुराम को उपस्थित करा कर तुलसीदास ने माहौल को एकदम से पुनः गरमा दिया है। कहने का मतलब यह कि दर्शक परशुराम के आगमन और लक्ष्मण के साथ वीर और रौद्र रस में संवाद को सुनकर एकदम से अनिष्ट की आशंका युक्त भय और रोमांच से भर जाते हैं।

यही नहीं राम–रावण युद्ध में भी अनेक जगह तुलसीदास ने नाटक के दर्शकों, मानस के टीकाकारों और पाठकों के लिये रोमांच पैदा किया है। इसको मुख्य रूप से मेघनाथ, कुम्भकर्ण और रावण के साथ हुये युद्ध में देखा जा सकता है। इसी तरह से सीता के कहने –

जाहु बेगि संकट अति भ्राता

के बाद भी कि लक्ष्मण का इंकार। पंक्ति देखिए –

भृकुटि बिलास सृष्टि लय होई। सपनेहुँ संकट परइ कि सोई।

के बाद दर्शक में एक प्रकार से संशय के साथ–साथ अनेक प्रश्न उत्पन्न हो जाता है कि आगे क्या होगा ? क्या सीता सच में लक्ष्मण को पर्णकुटी से बाहर भेजने में सफल हो जायेगी ? और ऐसा नहीं होता तो क्या रावण लक्ष्मण के होते सीता का हरण पर सकेगा ? आदि–आदि अनेक प्रश्न उत्पन्न होना स्वभाविक था। जिसे तुलसीदास ने सीता के लिए इस संवाद का सृजन –

मरम वचन जब सीता बोला

करके दर्शकों के संशय और प्रश्नों का समाधान कर दिया तथा सूत्रधार की भूमिका में मंच में उपस्थित हो कर दर्शकों को बता भी दिया कि सीता ऐसा बोल कर लक्ष्मण को इतना अधिक विचलित कर दिया कि लक्ष्मण, लक्ष्मण रेखा खींचकर सीता के कहे अनुसार राम की मदद के लिए निकल गया।

इसके अतिरिक्त मानस के ही अंगद–रावण संवाद को भी लिया जा सकता है। जहाँ पर अंगद रावण जैसे प्रतापी जिसके सभा का वर्णन करते हुए तुलसीदास ने ही लिखा है –

दसमुख सभा दीखि कपि जाई।

कहि न जाइ कछु अति प्रभताई।

कर जोरे सुर दसिप बिनीता।

भृकुटि बिलोकत सकल सभीता।

सुन्दरकाण्ड दोहा क्रमांक–19 के बाद की चौपाई संख्या–4

वहाँ माने रावण के सभा में ही रावण को धमकाता हुआ कहता है –

तोहि पटकि महि सेन हति, चौपट करि तव गाउँ।

तब जूबतिन्ह समेत सठ, जनकसुतहि लै जाउँ।

लंकाकाण्ड दोहा क्रमांक – 30

स्वभाविक है इस तथा आगे के संवाद जो निरंतर गालियों से परिपूरित होते हुए रौद्र रस में समा जाता है, को सुनका दर्शकों में रामांच बढ़ते ही जा रहा है। एक उदाहरण देखिए जहाँ अंगद के क्रोध में पैर पटकने से धरती डोल जाती है। देखें पंक्ति .....

कटकटान कपिकुंजर भारी। दुइ भुजदंड तमकि महि मारी।

डोलत धरनि सभासद खसे। चले भाजि भय मारुत ग्रसे।

गिरत सँभारि उठा दसकंधर। भूतल परे मुकुट अति सुन्दर।

कछु तेहिं लै निज सिरन्हि संवारे। कछु अंगद प्रभु पास पखारे।

लंकाकाण्ड दोहा क्रमांक–31(ख) के बाद की चौपाई संख्या–2–4

यह रोमांच तब चरम पर पहुँच जाता है जब अंगद ने रावण की सभा में ही प्रणकर अपना पैर जमीन में जमाते हुए कहता है –

जौं मम चरन सकसि सठ टारी। फिरहिं रामु सीता मैं हारी।

लंकाकाण्ड दोहा क्रमांक–33(ख) के बाद की चौपाई संख्या–5

रोमांच के चर्मोत्कर्ष वाला रौद्ररस का ऐसा उदाहरण बहुत कम ही देखने को मिलता है।

सारांश के तौर पर कहना चाहें तो हम कह सकते हैं कि तुलसीदास ने रामचरितमानस में रोमांचक स्थिति पैदा करा–करा कर एक सफल नाटककार होने का सबूर भी दे दिया है और नाटक में रोमांच के पैमाने पर रामचरितमान एक सफल नाटक सिद्ध हो जाता है।

उपसंहार

नाटक के तत्वों के आधार पर मानस का विश्लेषण करने पर जो तथ्य ऊभरकर सामने आया है, वह यह कि रामचरितमानस महाकाव्य और नाटक के मापदंडों पर पूरी तरह से खरा उतरता है। मानस का महाकाव्य के आधार पर परीक्षण करना इसलिये आवश्यक नहीं समझा गया क्योंकि इस आधार पर बहुत पहले ही बहुतों के द्वार परीक्षण और मूल्यांकन किया जा चुका है और उसी आधार पर उच्च से उच्चतर कक्षाओं में अध्ययन–अध्यापन भी होता आ रहा है। लेकिन नाट्यशास्त्र के दृष्टिकोण से शायद यह प्रथम प्रयास हो सकता है?

थोड़ी समस्या या कहें सवाल नाटक के तत्व–संकलन त्रय 'देश, काल और वातावरण' के वातावरण की प्रस्तुति में हो सकती है। क्योंकि तुलसीदास ने स्वयं राम कथा को त्रेतायुग का बताया है। जबकि हमने अपने विश्लेषण में पाया है कि राम के विवाह में विवाह के जिन रीति–रिवाजों और परंपराओं के निर्वहन का उल्लेख किया है वह तुलसी के समकालीन ही है।

यह समस्या केवल तुलसी के पौराणिक युग को मान लेने पर ही उत्पन्न हो रहा है पर हमारे ही अध्ययन में जब यह प्रमाणित हो ही चुका है कि तुलसी के चार युगों का निर्धारण –

1. सतयुग – माने –वैदिककाल के पूर्व अर्थात् हड़प्पा कालीन सभ्यता
   समय – 1500 हजार ईशा पूर्व के पूर्व का सम्पूर्ण समय
2. त्रेतायुग– माने–वैदिक काल से उत्तर वैदिक काल तक
   समय – 1500 हजार इशा पूर्व से 500 ईशा पूर्व तक
3. द्वापर युग– माने वैदिक काल के बाद से 6ठीं–7 वीं शताब्दी तक
   समय – 500 ईशा पूर्व से 7 वीं शताब्दी तक
4. कलियुग – माने आठवीं शताब्दी से अब तक।

   इस प्रकार से हो चुका है। यह समय भारत में विदेशी आक्रमण कारियों का रहा हैं। अतः तुलसी के वास्तविक काल को सामने कर देने से रामचरितमानस के देश, काल और वातावरण पर उठाए गए प्रश्न स्वतः ही समाप्त हो जाता है। समस्या तो पौराणिक युग निर्धारण को मान लेने से उत्पन्न हो रहा था। जो इस प्रकार था –

5. सतयुग 1728000 साल
6. त्रेतायुग 1296000 साल
7. द्वापर 864000 साल
8. कलियुग 432000 साल

लेकिन यह भी सत्य है कि चूँकि मानस के नाट्यदर्शक, उद्घोषक और वाचक को इससे कोई फर्क नहीं पड़ रहा है कि वह अतिप्राचीन काल का नही है, तो हमें भी इसे कमी के तौर पर नहीं देखना चाहिए। इसी तरह से सूर्पनखा के नाक–कान काट देने को भी रख कर देखा जाना चाहिए।

कुछ इसी तरह से परशुराम को त्रेतायुग तक पीछे खींच कर लेजाने पर भी प्रश्नचिन्ह (?) लगना स्वभाविक है। क्योंकि परशुराम का संबंध महाभारत से है। परशुराम को महाभारत के दो महत्वपूर्ण पात्र भीष्म और कर्ण का गुरु बताया गया है। भीष्म पितामह और परशुराम का युद्ध होना भी वर्णित है। वैसे ही कर्ण के प्रति क्रोधित होना भी। सबसे महत्त्वपूर्ण तथ्य यह भी है कि पौराणिक मान्यताओं के अनुसार महाभारत का काल 'द्वापरयुग' राम के काल 'त्रेतायुग' के बाद का है। जबकि रामचरितमानस के राम का जीवन–संसार माने काल का संबंध वेद रचना के बाद का है।

जिसके कारण अविश्वसनीय प्रतीत होता है और दूसरा यदि परशुराम प्रसंग को मानस से हटा दिया जाय तब भी मुख्य कथावस्तु पर इसका कोई विपरीत प्रभाव नहीं पड़ेगा। लगता है तुलसीदास जी ने परशुराम प्रसंग को कथा को दर्शकों में रोचकता और रोमांच लाने के लिए तथा रामको ईश्वरीयता प्रमाणित करने के लिये ही किया है। यह बात मानस के परशुराम और बाल्मीकि के परशुराम के द्वारा राम को दूसरा धनुष देने के प्रसंग में हमारे द्वारा पहले ही देखा जा चुका है। अधिक जानकारी के लिये इसी किताब के सवान नम्बर– 1'' राम कथा लिखने की चुनौती'' को देखा जा सकता है। इसके अतिरिक्त झूठ हो या कमजोरी जब सब यानी पाठक, दर्शक और टीकाकार इसे नजरअंदाज कर रहे हों तो उसे स्वीकार या कहें 'मान' लिया जाना चाहिए। इसलिये हमें भी मान लेने में अब कोई विशेष आपत्ति नहीं हो रही है।

कुल मिलाकर यही कहा जा सकता है कि तुलसीप्रणीत रामचरितमानस हिन्दी के ही नहीं अपितु दुनियाँ के ऐसे बेजोड़ कृति हैं जो एक ओर महाकाव्य की विशेषताओं से सुसज्जित हैं तो वहीं दूसरी ओर नाट्यशास्त्र के मापदंडों को अपने में न केवल समेटे हुए है बल्कि हर दृष्टि से वह सफलता की ऊँचाइयों को भी प्राप्त करने में सक्षम और सफल रहा है।

इसे ठीक उसी तरह से मान्य किया जाना चाहिये जैसे रीतिकाल में ''रससिद्व'' कवियों को मान्य किया गया है। माने ऐसी रचना जिसमें रीतिकाल के लक्षण ग्रंथों की रचना तो नहीं किया गया पर उससे कमतर भी नहीं रहे थे। यही वजह है कि इस प्रकार के कवियों की रचनाओं से रीतिकालीन लक्षणों के उदाहरण प्रायः दिया जाते रहा है। जैसे बिहारी।

कहने का मतलब यह कि यद्यपि तुलसीदास ने अलग से नाटक की रचना तो नहीं की पर मानस में नाट्यशास्त्र के लक्षणों माने उदाहरणों को समाहित कर दिया। इसे हमने मानस में गोता लगाने के बाद प्राप्त किया है, इसलिये इसे हम रत्नों की श्रेणी में रख कर सहेजने योग्य धरोहरों की मानिंद अति विशिष्ट महत्व दे रहे है।

***

द्वितीय रत्न

अभिनेयता और मानस

अभिनेयता नाटक का सर्वाधिक महत्वपूर्ण तत्व है। क्योंकि नाटक का पूरमपूरा दारोमदार अभिनेताओं के अभिनय पर ही टिका होता है और इसके लिए अन्य जिम्मेदार लोगों में सबसे ज्यादा महत्वपूर्ण भूमिका निभाता है, उसे–निर्देशक कहते हैं। रामचरितमानस में इस महति भूमिका को इसके रचनाकार तुलसीदास ने ही निभाया है। इन्हीं सब तथ्यों की पड़ताल इसी आलेख में हुआ है।

तो पुस्तक के द्वितीय भाग का यह आलेख पाठकों को इस आशा और विश्वास के साथ सादर समर्पित है कि यह आलेख उन्हें अलग और नई अनुभूति प्रदान करने में सक्षम हो सकता है।

– डॉ. पी. आर. कोसरिया

लेखक-निर्देशक तुलसी : अभिनेता राम

रामचरितमानस में गोता लगाने पर जो दूसरा रत्न हमें मिला वह उतना ही महत्वपूर्ण है जितना कि महाकाव्य के भीतर नाट्य तत्व। स्वभाविक है जिस रचना में नाट्य तत्व है वहाँ अभिनेयता का गुण तो होगा ही। क्योंकि नाटक को जो भी तत्व जीवंत बनाना है उसमें अभिनेयता का भी महत्वपूर्ण स्थान है। प्राचीन नाटकों में अभिनेयता संवाद के बाद का सबसे महत्वपूर्ण तत्व माना जाता था। यद्यपि आधुनिक काल में तकनीकी सुविधा के कारण नाटक में तकनीकों का स्तेमाल भी बढ़ा है जिसके कारण, रूपकात्मक और रेडियोरूपक के साथ–साथ इलेक्ट्रॉनिक ध्वन्यात्मक नाटक भी अस्तित्व में आने लगा हैं। धर्मवीर भारती का "अंधायुग" रेडियोरूपक नाटक का एक अच्छा उदाहरण है। लेकिन संवाद का महत्व इसके बाद भी न कम हुआ है और न आगे होगा। बल्कि रेडियोरूपक जहाँ पर पात्र प्रत्यक्ष में दिखाई नहीं देता या जिसे मंच पर सीधा मंचित नहीं किया जा सकता वहाँ पर संवाद और ध्वनि की महत्ता माने उपयोगिता और भी बढ़ जाती है।

दरअसल हम जिस ग्रंथ के आलोक में चर्चा को आगे बढ़ा रहे हैं उसके रचनाकार तुलसीदास जी ही हैं। शीर्षक को देखकर आपके मन में तरह–तरह के सवाल उठ रहे होगें जोकि स्वभाविक है। क्योंकि तुलसीदास जी को अब तक हिन्दी में राम काव्यधारा के प्रमुख कवि के रूप में ही जानते–पहचानते और अध्ययन करते आ रहे हैं पर नाटककार तुलसी सुनने में नया तो है ही। लेकिन सच से बहुत दूर भी नहीं है। कैसे आइये तुलसीदास के मानस में ही गोता लगा कर देखें। सच का पता चल ही जायेगा ?

तुलसीदास जी के मानस की रचना जिन प्रमुख तीन छंदों में हुई हैं वे हैं –

चौपाई – जिसके प्रत्येक चरण में 16–16 मात्राएँ होती हैं।

दोहा – जिसके प्रथम और तृतीय चरण में 13–13 तथा द्वितीय और चतुर्थ चरण में 11–11 मात्राएँ होती हैं।

सोरठा – जो दोहा का उल्टा होता है अर्थात् इसके प्रथम और तृतीय चरण में 11–11 मात्राएँ तथा द्वितीय और चतुर्थ चरण में 13–13 मात्राएँ होती है।

मानस में इसमें प्रमुखता चौपाई को ही मिली है।

रामचरितमानस हिन्दी के प्रसिद्ध महाकाव्य है जो भारतीय जनमानस के बहुत अन्दर तक रचा–बसा है। इस लिहाज से तुलसीदास को राम काव्यधारा के प्रमुख कवि के रूप में पढ़ते–पढ़ाते मानते और पहचानते आ रहे हैं। हम यह भी जानते हैं कि रामचरितमानस को नाट्य रूप में मंचित किया जाते रहा हैं। नाट्यरूप में महाभारत को भी मंचित करने की परम्परा रही है पर यह कम लोग ही जानते होंगे कि –रामचरितमानस के अंदर या कहें कथ्य और प्रमुख पात्रों में अभिनेयता के जो महत्वपूर्ण गुण जिस प्रमुखता से विद्यमान हैं तुलनात्मक दृष्टि से वह महाभारत के कथ्य और प्रमुख पात्रों में नहीं है। हमारे कहने का आशय यह है कि मानस के प्रमुख पात्र नायक – राम, नायिका – सीता और तथाकथित खलनायक – रावण को अभिनेता की तरह पहले से ही पता है कि आगे उन्हें क्या करना है ? जबकि महाभारत में कृष्ण को छोड़कर किसी को भी पहले से पता नहीं है कि उनके आगे की भूमिका या कहें कथानक क्या होगी ? वास्तव में अभिनेता चाहे किसी भी रोल में हो उन्हें पहले से पता होता है कि उन्हें रंगमंच पर कौन सा रोल अदा करना है। बावजूद इसके वह दर्शकों को आभास नहीं होने देता कि वह मात्र अभिनय कर रहा है। बल्कि वह किरदार में ऐसे समा जाता है कि दर्शक उसे वास्तविक किरदार समझ लेते है। फिल्मों में प्राण के खलनायकीय अभिनय के प्रभाव के बारे में कहा जाता है कि –

1. एक तो लोग अपने बच्चों का नाम प्राण रखने से बचते थे।

2. दूसरा हीरोइनों तक फिल्मों से बाहर उससे मिलने के पहले डरती रहती थीं।

नाटक में इस अवस्था को तादात्म की अवस्था या रस निष्पत्ति की अवस्था कहते हैं। हर अभिनेता–अभिनेत्री इस अवस्था को प्राप्त कर लेना चाहता है।

रामचरितमानस के प्रमुख पात्रों में यह अवस्था शिखर पर है। यही कारण है कि दर्शक या मानस के पाठक, टीकाकार और जानकार भी तादात्म होकर रह जाते हैं। वास्तव में मानस में लीला माने नाटक के दो स्वरूप है – एक ईश्वरीय और दूसरा मानवीय माने नर लीला।

1 – ईश्वरीय लीला –

इसका दर्शन सूर्पनखा प्रसंग के पूर्व के प्रसंगों में देखा जा सकता है। वहाँ पर तुलसी के नाट्य लेखन क्षमता का उल्लेखनीय प्रदर्शन नहीं हुआ है जितना कि राम और रावण के निर्णय के साथ। क्योंकि दोनों (राम और रावण) के निर्णय के पहले कथानक में ईश्वरीय तत्व की प्रधानता रही है। जिसके कारण तुलसीदास को ज्यादा कुछ नहीं करना पड़ा था, जितना कि राम के निर्णय–

''मैं कछु करब चरित नर लीला''

के बाद से करना पड़ा।

2 – नर लीला

तुलसी के नाटकीय लेखन का वास्तविक प्रदर्शन राम के नर लीला प्रसंग से लेकर रावण वध तक देखा जा सकता है। देखिये मानस में तुलसीदास ने राम से सीता के लिये अकेले में क्या कहलवा रहे हैं –

सुनहु प्रिया ब्रत रुचिर सुसीला ।

मैं कछु करबि ललित नर लीला।

क्या मनोविज्ञान है जब सामने वाले से मदद या काम लेना हो तो सबसे पहले उसकी प्रशंसा कर देना चाहिए। तुलसीदास जी ने श्रीराम से भी वही करवाया है। सीता जी के लिये राम ने पहले प्रशंसा के शब्द कहे– ''प्रियाव्रत'' ऐसा कह कर राम ने पहले ही पक्का कर लिया कि– सीता मना न कर सके, फिर प्रशंसा के अन्य विशेषण का उपयोग किया– रुचिर और सुसीला। अब तो सीता चाहकर भी मना नहीं कर सकती थी। इतना सब हो जाने के बाद कहीं राम आगे की बात कह सकने की स्थिति में आ पाते हैं –

मै कछु करब ललित नर लीला।

लीला यानी – नाटक

अब सीता पूछती है उस नाटक में मेरी भूमिका क्या होगी ? राम की तरह सीता भी ईश्वरीय शक्ति से परिपूरित और औतारी भी है, फिर भी नाटककार और निर्देशक तुलसीदास राम से सीता को निर्देश करवा रहे हैं कि –

तुम पावक महुँ करहु निवासा।

सीता सवाल करती है – कब तक ?

राम उत्तर देते हैं –

जौं लगि करौं निसाचर नासा।

सीता निर्देश मिलते ही वही करती है जैसा श्रीराम ने कहा था। ये सब लिख रहे हैं गोस्वामी तुलसीदास जी माने नाटक का निर्देशन तो तुलसी ही कर रहे हैं। देखिये उन्हीं के शब्दों में (चाहें तो इसे आप तुलसी के कथन को सूत्रधार की भूमिका में भी रखकर देख और समझ सकते हैं) –

जबहिं राम सब कहा बखानी। प्रभु पद धरि हियँ अनल समानी।

निज प्रतिबिंब राखि तहँ सीता। तैसइ सील रूप सुबिनीता ।

लीजिए तुलसीदास ने नायक–नायिका को उनकी भूमिका से परिचित कराकर तथा आवश्यक वेशभूषा में तैयार कराकर मंचन के लिए तैयार कर दिया। तुलसीदास ने लक्ष्मण जो राम के साथ ही रह रहे हैं को इसकी भनक तक नहीं लगने दिया। ऐसे में दर्शकों, टीकाकारों का अन्जान रह जाने को तुलसी के लेखन क्षमता का ही चमत्कार कहा जायेगा। देखिये आगे सूत्रधार की भूमिका निभाते हुये तुलसी दास राम के उक्त प्रकार के चरित्र की दर्शकों के लिये व्याख्या करते हुये बता रहे हैं –

लछिमनहूँ यह मरमु न जाना। जो कछु चरित रचा भगवाना।

क्या गजब का लेखन और निर्देशन–क्षमता है। यदि तुलसी बाबा मानस के सभी पात्रों को मंच में सब कुछ पहले से समझाकर उतार देते तो मानस का प्रभाव वैसा नहीं होता जैसा पाठक, दर्शक या जनमानस में हो सका है। जबकि यहाँ साधारण दर्शक की क्या गिनती जब दैवीय शक्ति समपन्न माँ सती तक को राम के अभिनय ने भ्रम में डाल दिया था। इसीलिये तो शिव जी के द्वारा श्रीराम को प्रणाम करने पर उसे यकाएक विश्वास ही नहीं होता कि जो पत्नी वियोग में जंगली जानवरों से अपनी पत्नी का पता पूछ रहे है वे ही भगवान भी हो सकते हैं ? इसीलिये वह राम की परीक्षा लेने तक को अमादा हो जाती है। देखें मानस से ही तत्संबंधी भगवान शंकर का कथन –

जौं तुम्हरे मन अति संदेहू। तौं किन जाइ परीक्षा लेहू।

इसके बाद –

चलीं सती सिव आयसु पाई।

यह तुलसी जैसे समर्थ लेखक और निर्देशक ही का कमाल है कि लोग तथ्य को जानकर भी अनजान बने रहे और भावविभोर होकर कलाकारों के अभिनय से रससिक्त होते रहे हैं। रामचन्द्र शुक्ल जी के मापदण्डों के अनुसार कहें तो–नाटक साधारणीकरण को प्राप्त करने में समर्थ हो गया है। नाट्यशास्त्र के अनुसार कहें तो तादात्म की स्थिति बन सकी है। इस स्थिति को नाटक के सभी पात्र, लेखक और निर्देशक प्राप्त कर लेना चाहते हैं।

नाटक की सफलता में खलनायक का बहुत बड़ा योगदान होता है। तुलसीदास इससे अनभिज्ञ नहीं हैं। इसलिये रामचरितमानस के तथाकथित खलनायक रावण के चरित्र को इस खूबी के साथ प्रस्तुत किया कि लोग रावण के व्यक्तित्व को समझने में ही गच्चा खा गये। लेखन ही नहीं तुलसी का निर्देशन भी उतने ही कमाल का था जैसा कि आपने मानस के नायक–नायिका के संदर्भ में देखा है। कहने का तात्पर्य यह कि अभिनय की दृष्टि से रावण का खलनायकीय अभिनय भी उतना ही उमदा है जितना राम–सीता याने नायक–नायिका का अभिनय।

तुलसीदास ने रावण की बहन सूर्पनखा का चरित्रांकन करके संकेत पहले ही दे दिया था कि आगे कुछ घमासान होने वाला है। नाट्यशास्त्र की दृव्टि से अच्छा नाटककार या रचना उसे ही माना जाता है जिसमें आनेवाली घटना का पूर्व संकेत भी हो। इस दृष्टि से तुलसीदास सफल नाटककार तथा मानस एक सफल नाट्य रचना है। रावण को सूर्पनखा से ही पता चलता है कि – खरदूषण मारा गया। तो वह एकाएक विश्वास नहीं कर पाता और थोड़ा विचलित भी हो जाता है। लेकिन इस विचलन को वह अपनी बहन के सामने प्रकट नहीं होने देता और अपने बल का बखान कर सूर्पनखा को ढाढस बंधाने में सफल हो जाता है कि वह दुश्मन से बदला लेने में समर्थ है। पंक्ति देखिये –

सूपनखहि समुझाइ करि। बल बोलेसि बहु भाँति।

गयेउ भवन अति सोच बस। नींद परइ नहिं राति।

कैसे नींद पड़ेगी ? जबकि वह भलि–भाँति जानता है कि –

सुर नर असुर नाग खग माहीं। मोरे अनुचर कहँ कोउ नाहीं।

इसका मतलब भी रावण जानता है .

खर दूषण मोहि सम बलवंता। तिन्हहि को मारइ बिनु भगवंता।

ऐसी स्थिति में क्या करना चाहिए यह रावण से बेहतर भला कौन तय कर सकता है? वह तुरन्त निर्णय ले लेता है। यदि यह सच है कि –

सुर रंजन भंजन महि भारा। जौं भगवंत लीन्ह अवतारा।

तो....

तो मैं जाइ बैरु हठि करऊँ। प्रभु सर प्रान तजें भव तरऊँ।

रावण एक देशभक्त योद्धा है और सच्चा योद्धा न समर्पण कर सकता है न डर कर युद्ध से पलायन। वह केवल और केवल युद्ध में लड़ते हुए वीरगति को प्राप्त कर सकता है। इसलिये रावण ने भी वीर योद्धा की भाँति युद्ध का वरण किया।

इस धरती मे जन्म लेने वाले मनुष्य का अन्तिम लक्ष्य होता है जन्म–मृत्यु के बंधन से मुक्त होना अर्थात् मोक्ष को प्राप्त करना। इसके लिए मनुष्य के पास दो ही रास्ते हैं–

एक नेक काम करते हुए ईश्वर के कृपापात्र बन जाये या भक्ति–भजन करते हुये उसके शरण में चला जाये और मोक्ष को प्राप्त कर ले। भारतीय धार्मिक ग्रंथों में, ऋषि–मुनि, साधू–संतों और भक्तों को इसी मार्ग का अनुशरण करते बताया गया है।

दूसरा यदि नहीं तो वह प्रभु के हाथों मर कर मोक्ष प्राप्त कर ले। भारतीय पौराणिक कथाओं के खलनायक यानी राक्षसों ने इसी मार्ग का चयन किया था। रावण पहला काम नहीं कर सकता था। क्योंकि वह अपने स्वभाव के बारे में भलीभाँति जानता है –

होइहहिं भजनु न तामस देहा।

इसलिये वह पक्का इरादा कर लेता है। देखिये तुलसी बाबा क्या लिखते हैं– .

मन क्रम बचन मंत्र दृढ़ एहा

भला बताइये ऐसे दृढ़ निश्चयी को उसके निश्चय से कोई कैसे डिगा सकता है? असंभव। लीजिये अब रावण के लिए तुलसीदास जी ने सीन तैयार कर दिया। अब रावण को केवल अपना अभिनय–कौशल रंगमंच में दिखाना है।

तुलसी बाबा ने राम सीता और रावण के लिए सीन तैयार कर समझा भी दिया कि उन्हें रंगमंच में कब क्या बोलना है। मानस के प्रमुख अभिनेता माने– नायक, नायिका और तथाकथित खलनायक सबको उनका रोल अच्छी तरह से समझाया जा चुका हैं। इसलिये तीनों पात्रों का अभिनय कौशल लाजवाब बन सका है।

तो साहब ! रचनाकार तुलसीदास ने अपने मानस में नाटक की रूपरेखा तैयार कर दिया है और निर्देशन के क्षेत्र में उनके निर्देशन का कमाल देखिये– दर्शकों, पाठकों, टीकाकारों यहाँ तक कि मानस में स्वमेव अभिनय कर रहे पात्रों, विशेष रूप से साथ चल रहे सबसे

नजदीकी पात्र–लक्ष्मण तक को भान नहीं होने दिया कि वे जो रोल कर रहे हैं उसका स्क्रीप्ट पहले से लिखा जा चुका है।

है न गजब के लेखन, निर्देशन और अभिनय ? अद्‌भुत ! इसीलिये रामचरितमानस अद्‌भुत रचना है। उधर सीता अभिनय को तैयार हो चुकी है। सीता का अभिनय कौशल और तुलसी बाबा का कुशल निर्देशन देखिये –

सीता अपना मूलरूप अग्नि में रख कर अपना स्वांग कर चुकी है। नकली सीता पर्णकुटी में बैठी असली लग रही है –

तैसइ सील रूप सुबिनीता ।

उधर रावण भी अपने अभिनय को तैयार सीताहरण का जुगत बना रहा है। आपके मन में प्रश्न उठ सकता है कि आखिर रावण सीताहरण को ही क्यों चुना ? क्या वह सचमुच में दुष्ट था या उसकी कुदृष्टि सीता की सुन्दरता पर थी ? जैसा कि सूर्पनखा ने रावण को बता दी थी कि राम के संग एक सुन्दर स्त्री भी है। पंक्ति देखिये – .

तिन्ह के संग नारि एक श्यामा। ....

रूप राशि बिधि नारि सँवारी। रति सत कोटि तासु बलिहारी।

दरअसल ऐसा कह कर वह पूरी तरह से आश्वस्थ हो जाना चाह रही है कि रावण हर हाल में राम से युद्ध करे। अन्यथा सीता के सौन्दर्य का उल्लेख ही नहीं करती। यदि सूर्पनखा ऐसा नहीं करती तब क्या होता? इसे सूर्पनखा के नजरिए से समझने पर जो तथ्य हमें समझ में आया उसे इस प्रकार से अंकित किया जा सकता है –

1. हो सकता है तब रावण अपना कोई हित न देखकर युद्ध करने से ही मना कर देता ?
2. सीता के सौन्दर्य का लालच देकर सूर्पनखा रावण के युद्ध न करने संबंधी आशंका से मुक्त हो जाना चाहती थी। क्योंकि वह पुरूष की कमजोरी से वाकिफ रही है।
3. तो क्या सूर्पनखा को रावण पर पूरा भरोसा नही रहा होगा कि वह बहन के नाक–कान काटे जाने की बात सुकर भी उसका

बदला लेने को उद्धत होगा ? सूर्पनखा को कुछ वैसा ही लग रहा हो सकता है।

ऐसा नहीं है लेकिन उसने खर और दूषण के राम के हाथों मारे जाने का उल्लेख कर चुकी थी। इसका एक कारण यह भी हो सकता है कि वह जानती थी कि खरदूषण रावण के जितना ही बलशाली था। ऐसे में उनके मारे जाने की सूचना से रावण के भयभीत होने की संभावना भी बनी हुई थी। शायद इसीलिये सूर्पनखा ने अपनी बेइज्जती का बखान करके ही निश्चिंत नही हो सकी थी कि रावण बदला लेने युद्ध करेगा ? इसलिये वह रावण के मन में सुन्दर स्त्री का लालच भर देना भी चाहती रही होगी। अन्यथा अपनी बेइज्जती राम के द्वारा किये जाने का उल्लेख मात्र भी कर सकती थी।

जहाँ तक रावण के दुष्ट होने या उसकी कुदृष्टि सीता की सुन्दरता पर होने का सवाल है ? ऐसा कुछ भी नहीं था। ये हम नहीं कह रहे हैं तुलसीदास ने अपने मानस में पहले से ही सूचित कर दिया है। हाँ आपका ध्यान उस ओर नहीं गया हो सो अलग बात है। हमने पहले ही कहा था कि यही तो तुलसी का कमाल है और यही उनका रचना कौशल भी। रावण अपने स्वभाव के बारे में अच्छी तरह से परिचित हैं –

होइहिं भजनु न तामस देहा। मन क्रम बचन मंत्र दृढ एहा।

इसलिए उन पंक्तियों को फिर से याद कीजिए। जिसे तुलसीदास ने खरदूषण के मारे जाने की सूचना पर रावण के लिए लिखा है –

खर दूषण मोहि सम बलवंता। तिन्हहि को मारइ बिन भगवंता।

यदि ऐसा हो चुका है तो ? ? ?

तो मैं जाइ बैरू हठ करिउँ। प्रभु सर प्राण तजें भव तरउँ।

अर्थात् रावण अपने मोक्ष का मार्ग तय कर लिया है। चूँकि रचनाकार तुलसीदास हैं, इसलिए रावण के लिए अभिनय का स्वरूप भी तो वही तय करेंगे न ? रावण को केवल दिये गये पार्ट अदा करना है। एक बात और रावण ने तय तो कर लिया था कि –बैरू हठि करिउँ पर

कैसे राम से दुश्मनी किया जाय ? यह समस्या रावण के सामने उपस्थित हो गया रहा होगा ?

भारतीय शास्त्रों में दुश्मनी के तीन प्रमुख कारण बताये गये हैं – जर, जोरू और जमीन।

दुश्मनी करने के लिये राम के पास तीन तत्वों में से एक मात्र तत्व विद्यमान था। वह है – जोरू और यदि जोरू अद्‌भुत सुन्दरी हो जैसा कि सूर्पनखा ने रावण के समक्ष सूचित की थी, तो रास्ता और भी सुगम हो जाता है। इसलिये रावण ने राम के पास दुश्मनी के लिए उपलब्ध एकमात्र और सशक्त कारण को चुना। क्या गलती किया ? रावण के पास कोई दूसरा प्रबल विकल्प राम के साथ दुश्मनी करने के लिये बचा ही नहीं था। यदि वह उसे भी नहीं चुनता तो रावण अपने लक्ष्य तक आसानी से पहुँच ही नहीं सकता था।

अस्तु उपर्युक्त तथ्यों के आलोक में रावण को लेकर उठाये गये प्रश्न अपने आप ही खारिज हो जाता है।

तुलसीदास अद्‌भुत रचना कौशल के धनी हैं। क्योंकि रामचरितमानस में उन्होंने तीन प्रमुख पात्रों को तो निर्देशित कर दिया। बाकी के पात्र बिना निर्देशन के कथावस्तु के अनुसार स्वमेव संचालित हो रहे हैं और वैसे ही अभिनय कर रहे हैं जैसे निर्देशित पात्र कर रहे हैं। ऐसी कोई रचना दुनिया में शायद ही मिले जिसमें बिना निर्देशन के पात्र सफल अभिनय कर पा रहे हों ? यह टैक्नीक तुलसी और उनके मानस से सीखा जा सकता है।

सीता जी को तो पता है कि उसका हरण होना है। इसलिये वे स्वयं इसके लिए भूमिका तैयार करती है और जानते हुये तथा अपने स्वभाव के विपरीत (हरिण को मारने का) बनावटी स्वर्ण मृग को देखकर उसकी छाल प्राप्त करने की कामना श्रीराम से कर देती है। पंक्ति देखिये–

सुनहु देव रघुवीर कृपाला। एहि मृग कर अति सुन्दर छाला।

सत्यसंध प्रभु बधि करि एहीं। आनहु चर्म कहहिं बैदेही।

राम को भी नाटक का सीन पता है इसलिये वह पहले की तरह न सीता को कोई उपदेश देता है (जीव हत्या नहीं करने संबंधी) और न ही देरी करता है। वह तो पहले से ही अपनी बारी की प्रतिक्षा में था। इसलिये अपने स्वभाव के विपरीत (निरीह प्राणी का बध न करने संबंधी) साधारण राजकुमार की तरह मृग वध को उद्‌धृत हो जाता है। पंक्ति देखिये तुलसीदास नाट्यशास्त्र की दृष्टि से सूत्रधार की भूमिका में दर्शकों को राम के कृत्य को समझाकर बता रहे हैं याने रचनाकार की दृष्टि से राम के लिये लिख रहे है कि–

तब रघुपति जाना सब कारन। उठे हरसि त्रैलोक्य नसावन।

फिर भी ऐतिहात के तौर पर और लक्ष्मण को पता न चल सके इसलिये भी जाने से पहले लक्ष्मण को हिदायत देना नहीं भूलते –

प्रभु लछिमनहि कहा समुझाई। फिरत बिपिन निसिचर बहु भाई।

सीता केरि करेहु रखवारी । बुधि बिबेक बल समय बिचारी।

जरा सोचिये यदि यहाँ पर राम लक्ष्मण को सीता की रखवाली संबंधी आवश्यक निर्देश नहीं देते तो क्या होता ?

1 – स्वभाविक तौर पर लक्ष्मण के साथ–साथ पाठक, दर्शक और टीकाकार को असुविधा होती और ऐसी स्थिति में रस निष्पत्ति के साथ–साथ कथाप्रवाह में बाधा उपस्थित हो जाती। जो तुलसी जैसे रचनाकार नहीं कर सकता था।

2 – राम के नायकत्व पर भी सावाल खड़ा हो जाता और हो सकता है लक्ष्मण सोने का मृग हो सकता है या नहीं ? यह कही राक्षसी माया तो नहीं ? आदि अनेकानेक प्रश्न कर देता। जैसा कि सीता के कहने पर कि –

जाहु बेगि संकट अति भ्राता।

के जवाब में तुरंत प्रश्न कर देता है कि उन्हें कोई संकट नहीं आ सकता। क्यों कि –

भृकुटि बिलास सृष्टि लय होई। सपनेहुँ संकट परइ कि सोई।

3– यही सवाल दर्शकों के मन में भी उठ सकता था ?

राम के द्वारा पर्णकुटी छोड़ कर सीता से दूर जाने के पहले लक्ष्मण को आवश्यक निर्देश दे देने से किसी के मन में उक्त प्रकार के कोई सवाल उत्पन्न होने का अवसर ही तुलसीदास ने नहीं दिया है।

मनोवैज्ञानिक दृष्टि से देखें तो पहला लक्ष्मण राम का आज्ञाकारी भाई है और दूसरा दर्शक रससिक्त भाव–विभोर हैं, इसलिये यहाँ प्रश्न का सवाल भी उत्पन्न नहीं हो रहा है। इसीलिये हमने कहा था कि तुलसीदास ने इस नाटक में अन्य पात्रों के लिए निर्देशन की गुँजाइश ही नहीं छोड़ा है। सब अपने आप अभिनय कर रहे हैं।

राम ने लक्ष्मण से यह नहीं कहा कि तुम ऐसा करोगे। यदि ऐसा कह देते तब लक्ष्मण अपने विवेक का इस्तेमाल नहीं करता और वही करता जैसा राम कहे होते पर तुलसीदास ने तो रामचन्द्रजी से लक्ष्मण के विवेक पर सीता की रखवाली की जिम्मेदारी दिलवा दिया था। इसी विवेक में ही तुलसीदास ने लक्ष्मण के लिये गलती की गुंजाइश भी छोड़ दिया था। है न कमाल की बात ?

कल्पना कीजिये तुलसीदास जी ने राम से यह नहीं कहलवाता कि –

''सीता केरि करेहु रखवारी। बुधि बिबेक बल समय बिचारी।

तब क्या होता ?

बहुत संभव था लक्ष्मण किसी भी दशा में सीता को अकेली छोड़कर नहीं जाता और ऐसा होता तो कथा के प्रवाहमानता में रुकावट आ सकती थी। क्योंकि लक्ष्मण राम का आज्ञाकारी भाई है। मानस में इस प्रसंग को छोड़कर सर्वत्र देखा जा सकता है कि किस तरह से लक्ष्मण हमेशा ही राम के आज्ञा पालन के लिये तत्पर रहते दिखाई देते रहे हैं। तुलसी जैसा मर्मज्ञ कथा में प्रवहमानता में रुकावा होने नहीं दे सकता था। सो ..

लीजिए राम अपना किरदार निभाने चला गया। अब बची सीता और इन्तजार में रावण। उधर मारीच यज्ञ रखवाली के समय राम के बिना फर के बाण के प्रहार से उसकी क्षमता को जान गया था कि यह

कोई साधारण राजकुमार मात्र नहीं है। इसलिए जब उसने – उभय भाँति देखा निज मरना।

तब–

ताकिसि रघुनायक सरना।

लेकिन उसने रावण को धोखा नहीं दिया बल्कि उनके निर्देशों का सही–सही पालन कर अपने वफादार होने तथा कर्तव्य पालक होने का भी परिचय दे दिया था। यही वजह है कि वह राम के तीर लगने पर–

लछिमन कर प्रथमहिं लै नामा। पाछे सुमिरेसि मन महुँ रामा।

रावण को भी पता था कि मारीच वही करेगा जो उसे कहा गया है। रावण ने राम से दुश्मनी मात्र अपने हित के लिये नहीं किया था। बल्कि इस निर्णय से वह बन्धु–बान्धव के साथ–साथ अपने महाप्रतापी पुत्र को भी राम के हाथों वीरगति को प्राप्त कराकर उन्हें ससम्मान मोक्ष दिलवाना चाहता था। इधर –

आरत गिरा सुनी जब सीता

स्वभाविक है आवाज इतनी तेज तो रही ही होगी कि उस 'आरत' वाणी को लक्ष्मण ने भी सुना होगा – फिर भी डरी हुई सी आवाज में सीता लक्ष्मण से कहती है –

जाहु बेगि संकट अति भ्राता

राम से तो नहीं परन्तु सीता से लक्ष्मण प्रश्न कर सकता था। सो किया–

भृकुटि बिलास सृष्टि लय होई। सपनेहुँ संकट परइ कि सोई।

लक्ष्मण का प्रश्न सीता के लिए संकट बन गया था। क्योंकि लक्ष्मण के होते उसका हरण संभव नहीं था। इसलिए वह लक्ष्मण को अपने से दूर करने को अमादा हो जाती है। इस कार्य में देरी की थोड़ी भी गुँजाइश नहीं है। क्योंकि –

1– देरी होने से मिला हुआ अवसर समाप्त हो जाता

2– उधर राम कबतब जंगल में रहते ?

3– इधर रावण का इंतजार भी बढ़ता।

इसलिये ऐसा कुछ करना सीता के लिए अनिवार्य हो गया था कि वह लक्ष्मण को तत्काल अपने से दूर कर सके। इसे नाट्यशास्त्र की दृष्टिकोण से सीता के प्रतित्युत्पन्न मति का परिचायक होना भी कह सकते हैं।

भारतीय नारी अच्छी तरह से जानती हैं कि पुरुषों को कैसे नियंत्रित किया जा सकता है, चाहे पुरुष का उससे कोई भी नाता क्यों न हो। इसके पहले मानस में ही कैकेयी और सूर्पनखा अपना प्रभाव दिखा चुकी थी। सीता इससे अनजान कैसे हो सकती थी ? यहाँ पर सवाल यह नहीं है कि सीता किसी का अनुकरण कर रही थी या नहीं पर उसके लिये यह समस्या जीवन–मरण की समस्या के बराबर उपस्थित हो गया था। इसलिये सीता हारकर नारी शक्ति का प्रयोग करने को विवस हो जाती है और लक्ष्मण को नारी के सामने हारकर अपना हठ छोड़ना पड़ता है। इस प्रसंग में तुलसीदास ने भी संयम और संकेत से काम चला लिया। इसलिये हमें भी वही करना पड़ेगा –

मरम बचन सीता जब बोला।

हमें सीता के–मरम वचन का अंदाजा है (बााल्मीकि ने इस पर ज्यादा और स्पष्ट प्रकाश डाला है) पर इसमें आप उलझे रहें कि सीता ने ऐसा क्या कहा होगा जिससे तुलसीदास बताना जरूरी नहीं समझे, लेकिन उस बचन को सुनकर लक्ष्मण जी इतने विचलित हो गये कि वह राम के निर्देश की अवहेलना कर (यह पहिली बार हो रहा था) सीता को जंगल में अकेली छोडकऱ राम की सहायता करने (आवश्यक महसूस नहीं होने की बात जानते हुए भी) जाने को विवश हो गये।

स्वाभाविक है सीता के बचन साधारण तो नहीं रहा होगा ? हमने पहले ही नारी शक्ति और पुरुषों पर उनकी नियंत्रण क्षमता की चर्चा कर लिया है। इसलिए अब चर्चा की आवश्यकता नहीं है। खैर सीता लक्ष्मण को अपने से दूर करने में कामयाब हो गई। रावण इसी की प्रतिक्षा में था।

यति का वेश धारण किये रावण बिना समय गँवाये सीता के पास चला गया और छलकर सीता का बल पूर्वक हरण भी कर लिया। गजब का विरोधाभास है– पर यह विरोधाभास सबको समझ में नहीं आया या कहें लोग समझ कर भी समझना नहीं चाहें होगे। क्योंकि चाह लेने से उनकी भावना को ठेस जो लग जायेगी। रचनाकार ऐसा होने नहीं देना चाहते थे।

उपरोक्त विरोधाभास लेखन से जहाँ रचना में एक ओर रावण के चरित्र में खलनायकत्व ऊभर कर सामने आ पाया है वहीं दूसरी ओर नायिका सीता के चरित्र में सहजता भी बनी रही है। कुल मिलाकर यही कि तुलसीदास ने बड़ी चतुराई से काम लेकर अपने सफल लेखकीय क्षमता और कुशल निर्देशन का परिचय दे दिया है। शायद इसीलिये एक ओर जहाँ रावण के लिये एकबार तुलसीदास लिखते हैं कि सीताहरण के पहले –

मन महुँ चरन बंदि सुख माना

तो दूसरी बार रावण के लिये ही लिख रहे हैं –

क्रोधवंत तब रावन, लीन्हिसि रथ बैठाइ

मतलब लेखक–निर्देशक तुलसी ने रावण को चरण वंदना मन ही मन करा दिया इसलिये दर्शकों को इसका पता ही नही लगा। सामान्यतः आज भी फिल्मों, धारावाहिकों आदि में उपरोक्त प्रकार के विरोधाभासीय अभिनय करवाये जाते हैं पर उसका आभाष दर्शकों को करा देने से दर्शक उसकी कुटिलता से पहले ही परिचित हो जाते हैं। लेकिन यहाँ ऐसा कुछ भी नहीं हुआ। दर्शकों ने जो रावण को करते देखा वह क्रोधित रावण था जो सीता को बलपूर्वक रथ में बैठा रहा है। कहने का तात्पर्य यह कि यहाँ रावण का दो चरित्र (आंतरिक और बाह्य) को तुलसी ने एक ही साथ प्रस्तुत कर दिया है पर पाठकों, दर्शकों और टीकाकारों ने रावण के केवल एक ही चरित्र बाह्य को देखा है –

क्रोधवंत तब रावन, लीन्हिसि रथ बैठाइ।

यही तो है तुलसी का रचना कौशल है। साधारणतः पाठक, दर्शक, टीकाकार और भक्ति चारों को तुलसी ने एक साथ साध लिया।

पाठक, दर्शक और टीकाकार सब रावण के ऊपरी आचरण क्रोधवंत तब रावन, लीन्हिसि रथ बैठाइ, को देख कर उसे दुष्ट करार दे कर निंदा कर रहे हैं। रावण ने भी अपने अभिनय क्षमता से किसी को भान नहीं होने दिया कि वह पूर्व में – मन महुँ चरन बंदि कर सुख की अनुभूति कर चुके हैं।

अब जरा सोचिये यदि दर्शक सीता हरण के पहले रावण के चरण वंदि कर सुख की अनुभूति को भाँप जाते तो क्या होता ? स्वभाविक है सब गड़बड़ हो जाता और रावण को तब शायद खलनायक मानने में असुविधा होती और यदि ऐसा होता तो रसनिष्पत्ति एवं साधारणीकरण में बाधा हो जाती पर एक साथ तुलसी ने बड़ी चतुराई के साथ सब साध लिया और रहस्य को रहस्य ही बने रहने दिया।

दूसरे शब्दों में कहें तो तुलसीदास ने सीताहरण के समय के रावण के दो स्वरूप का वर्णन किया है। पहले स्वरूप में रावण सीता को मन में ही सही हरण वाले कृत्य के पहले "चरण वंदना" करता है। रावण के ऐसा करने में उसके आदर्श स्वरूपा कोमल भाव प्रदर्शित होता है और क्रोधवंत तब रावण, लीन्हिसि रथ बैठाई में उनका क्रोधी होना प्रदर्शित हो रहा है। देखा जाय तो दोनो भाव में विरोधाभास है। क्योंकि जहाँ क्रोध है वहाँ चरन बंदि की गुंजाइश ही नही रहती। जबकि यहाँ दोनो भाव जो एक–दूसरे के विरोधी हैं, एक साथ उपस्थित हैं। अब सवाल उत्पन्न होना चाहिये था– क्यों ? पर आश्चर्य किसी ने सवाल ही नहीं किया ? है न कमाल की बात ? यही तो तुलसी का रचना कौशल है।

एक और बात तुलसीदास ने रामचन्द्र जी जो सब का और स्वयं तुलसी का आराध्य है, उसके लिये बालीवध वाला सिचुएशन या कहें विकल्प रावण बध के लिए नहीं छोड़ना चाहते थे। क्योंकि वे एक बार रामचन्द्रजी को बड़ी मुश्किल से बाली के प्रश्न –

मै बैरी सुग्रीव पियारा । अवगुन कवन नाथ मोहि मारा।

के उत्तर में।

अनुज बधू भगिनी सुत नारी।........................ ।

इन्हहि कुदृष्टि बिलोकइ जोई। ताहि बधे कछु पाप न होई।

कहलवा कर राम के बचाव बड़ी मुश्किल से कर सके थे वह भी लगभग अपर्याप्त–सा। लेकिन तुलसी की चतुराई कहें या भक्तजनित आस्था जिसके कारण कोई यह सवाल नहीं उठाता कि ऊपर वर्णित तथ्य केवल मानव समुदाय पर लागू होता है वानरादि समुदाओं पर नहीं। चूँकि बाली वानर है इसलिये राम का कथन बाली पर लागू नहीं होना चाहिये पर प्रायः टीकाकार इस पर सवाल ही नही कर रहे हैं।

निष्कर्ष यही कि तुलसीदास के लिए मानस की रचना में महाकाव्य की सफलता के लिये, कथा में रोचकता तथा रसनिश्पत्ति आदि के लिए भी सीताहरण ही एकमात्र समाधान रह गया था। बिना सीता हरण के कथा में जो तनाव आया है वह नहीं आता और यदि ऐसा होता तो कथानक निष्प्रभावी होकर शिथिल हो जाती। क्योंकि नायक का चरित्र विपरीत स्थिति में ही ज्यादा प्रभावी हो पाता है, वही मानस में हो सका है। नाटक को सफल बनाने के लिये नाटककार प्राय अपने नाटक में ऐसी स्थितियों का सृजन करते रहते है। वहीं यहाँ पर तुलसीदास जी ने भी किया है।

सीता माता अपना रोल पूरी सिद्त के साथ जबरदस्त तरीके से निभा रही है। आपने रंगमंच में प्रत्यक्ष या फिल्मों में ऐसे अनेक दृश्य देखे होंगे जब नायिकाओं के करुण क्रन्दन से दर्शकों के आँखों में आँसू तक निकल आते हैं। सीता गगन पथ गामी रथ 'आज के हवाई जहाज' में बैठी विविध प्रकार के विलाप कर रही है। अतः स्वभाविक है उसका असर तो होना ही था। देखिये तुलसी के ही शब्दों में –

सीता कै विलाप सुनि भारी। भए चराचर जीव दुखारी।

क्या जबरदस्त अभिनय–प्रभाव था 'इसे नाट्यशास्त्र में रस सिद्धि कहते हैं। प्रभाव इतना कि पक्षीराज जटायू तो रावण पर हमला करने को ही उद्धृत हो जाता है। वह रावण को एक वीर योद्धा की भाँति ललकारता है –.

रे रे दुष्ट ठाढ़ किन होही। निर्भय चलेसि न जानेहि मोही।

सीता ने अपने कला–कौशल का परिचय देते तथा कथा को गति प्रदान करते हुये स्वयं ही संकेतों का निर्वहन वैसे ही करती है जैसे लक्ष्मण को दूर करने के लिये या कहें राम के आदेश का उल्लंघन कराने के लिये प्रत्युत्पन्न मती का उपयोग कर की थी। यहाँ पर सीता कुछ वानरों को नीचे देख कर वही कर रही है–

कहि हरि नाम दीन्ह पट डारी।

अर्थात् ऐसा करके वह राम के लिए आगे का रास्ता आसान कर देती है। ताकि दर्शकों के मन में अभिनय को लेकर कोई शंका उत्पन्न न हो जाय और कथा में कौतूहल भी बना रहे? वाह ! तुलसी महराज आपके लेखन और डायरेक्शन का कोई जवाब नहीं। अद्भुत ! अतुलनीय !

सीता राम के वियोग में वियोग को चरम दशा तक पहुँचा देती है इसीलिये सीता प्राण त्यागने तक की बात करने लग जाती है। यही नहीं उसे इसका भी ज्ञान नहीं रह गया कि वह जिनसे आग की माँग कर रही है वे आग नहीं शीतलता प्रदान करते हैं। देखिये सीता किससे आग माँग रही है –

देखियत प्रगट गगन अंगारा। अवनि न आवत एकउ तारा।

सीता की मनोदशा से द्रवित और सराबोर त्रिजटा को आखिर सांत्वना स्वरूप कहना ही पड़ता है कि –

निसि न अनल मिल सुनु राजकुमारी।

और इतना कहकर रुखसत हो जाती है। सीता अपने अभिनय क्षमता से त्रिजटा के अतिरिक्त रावण और हनुमान तक को मोहित करके रखा है। देखिये –

परम दुखी भा पवनसुत देखि जानकी दीन।

इधर राम ! ओ तो स्वयं लीलाधर हैं। अभिनेताओं के भी अभिनेता। महानायक ! उसने जैसे ही लक्ष्मण को अपनी ओर आते देखा तो बेचैन होने का अभिनय करने लग गये और लक्ष्मण से सहज कथन करने लगे–

जनकसुता परिहरिहु अकेली।

माने मैंने (राम ने) सीता को अकेली जंगल में नहीं छोड़ने के लिये कहा था फिर भी तुमने सीता को जंगल में अकेली छोड़ आये ? क्या डॉयलाग है ? अद्भुत!

यही नहीं अकुलाट की तीव्रता में तुलसीदास ने राम से सीता के पर्णकूटी में नहीं होने की भविष्यवाणी तक करा दिया है। जिसे दर्शक और टीकाकार भाँप ही नहीं पाए। है न कमाल की बात? पंक्ति देखिये तुलसी बाबा क्या लिख रहे हैं –

मम मन सीता आश्रम नाही।

ऐसा कह कर श्रीराम ने लक्ष्मण को उसकी गलती का एहसास ही नहीं कराया अपितु कथा की पूर्व सूचना भी दे दी। ऐसे ही पूर्व सूचना देते रहना अच्छे नाटक की विशेषता है।

वाह ! दुनियाँ के श्रेष्ठतम डॉयरेक्टर तुलसी बाबा ! आपका कोई जवाब नहीं ! सब बढ़िया चल रहा है। राम को अब लक्ष्मण ही समझा रहे हैं जैसे आम जीवन में होता है। दुखी व्यक्ति कितना ही ज्ञानवान क्यों न हो दुख पड़ने पर अक्सर लोग भूल जाते हैं कि जिसे वे समझा रहे हैं वह ज्ञानी व्यक्ति हैं। इसलिये दुख के समय सब भूल–भाल कर ज्ञानी को साधारण व्यक्ति भी ज्ञान देते नजर आता है। हमेशा राम से ज्ञान की बातें पूछने वाला लक्ष्मण परम ज्ञानी राम को ही समझा रहा है पर राम है कि सीता के वियोग से बावले हुये जा रहे है और अज्ञानी की भाँति –

हे खग मृग हे मधुकर श्रेनी। तुम्ह देखी सीता मृगनैनी।

पागलपन दिखाते हुए पक्षी और मृगों से ही सीता का पता (जानकारी होने संबंधी) पूछ रहे हैं। यहाँ भी तुलसीदास ने करूणा की उच्चतम दशा को उपस्थिति करा दिया है। वाह ! क्या करुण विलाप है। कि दर्शक, पाठक और टीकाकार सब बिना तर्क किये राम की तरह ही पागल हुये जा रहे हैं। जैसे सीता प्रसंग में हो रहे थे। मूक जीव–जन्तुओं से राम सीता का पता पूछ रहे हैं। यहाँ पर तुलसीदास ने वैसे ही वियोग की दशा को चरम पर ले गये हैं जैसे सीता के लिये ले गये थे कि भक्त पाठक दर्शक और टीकाकार आँखें बन्द कर इस

अभिनय पर आँसू बहा रहे हैं। है न कमाल का लेखन, निर्देशन और अभिनय क्षमता ?

हमें लगता है कि पिछले साक्ष्य के आलोक में हम यह कहने की स्थिति में पहुँच चुके हैं कि रावण वध तक के लीला में निर्देशित प्रमुख तीनों पात्रों के अभिनय क्षमता पर किसी को संदेह नहीं रह गया होगा कि उनके अभिनय के और उदाहरण देना पड़े ?

इस रंगमंच में शिव जिन्हें सबकुछ पता था वह सूत्रधार की भूमिका बखूबी निभाता रहा है। 'सूत्रधार का काम होता है कि जब परदा गिरा हुआ हो तब रंगमंच में उपस्थित होकर जहाँ पात्र के अभिनय पर दर्शकों से कोई बात नाटक से संबंधित करना आवश्यक हो जिस पर दर्शक संदेह कर सकता है या उसका अभिनय नहीं किया जा सकता है, वहाँ पर स्पष्टीकरण देता हुआ कथा को गति देते रहना है। यह भूमिका लेखक–निर्देशक तुलसीदास जी ने भी शिवजी के साथ बारी–बारी से आवश्यकतानुसार निभाते रहा हैं। यही नहीं इस भूमिका को कागभुशुण्डि और यागबलिक मुनि भी आवश्यकतानुसार निभाते रहे है। कहने का तात्पर्य यह कि इस नाटक में चार सूत्रधार हैं। यही वजह है कि संदेहास्पद स्थलों पर जगह–जगह कभी शिवजी तो कभी तुलसीदास और कभी कागभुशुण्डि और यागबलिक आवश्यकतानुसार स्पष्टीकरण देते हुये कथा को निरंतर गति प्रदान करते रहे हैं। बात को समझाने के लिए हमें शिव, तुलसी और कागभुशुण्डि की भूमिका से उदाहरण देना अपरिहार्य जान पड़ रहा है। सो....

1–प्रथम शिव जी के संदर्भ में –

उमा दारु जोषित की नाईं। सबहि नचावत रामु गोसाईं।

और ....

सुर नर मुनि सब कै यह रीति। स्वारथ लागि करहिं सब प्रीती।

2– द्वितीय तुलसी के संदर्भ में –

जाके डर सुर असुर डेराहीं। निसि न नींद दिन अन्न न खाहीं।

या ....

सो दससीस स्वान की नाईं। इत उत चितवत चला भड़िहाईं।

3 – कागभुशुण्डि जी के संदर्भ में –

और इधर कागभुशुण्डि जी...

जिमि कुपंथ पग देत खगेशा। रह न तेज तन बुधि बल लेसा।

इसी तरह से लक्ष्मण राम के संकेत पा कर रंगमंच में सूर्पनखा का नाक–कान काट देता है जिसके परिणाम को सूत्रधार की भूमिका में तुलसी दर्शकों की ओर मुखातिब हो कर बतला रहे हैं कि –

ताके कर रावन कहँ मनौ चुनौती दीन्हि

रावण को उनके परिजनों ने काफी समझाया पर रावण एक बेहतर मुखिया, अभिनेता और योद्धा की तरह संकल्पित था अपनों के कल्याण के लिए। ऐसा कौन मुखिया होगा जो अपने परिवार का हित नहीं चाहेगा ?

रावण औसर नहीं गवाँ सकता था। हाँ थोड़ा संशय था कि जिसे वह भगवान समझ रहा है वह नहीं हुआ और कोई राजपुत्र मात्र हुआ तो....

हरिहउँ नारि जीति रन दोऊ।

या ....

नर वानर केहि लेखे माहीं।

हमारे योद्धा दावत करते रहेंगे। इसी लिए रावण आखिर तक किसी का कहा नहीं मानता। रावण के इसी कृत्य को ज्यादातर लोग जल्दबाजी में रावण की धृष्टता मान लेते हैं पर वैसा है नहीं।

आखिर में विश्व की महानतम महानाटक की समाप्ति रावण की मृत्यु के बाद सीता के तथाकथित अग्नि परीक्षा के साथ समाप्त हो जाता है। हमने इस कृत्य को तथाकथित इसलिये कहा है कि जिसे लोग अग्नि परीक्षा कहते हैं वह अग्नि परीक्षा नहीं अपितु नकली सीता के अग्नि प्रवेश के बाद असली सीता को अग्नि से बाहर लाने का उपक्रम मात्र रहा है।

रावण बध के पहले एक दृश्य यह भी था कि रावण अपने छोटे भाई विभीषण को लात से मारता है पर क्यों ? इस क्यों का उत्तर रावण के निश्चय में ही छुपा है। जरा सोचिये यदि रावण विभीषण को लात मारकर लंका से निकलने को विवश नहीं करता तो क्या होता ?

पहला तो यही है कि जो लोग रावण को दुष्ट कहते नहीं थकते उनके लिये मसाला कम पड़ जाता और रावण के अन्य भाईयों की तरह विभीषण भी लड़ते हुये मरकर सद्गति को प्राप्त कर लेता। सामान्यतः रावण मुखिया होने के नाते यही तो चाहता था या बहुत संभव है युद्ध ही न करता जिसकी संभावना न के बराबर है। तब वह रावण–विरोधियों के आँखों में नहीं खटकता तथा नाटक में तुलसीदास को कथावस्तु में हेरफेर भी करना पड़ सकता था जोकि रचनाकार तुलसीदास को स्वीकार्य नहीं था। इसके कई मायने और हो सकते हैं जिसकी चर्चा करना यहाँ प्रासंगिक नहीं होगा ?

वैसे भी शत्रुदल में मिलना विभीषण के चरित्र का काला दाग साबित हुआ। यह दाग विभीषण को रामभक्त विशेषण भी मिटा नहीं सका। इसीलिए ''घर का भेदी लंका ढावे'' जैसे अपमानसूचक कहावत प्रचलित हो गया। इस सच्चाई को यों ही नजरअंदाज नहीं किया जा सकता। इस घटना से यह भी सिद्ध होता है कि भारतीय समाज रामभक्त से ज्यादा तवज्जों राष्ट्र भक्त और कुलभक्त होने को देता है। शायद यही कारण है कि कोई अपने पुत्र का नाम विभीषण रखना नहीं चाहता। वह रावण, लंकेश, लंकापति कुम्भकर्ण और यहाँ तक कि मेघनाद तक रखना पसंद करता है पर विभीषण बिल्कुल नहीं। यही नहीं आज भी घरों में अपनों के लिए हानिकारक भेदिया साबिर होने वालों के लिए व्यंग्य या उसके निरादर में कहने से नहीं चूकते –

जब घर में ही विभीषण निकल आये या पैदा हो जाय तब .... ।

रावण द्वारा अपमानित किये बिना विभीषण को लंका से बाहर नहीं निकाला जा सकता था और न ही ऐसा किये बिना कथा में रोचकता को बनाये रखा जा सकता था। यही समय का तकाजा और कथा की माँग थी। तुलसी ने कथा की माँग को पहचान कर ही उसका

सही–सही निर्वहन किया है। इसलिये तुलसी के लिये विभीषण को लंका से बाहर निकलवाना आवश्यक हो गया था।

इतनी चर्चा के बाद हम यह कह सकने की स्थिति में पहुँच चुके हैं कि रामचरित मानस में तुलसीदास ने न केवल सफलतापूर्वक निर्देशन किया है, अपितु अपना रोल नाटक के एक पात्र– सूत्रधार का भी बखूबी निभाया है। इसमें भी तुलसीदास ने किसी के लिए संदेह की गुंजाइश ही नहीं छोड़ा और जहाँ तक कवि होने के साथ–साथ सफल नाट्य लेखन का भी परिचय दिया है।

जब हम काव्य और नाट्य समायोजन की बात करें तो तुलसीदास निर्विवाद रूप से दुनिया के एकमात्र सफल रचनाकार सिद्ध होते हैं। जिन्होंने महाकाव्य के भीतर नाटक और नाटक के भीतर निर्देशन का और निर्देशन के साथ–साथ अभिनय (सूत्रधार) का रोल रेल की पटरी की तरह के समानान्तर रहकर भी महत्वपूर्ण का बना दिया है, अलग होते हुए भी एक। इस दृष्टि से देखें तो भी तुलसी और उनका रामचरित्रमानस दुनिया में बेजोड़ हैं, अद्भुत ! अकल्पनीय !! और स्तुत्य रचना है।

जहाँ तक अभिनय क्षमता का सवाल है उसमें भी मानस के पात्रों का अभिनेय कौशल अतुलनीय–अद्वितीय हैं। चाहे वे तुलसी द्वारा निर्देशित होते रहे हों, चाहे वह कथा प्रवाह से स्वयं निर्देशित हो रहे हों, सबके सब अद्वितीय हैं। इसीलिए रामचरित मानस एक बेजोड़ कृति शाबित हो जाता है, अद्भुत ! अकल्पनीय !! और स्तुत्य।

***

तृतीय-रत्न

मानस में सामाजिक सरोकार

हिन्दी साहित्य का एक बहुप्रचलित तथ्य है– ''साहित्य समाज का दर्पण'' होता है। हमने भी इस दर्पण में रामचरितमानस का विहंगावलोकन कराने की कोशिश की है। वैसे भी चाहे तुलसीदास ने ही मानस रचना को स्वान्तः सुखाय क्यों न कहा हो, तथापि इसकी कथा को कलियुग में जन्में लोगों के पापहरण करने वाला भी कहा है। इसलिए हमारे लिए यह आवश्यक हो गया था कि चाहे विहंगम ही सही इसके सामाजिक सरोकारों की संक्षिप्त झांकी प्रस्तुत करें।

इस दर्पण में बहुत संभव है जो चित्र दिखेगा वह आपका और हमारा भी हो सकता है। अस्तु दर्पण आपके समक्ष है। अपना प्रतिबिम्ब आप खुद ही देख लीजिए।

– डॉ. पी. आर. कोसरिया

रामचरितमानस के सामाजिक सरोकार एक विहंगम दृश्य

जैसा कि अरस्तू ने कहा है कि– "मनुष्य एक सामजिक प्राणी है। जो समाज से बाहर रहता है वह या तो देवता है या पशु"।

कहने का मतलब यह कि दुनियाँ में जो कुछ भी व्यक्ति लिखता, पढ़ता पढ़ाता और करता है, सब में कहीं न कहीं सामाजिक सरोकार नीहित होता है। इसीलिए साहित्य के लिए संस्कृत साहित्य में कहा गया है– सः हितो साहित्यम् अर्थात् जिसमें सबका हित नीहित हो वही साहित्य है। तो भला रामचरितमानस इसका अपवाद कैसे हो सकता है?

यद्धपि तुलसीदास ने रामचरितमानस लेखन के हेतु को स्पष्ट करते हुये पहले ही लिख दिया है कि –

स्वान्तः सुखाय तुलसी रघुनाथगाथा –

भाषानिबन्धमतिमत्र्जुलमातनोति

लेकिन दूसरी जगह वे रामायण का महत्तम बताते हुये रामचरितमानस के मानवीय सरोकारों को यह कहकर स्पष्ट भी कर देते है कि –

1. सकल विघ्न व्यापहिं नहि तेही। राम सुकृपाँ बिलोकहिं जेही।
   सोइ सादर सर मज्जनु करई। महा घोर त्रयताप न जरहीं।
   ते नर यह सर तजहिं न काऊ। जिन्ह के राम चरन भल भाऊ।
   जो नहाइ चह एहि सर भाई। सो सतसंग करउ मन लाई।
2. मानस मूल मिली सुरसरिही। सुनत सुजन मन पावन करिही।
3. जिन्ह एहि बारि न मानस धोए। तें कायर कलिकाल बिगोए।

कहने का तात्पर्य यह कि रामकथा माने मानस की कथा। यह कथा स्वान्तः सुखाय होते हुए भी लोकमंगलकारी है अर्थात सभी के लिये है और जब सभी के लिये है तो सामाजिक सरोकार का होना भी स्वभाविक ही है। तुलसीदास जी के कथन –

सिया राम मय सब जग जानी। करहुँ प्रणाम जोरि जुग पानी।

या –

ईश्वर अंस जीव अविनासी। चेतन अमल सहज सुख रासी।

में भी इसी सामाजिक सरोकार के दर्शन किये जा सकते हैं।

सामान्यतः धार्मिक ग्रंथों में भावना यानी आस्थागत भावों की प्रधानता होती है। जैसे कि सिया राम मय सब जग जानी। करहुं प्रणाम जोरि जुग पानी, में दृष्टिगोचर हो रहा है। इस आधार पर हम रामचरितमानस के सामाजिक सरोकार को तीन वर्ग में विभाजित कर उसका अध्ययन कर सकते है। इसे और ज्यादा स्पष्ट करना चाहें तो वह इस प्रकार हो सकता है –

एक – आस्था जनित भावना से जुड़े सामाजिक सरोकार माने दूसरे शब्दों में इसे धार्मिक सरोकार भी कह सकते हैं।

दूसरा – सामाजिक सरोकार।

तीसरा – राजनीतिजनित सामाजिक सरोकार।

रामचरितमानस में हमें तीनों तरह के सामाजिक सरोकार के दर्शन होते हैं, जिसकी विवेचना इस प्रकार से किया जा सकता है –

1. धार्मिक जनित सामाजिक सरोकार –

रामचरितमानस चूँकि एक धार्मिक ग्रंथ है, इसलिये स्वभाविक रूप से इसमें धार्मिक सरोकार की प्रधानता होगी ही। इसलिये हम यहाँ पर उसकी वृहद चर्चा न करते हुये संक्षिप्त चर्चा कर यह सिद्व करने की कोशिश करेंगे कि मानस में धार्मिक किस्म के सामाजिक सरोकार उपलब्ध है। जैसे –

परहित सरिस धरम नहीं भाई। पर पीड़ा सम नहिं अधमाई।।

धर्म को लेकर विविधता चाहे कितना ही देखने को मिले पर सभी धर्मों में इसे ही स्वीकार्यता प्राप्त है कि किसी दूसरे को कष्ट नहीं देना चाहिये। तुलसीदास ने इसे धर्माधिराज के पद पर प्रतिष्ठित कर सब की बोलती ही बंद कर दिया है। यह सच हैं कि वर्तमान परिवेश में इसे

देखें तो दुनियाँ में बढ़ते धार्मिक कट्टरता और हिंसा के नियंत्रण में यह मान्यता मरहम का काम करेगा। यदि इस मान्यता पर जोर दिया जाय या दुनियाँ भर के लोगों को इसका पाठ पढ़ाया जाय तो दुनियाँ से कट्टरता, संघर्ष और भेद–भाव को मिटाया जा सकता है। इस तरह से रामचरित मानस का सूत्र –

परहित सरिस धरम नहीं भाई। पर पीड़ा सम नहिं अधमाई।

दुनिया और सम्पूर्ण मानव समाज के लिए अनुकरणीय साबित हो सकता है यदि सबको इसे पढ़ाया और बताया जाय तो ?

2. परबस जीव स्वबस भगवंता –

यह कथन भी वैज्ञानिक तथ्य की तरह सर्व स्वीकार्य हैं कि हम सब ईश्वर के ही अंश है। कहने का तात्पर्य यह कि जो धर्म पर आस्था रखते है। वे किसी न किसी रूप में ईश्वर को स्वीकार करते ही हैं। इसलिये सभी की मान्यता है कि ईश्वर किसी के नियंत्रण में नहीं हैं। जो परमात्मा को अपना कह कर उत्पात करते हैं वे सचमुच के अज्ञानी हैं। सत्य तो मानस का यही संदेश है कि– केवल ईश्वर ही चाहे आप उसे किसी भी नाम से पुकारें, वही स्वबस है। जबकि जीव हर हाल और हर स्थिति में किसी न किसी के अधीन है। चाहे वह तथाकथित धर्म हो, (धर्म के नाम पर उत्पात करनेवाले) गुरू हो या राजनीति या जाति हो।

3. मैं अरु मोर तोर तैं माया –

दुनियाँ के प्रायः धर्मग्रंथों में किसी न किसी रूप में माया की चर्चा हुई है पर माया की इतनी सरल तौर पर व व्यवहारिक परिभाषा शायद ही किसी ने दी हो ? कहने का तात्पर्य यह कि माया की परिभाषा जो मानस में है लगभग सर्वमान्य है। इसलिए उसे नकारना आसान नहीं है। ठीक वैज्ञानिक मान्यता की तरह।

4. जड़ चेतन गुण दोस मय, विस्व कीन्ह करतार –

संसार में ऐसा कहीं नहीं मिलेगा कि जहाँ निर्विवाद रूप से कहा जा सके कि यहाँ पर केवल अच्छाई ही अच्छाई है। मनुष्य में तो बिल्कुल नहीं। इसलिए मनुष्य है तो उसमें दोष होगा ही। अस्तु मानस का यह

कथन – "जड़ चेतन गुण दोस मय, विस्व कीन्ह करतार" भी वैज्ञानिक कथन की तरह सर्वमान्य है।

5. बूँद अघात सहहि गिरि कैसे।

खल के बचन संत सह जैसे।।

वर्षा के बूदों के आघात पर्वत ऐसे सह रहे हैं जैसे दुष्टों के कठोर वचनों को संत सह लेते हैं। ऐसा प्राय देखा गया है कि सज्जन किस्म के लोग दुष्टों के कठोर वचनों को भी चुपचाप सह लेते हैं। जबकि सामान्य जन प्रायः ऐसा नहीं कर पाता और वह प्रत्युत्तर दे देता है, जिसके कारण दो पक्षों में लड़ाइयाँ भी हो जातीं है। इसलिये साधुओं के साथ या साधुओं में प्रायः लड़ाइयाँ होते देखा नहीं जाता।

6. समिटि समिटि जल भरहिं तलावा।

जिमि सदगुन सज्जन पहिं आवा।।

बारिश के दिनों में थोड़ा–थोड़ा जल इकट्ठा होकर तालाबों को भर देता है अर्थात बारिश के थोड़े–थोड़े जल इकट्ठा हो, हो कर तालाबों में भर जाता है। ठीक वैसे ही सज्जनों के पास सद्‌गुण इकट्ठा होते रहता है। क्योंकि वह दुर्गुणों को अपने में समाहित ही नहीं करता। यही साधुओं का स्वभाव है। साधुओं के स्वभाव के संबंध में तुलसीदास ने अन्यत्र भी लिखा है–

साधु चरित सुभ सरिस कपासू।
हरसि विसाद गुणमय फल जासू।

अर्थात इस कथन – "समिटि समिटि जल भरहिं तलावा। जिमि सदगुन सज्जन पहिं आवा" में भी वैज्ञानिक सिद्धान्त की तरह सत्यता समाया हुआ है।

7. बिन पद चलै सुनै बिन काना।

कर बिन कर्म करे बिधि नाना।।

दुनियाँ के सभी धर्मों में परम तत्व की मान्यता है चाहे वह साकार हो या निर्गुण सभी में उसकी आराधना की जाती है इस आशा से कि वह हमारी मनोकामना को पूरा करेगा अर्थात् वह वर्तमान में नहीं है फिर भी

हमारी प्रार्थना को स्वीकार कर हमारा हित करेगा यानी आयेगा ऐसा मनुष्य विश्वास करता है। तो सवाल उत्पन्न हो सकता है वह कैसे आयेगा ? तब यही कहना समीचीन होगा कि वह वर्तमान में शरीरी नही है तब बिना पैर के चल कर हमारी मदद करेगा और चूँकि हमें उम्मीद है कि वह हमारी विनती या प्रार्थना को सुनेगा। इसका मतलब है कि वर्तमान में वह अशरीरी है तब बिना कान के भी सुन रहा होगा?

8. राम नाम मनि दीप धरु, जीह देहरी द्वार।

तुलसी भीतर बहिरे, जो चाहसि उजियार।।

यह परम वैज्ञानिक सत्य है कि यदि देहरी में प्रकाश की व्यवस्था कर दिया जाय जो एक साथ घर के अंदर और बाहर प्रकाशित हो जाता है अन्यथा दोनों जगह प्रकाश करने के लिये दो अलग–अलग व्यवस्था करना पड़ेगा।

9. हरि हर निंदा सुनइ जो काना।

होइ पाप गोघात समाना।।

जो व्यक्ति विष्णु और शंकर की निंदा अपने कानों से सुनकर चुप रहेगा माने कोई प्रतिक्रिया तक नहीं करेगा उसको गौ हत्या के समान पाप लगेगा। यह एक खतरनाक किस्म का कथन है। क्योंकि यदि लोग इस पर अमल करने लग जाये तो समाज में कट्टरता के साथ–साथ हिंसात्मक वृत्ति को बढ़ावा मिलने लगेगा। जैसा कि मुस्लिम विचार धारा में होते देखने को मिल रहा है। इसलिए इसका परहेज करना ही बेहतर होगा।

10. उमा संत कइ इहइ बड़ाई।

मंद करत जो करइ भलाई।।

संत का ऐसा ही स्वभाव होता है कि उसका अमंगल करने वालों के लिये भी वह मंगल ही करते हैं।

11. जिमि तीरथ कर पाप –

इसे कर्मकाण्डियों के पाखण्ड कृत्य पर खुला प्रहार भी कह सकते हैं। क्योंकि कर्मकाण्डी किस्म के लोग लोगों को यही बताते रहते हैं कि

तुम्हारे सब पाप तीर्थों में जाने से नष्ट हो जाते हैं। तुलसी कर्मकाण्डियों के घोर विरोधी थे। इसलिये उन लोगों ने तुलसी को प्रताड़ित करने के कोई अवसर नहीं छोड़ रख था।

इस पंक्ति को कबीर के कथन –

तीरथ चलैय दुइ जनै, चित चेचचल मन चोर।

एको पाप न उतरइया, दस मन लाये और।

के समकक्ष रखकर देखा जा सकता है।

12. ईश्वर अंस जीव अबिनासी –

धार्मिक ग्रंथों के अनुसार ऐसा माना जाता है कि मनुष्य ईश्वर का ही अंश है और जीव माने आत्मा अविनाशी है। आत्मा के संबंध में यही बात गीता में भी कही गई है। यथा –

नैनम् छिंदन्ति शस्त्राणि, नैनम् दहति पावकः

इसको स्वीकार कर लेने से दुनिया में बढ़ रही लोगों की दूरी को कम किया जा सकता है या उसे पूरी तरह से मिटाया भी जा सकता है ?

2 वैज्ञानिक सरोकार –

इसके अन्तर्गत हम उन सामाजिक सरोकारों को ले सकते हैं जिनका संबंध मानव समाज से है। वैसे भी मनुष्य एक सात्विक सामाजिक प्राणी है, इसलिये उनका प्रायः कृत्य जिसकी चर्चा किया जा सकता है समाज हित माने कल्याण के लिये होता है। तुलसीदास ने रामचरितमानस में भी अनेक लोक कल्याणकारी बातें कहे है। जैसे– सामान्यतः धार्मिक ग्रंथों में वैज्ञानिक सिद्धान्तों की तरह सर्वमान्य तथ्यों की गुंजाइश बहुत ही कम और कहीं–कहीं नगण्य तक होती हैं। लेकिन रामचरितमानस इसका अपवाद है। यह हिन्दुओं के आस्था का केन्द्र है फिर भी इसमें अनेक बातें ऐसी कही मिल जाती है जिसे झूठलाया नहीं जा सकता अर्थात उसमें कही अनेंक ऐसी बातें हैं जिसे सर्वमान्यता प्राप्त है। इसे ही हमने वैज्ञानिक सामाजिक सरोकार कहा है। जैसे –

1. नहिं दरिद्र सम दुख जग माहीं–

सच कहें तो भूखमरी एक बहुत बड़ी मानवीय त्रासदी है। इसीलिये दुनियाभर के देश बेरोजगारी और भुखमरी को कम करने के प्रयास में लगे हुये है और लोग माने जनता सरकार की असफलता पर आन्दोलन भी करती रहती हैं। मार्क्सवाद का उदय इसी का परिणाम है। इसे समाजशास्त्रीय आधार पर देखें तो समाज में अपराध बढ़ने का एक बड़ा कारण गरीबी और भूखमरी को माना जा सकता है। अतः इसे अस्वीकार करने का कोई कारण नहीं हैं कि दरिद्रता के समान कोई दुख नहीं है। यही कारण है कि कट्टर पंथी या अपराधी किस्म के लोग प्रायः गरीब किस्म के लोगों का अपने उद्देश्य सिद्वि में ज्यादा उपयोग करते हैं।

2.. धीरज धर्म मित्र अरु नारी।

आपदकाल परखिये चारी।।

धीरज, धर्म, मित्र और नारी आपके लिये कितने वफादार है? इसकी परीक्षा संकट आने पर ही होती है। सामान्यतः ये सभी चारों हमारे हितैशी की तरह हमारे आस–पास होते और दिखते हैं पर क्या वे सही में आपके शुभचिंतक हैं इसका पता संकट आने पर ही हो पाता है। यह तथ्य किसी देशविशेष, व्यक्तिविशेष या धर्मविशेष तक सीमित या संबंधित नहीं है बल्कि यह तथ्य सब पर समान रूप् से लागू होता है।

4. दैव दैव आलसी पुकारा –

रामचरितमानस की यह पंक्ति भी सर्वत्र मान्य है कि जो लोग कर्म पर विश्वास करते हैं वे भगवान भरोसे नहीं रहते। हिम्मते मरदा मदते खुदा कहावत शायद इसी भावना से प्रेरित है ? अर्थात् भगवान भरोसे केवल आलसी किस्म के लोग ही बैठे रहते हैं। ऐसे लोग ही असफलता पर दोष भाग्य अथवा ईश्वर पर मढ़ने से भी नहीं चुकते।

5. कर्म प्रधान विश्व करि राखा।

जो जस करई सो तस फल चाखा।।

जो जैसा करेगा उसे वैसा ही परिणाम मिलेगा। इस सिद्वान्त के वैज्ञानिक नियम की तरह सर्वमान्यता पर किसी को संदेह नहीं होना

चाहिये? क्योंकि यह सत्य है कि कोई अपराध करेगा तो उसकी सजा भी उसे ही भुगतना होगा। इसलिये प्रायः सभी धर्मों में आचरण की शुद्धता पर बल दिया जाता है। हिन्दी के कुछ मुहावरे और कहावतें भी इसी तथ्य की पुष्टि करते है। मसलन –

बोए बीज बबूल के, आम कहाँ से होय?

जैसा करोगे, वैसा भरोगे।

या

जैसी करनी वैसी भरनी

मतलब यह कि यदि मनुष्य दुष्कर्म करता है तो कर्म के अनुसार उसको कानूनन सजा भी भुगतनी पड़ सकती है। यही सभी देशों का विधान है। इसलिये ही कहा गया है – कर्म प्रधान विश्व करि राखा।

6. पराधीन सपनेह सुख नाहीं –

यदि किसी को सोने के पिंजड़े में भी बंद (कैद) करके रखा जाय तो भी वह उसे पंसद नहीं होगा। कहने का तात्पर्य यह कि पराधीनता किसी को भी स्वीकार्य नहीं है। यह सर्वमान्य सत्य है वैज्ञानिक मान्यता की तरह।

7. निज कवित्त केहि लागि न नीका।

सरस होई अथवा अति फीका।।

अपनी रचना चाहे कैसा भी हो सबको प्रिय लगता है। इस कथन का व्यंजनार्थ होगा – अपनी संतान या वस्तु सबको प्रिय होता है, चाहे वह दूसरों के लिये कैसा ही क्यों न हो ?

8. समरथ को नहिं दोष गुसांई –

प्रेमचंद के उपन्यास गोदान में इसकी पुष्टि होते देखा जा सकता है। इसीलिये तो सिलिया को रात्रि में मानवीय आधार पर एक रात अपने घर में शरण देने के लिये ही सामाजिक दण्ड स्वरूप होरी से उसकी गाढ़ी कमाई– अनाज ले कर उसे किसान से मजदूर तक होने को विवश कर दिया जाता है। लेकिन वहीं दूसरी ओर समाज पंडित

दातादीन जो सिलिया को वर्षों से रखैल रखा होता है को कुछ नहीं करता।

देखने वाली बात यह है कि यहाँ पर होरी चूँकि समाज का एक अति साधारण और कमजोर किसान था, जबकि पंडित दातादीन तथाकथित उच्च वर्ग ही नहीं समाज में एक प्रभावशाली व्यक्ति था और सिलिया समाज के तिरस्कृत अछूत समझे जाने वाली महिला थी।

मतलब साफ है समाज में प्रायः समर्थवान के दोषों को भी नजरअंदाज कर दिया जाता है। इस बात से कोई इंनकार नहीं कर सकता।

9. प्रभुता पाई मद केहि नाहीं –

एकाध अपवाद को छोड़ भी दें तो प्रभुता को प्राप्त करने के बाद मनुष्य में अभिमान का आना स्वभाविक ही है। इसलिये इस सामाजिक सरोकार को अस्वीकार्य नहीं किया जा सकता। सच तो यह है कि आज भी इस पंक्ति को चरितार्थ होते सर्वत्र देखा जाता है।

10. मोह न नारि नारि के रूपा –

सामान्यतः नारी नारी की सुन्दरता पर मोहित नहीं होती। यह कथन भी लगभग उसी तरह अटल है जैसे वैज्ञानिक सिद्धान्त।

11. सठ सन विनय कुटिल संग प्रीती।

सहज कुपिन सन सुन्दर नीती।।

दुष्टों के पास कितना ही विनम्रता का प्रदर्शन कर लें उस पर आपकी विनम्रता का कोई भी प्रभाव नहीं पड़ेगा। यदि उन पर विनम्रता का प्रभाव पड़ता तो वह दुष्टता करता ही नहीं। उसी तरह से जिसके मन में कुटिलता भरी है उसके सामने आपके प्रेम पूर्ण बर्ताव का कोई मोल नहीं होता। मौका मिलते ही वह अपनी कुटिलता प्रदर्शित कर ही देगा। अभी–अभी हुए उदयपुर और ?..? की अन्यान्य घटना को ही लें लें उनमें मृतकों का हत्यारों के साथ प्रेमपूर्वक व्यवहार रहा है। पर परिणाम सब के सामने है।

12. फूलहिं फलहिं न बेत, जदपि सुधा बरसहिं जलद।

मूरख हृदय न चेत, जो गुरु मिहिं विरंचि सम।।

मूर्खों को नहीं समझाया जा सकता यह बात एकदम सत्य है। छत्तीसगढ़ी में एक कहावत प्रचलित है – अप्पत ल देव डरर्राय। अप्पत याने मुर्ख से देवता भी डरता है।

13. बसन हीन नहिं सोह सुरारी–

वस्त्रों के बिना स्त्रियों की सुन्दरता नहीं है। यह बात दुनियाँभर में मान्य है। शायद इसीलिये स्त्रियों को बड़े और गहरे लिबास में रखने की प्रथा दुनियाँभर में प्रचलित रही है। यह अलग बात है कि फैशन या कहें विद्रोह के नाम पर अब इसका उल्टा होता देखा जा रहा है पर नग्नता को कहीं भी सही नहीं ठहराया जाता। इसलिये इस सामाजिक सरोकार को भी कमोवेश सर्वग्राह्यता प्राप्त है।

14. जेहि कर जेहि पर सत्य सनेहू।

सो तेहि मिलहिं न कछु संदेहू।।

इसकी सर्वग्राह्यता पर भी हमें संदेह नहीं करना चाहिये क्योंकि आज भी जब यह माना जाता है कि जब व्यक्ति ठान ले तब उसका रास्ता कोई भी नहीं रोक सकता। वह विघ्नों को पारकर आगे अपनी मंजिल तक पहुँच ही जाता है। कबीरदास जी की पंक्ति –

जिन खोजा तिन पाँइया, गहरे पानी पैठ।

मैं बौरा डूबन डरा, रहा किनारे बैठ।

को इसी भावना के समकक्ष माना जा सकता है। वर्तमान में भी ऐसे अनेंक उदाहरण खोजे जा सकते हैं, दशरथ माँझी उन्हीं में से एक है।

15. बरसहिं जलद भूमि नियराएँ।

जथा नवहिं बुध बिद्या पाएँ।।

बरसने वाले बादल अधिक ऊँचाई पर नहीं होते बल्कि पानी के भार से वह धरती के काफी करीब आ जाता हैं यह एक वैज्ञानिक सत्य है।

उसी तरह से विनम्रंता को प्रदर्शितकर ही विद्या को प्राप्त किया जा सकता है। संस्कृत साहित्य में कहा भी गया है –

विद्या ददाति विनयम्।

16. छूद्र नदीं भरि चलीं तोरई।

जस थोरेहु धन खल इतराई।।

वर्षा के समय थोड़ी ही बारिस में छोटी–छोटी नदियाँ उफान में आ जाती हैं जबकि बड़ी नदियों में उफान बहुत बाद में आता है। यह अकाट्य सत्य है। दुर्जन किस्म के व्यक्ति उसी तरह से थोड़े से धन पाकर उफनने लग जाता है। यह एक परम सत्य है। वैज्ञानिक सत्य की तरह इसे भी झुठलाया नहीं जा सकता।

17. कोउ नृप होई हमहिं का हानी।

राजनीति से जिनको कोई लेना– देना नहीं होता वह यही कहते है– कोउ नृप होई हमहिं का हानी। चेरि छोड़ न होअब रानी। अर्थात राजा कोई भी हो जाय हम तो उसी जगह रहेंगे जहाँ अभी हैं। भारतीय राजनीति में आम जनता की यही दशा है। हाँ कुछ लोगों के मन में उसके निकटतम के विजयी होने पर लाभ की इच्छा जाग उठती है, यह अलग बात है पर सामान्यतः प्रायः लोगों के लिय तो प्रत्याशी के विजयी होने पर भी स्थिति वहीं की वही ही बनी रहती है। यही इस सामाजिक सरोकार का यथार्थ है।

18. टेढ़ जानि संका सब काहू।

वक्र चन्द्रमा ग्रसेय न राहू।।

यह एक कडुवा सच है कि व्यकित जब ज्यादा सीधा हो तो उसके सामने अनेक दुश्वारियाँ आती रहती हैं। यदि वह किसी कार्यालय में पदस्थ है और वह सरकारी है तब तो उसकी खैर नहीं। कार्यालय में वहीं सबसे ज्यादा समय तक काम करते नजर आयेगा। दरअसल मानस की यह पंक्ति व्यंजना युक्त होने के कारण अमिधा–चंद्रग्रहण पूर्णमासी को ही होता है पर अर्थ उसकी वक्रता पर अधिक अवलंबित है। इसी अर्थ में यह पंक्ति ज्यादा प्रचलित है। यह एक शाश्वत सत्य है

कि टेढ़े स्वभाव के याने दुष्ट प्रवृत्ति के व्यक्तियों से लोग दूरी बना के ही रहते है। यही सच्चाई है।

19. लवन बिना बहु बिंजन जैसे –

यह भी एक शास्वत सत्य है कि हम व्यंजनों को कितना ही बढ़िया बनायें लेकिन यदि उसमें नमक नहीं पड़ा है तो वह स्वादहीन ही रहेगा।

20. जहाँ सुमति तहँ संपति नाना।

जहाँ कुमति तहँ बिपति निदाना।।

यह एक सर्वमान्य तथ्य है कि जिस घर या राष्ट्र में सुमति नहीं है वह घर और राष्ट्र दोनों के संकटग्रस्त रहने की संभावना बनी रहती है और लोग स्वेच्छा से वहीं रहना पसंद करते हैं, जहाँ न्याय व्यवस्था कायम हो। ''अंधेर नगरी'' में भर्तेन्दु हरिश्चन्द्र ने ऐसा ही चित्रण किया है। उस नाटक में साधू माने गुरू अपने शिष्य को ''नगर में टका शेर, भाजी और टकाशेर खाजा'' मिलने की जानकारी होने पर उस नगरी को छोड़कर चले जाने का निर्देश देकर खुद नगरी छोड़ देता है। जबकि शिष्य गुरू की बात को नहीं समझ पाने के कारण वहीं रुक जाता है और बाद में संकट में फँस जाता है। देश हो चाहे घर जहाँ सुमति है विकास वही होता है। इसी लिये कहा गया है– जहाँ सुमति तहँ संपति नाना। जहाँ कुमति तहँ बिपति निदाना।

21. सुर नर मुनि सबकै यहि रीति।

स्वारथ लागि करहिं सब प्रीती।।

माने देवता हो या मनुष्य, चाहे साधु–संत ही क्यों न हो सबके सब स्वार्थ के लिये ही प्रेम करते हैं। यह अलग बात हो सकती है कि सबके प्रेम करने का कारण अलग–अलग हो सकता है पर समग्र रूप में उसे एक तरह का स्वार्थ ही कहेंगे। इस कथन को व्याकरणिक ''कारण कार्य'' संबंध के तहत भी देखा जा सकता हैं।

22. काटेहिं पइ कदरी फरइ, कोटि जतन कोउ सींच।

बिनय न मान खगेश सुनु, डाटेहि पइ नव नीच।

केला के एक तना में एक ही बार फल लगता है। इस लिये उस तना को काट दिया जाता है। वैसे ही नीच किस्म के लोग समझाने से नहीं डाँट खाने पर ही समझ पाते हैं।

23. दोऊ न इकसंग होय भुआलू।

हँसहि ठठाय फुलावहु गालू।।

हँसना और गाल फुला लेना दोनों एक साथ संभव नहीं है, इसलिये एक बार में दोनों में से किसी एक को ही किया जा सकता है। यानी इस पंक्ति के माध्यम से तुलसीदास यह बताना चाहते हैं कि हमारे जीवन में कुछ ऐसे भी कार्य होते हैं जिन्हें एक साथ नहीं किया जा सकता ऐसे कार्यों को बारी–बारी से ही किया जाना चाहिये।

24 अनुज बधू भगनी सुत नारी।

...............कन्या सम ये चारी।।

रिश्तों की समझ मानव समाज में ही होता है। इसलिये सामाजिक मर्यादा का पालन करना सब के लिये आवश्यक होता है। क्योंकि बिना मर्यादा के मनुष्य जानवर हो जायेगा। यह अलग बात है कि राम का यह सम्बोधन बाली माने जानवर के लिये है जिसमें बंधनकारी स्वीकार्यता संबंधी अनिवार्यता नहीं होना चाहिये। तथापि इसका जबरदस्त सामाजिक सरोकार है। इससे कोई इन्कार भी नहीं कर सकता।

25. तृन धरि ओट कहति बैदेही –

यह एक ऐसा सामाजिक सरोकार है जो भारतीय समाज और उसकी संस्कृति में बहुत अंदर तक रचा बसा है। इसीलिये सीता रावण के सामने आ जाने पर तिनके को ही प्रतीकात्मक पर्दा बनाकर रावण के प्रश्नों का उत्तर देती है। क्योंकि इस समय सीता के पास पर्दा करने के लिये पट नहीं था। दरअसल सीता पहले ही वानर समूह को देखकर अपना पट नीचे गिरा चुकी थी।

आज भी भारत के विभिन्न प्रान्तों में पर्दा प्रथा प्रचलित है। इनमें उत्तर प्रदेश, बिहार और झारखण्ड के अतिरिक्त राजस्थान प्रमुख है। जहाँ नारियाँ पराये मर्द के सामने परदे में ही उपस्थित हो पातीं हैं।

26. जननी सम जानहिं परनारी।

धनु पराव बिष तें विष भारी।।

यह एक उपदेशात्मक कथन है और सामाजिक सरोकार भी। क्योंकि इन दिनों दोनों कथनों जिनसे सामाजिक व्यवस्था में शांन्ति और मर्यादा बनी रह सकती है उसकी ही उपेक्षा होती दिख रही है। मणिपुर की घटना ने तो पूरी मानवता को ही शर्मशर कर दिया है। ऐसे में ''जननी सम जानहिं परनारी'' पर अमल करने की बाध्यता और भी बढ़ गई है।

27. मुखिया मुखु सो चाहिये, खान पान कहुँ एक।

पालइ पोषइ सकल अंग, तुलसी सहित विवेक।।

स्वभाविक है हर कोई की यही धारणा होती है जैसा कि तुलसीदास ने मुखिया के व्यवहार के संबंध में लिखा है। जब–जब मुखिया इस सामाजिक सरोकार की अवहेलना करते दिखाई देता है तब–तब समाज और परिवार में विद्रोह का जन्म होता है। इस लिये मुखिया को हमेशा इस सामाजिक सरोकार का निर्वहन पूरी ईमनदारी और तटस्थता के साथ करते रहना चाहिये।

28 –जाके पैर न फटे बिवाई।

सो क्या जाने पीर पराई।।

इस सामाजिक सरोकार को मीरा बाई की कविता –

घायल की गति घायल जाने कि जिन लागी होय

के संदर्भ में भी देखा जा सकता है। सच है दूसरों की पीड़ा को वहीं व्यक्ति सही–सही समझ सकता है जो स्वयं उस प्रकार की पीड़ा से गुजरा हो।

नोट – जानकारी के लिये बतादें कि यह वैज्ञानिक तथ्यों की अन्तिम सूची नहीं है जो रामचरितमानस में प्रयुक्त हुये हैं। इसलिए हमने केवल बानगी ही प्रस्तुत कर अपनी बात को सिद्व करना चाहा है।

3– राजनीति प्रेरित सामाजिक सरोकार –

जैसा कि हमने पहले ही कहा है कि समाज पर नियंत्रण प्रायः राजा या शासक का होता है। इसिलिये वह समाज के हित के लिये नियम अर्थात कानून भी बनाते रहता है। जिसका पालन आम जनता को करना होता है। मानस इसका अपवाद नहीं है। शायद इसीलिये तुलसीदास ने रामचरितमानस में अनेंक राजनीति प्रेरित सामाजिक सरोकार का भी प्रणयन किया हैं। यद्यपि तुलसी और रमचरितमानस का समय राजतंत्रीय युग का है। इसलिये मानस के राजनीतिजनित सामाजिक सरोकार का प्रजातंत्रीय युग में बहुत महत्वपूर्ण नहीं है, तथापि प्रधानमंत्री आदि को उसका प्रतिरूप मान लेने से यह काफी प्रासंगिक हो जाता है। इसलिये हम इसे नज़रअंदाज नहीं कर सकते। जैसे –

1. **विविध जन्तु संकुल महि भ्राजा। प्रजा बाढ़ जिमि पाइ सुराजा–** बारिस के दिनों में अनेक प्रकार के जन्तु पैदा हो जाते है इस सत्यता की तुलना तुलसीदास ने अच्छे राजा के राज से किया है। स्वभाविक है कि मनुष्य वहीं रहना पसंद करता है जहाँ के राजा न्याय प्रिय और सदाचारी होगा। भरतेन्दु हरिश्चन्द्र ने भी अपने हास्य नाटक–अंधेर नगरी में यही कहा है। इसीलिये नाटक में गुरू अपने शिष्य को वहाँ से चले जाने को कहता है जहाँ–टका सेर भाजी और टका सेर खाजा मिलता है। आज भी उन देशों के नागरिक जब अपने देश से यह देखकर पलायन कर जाते हैं कि उनका रहना यहाँ सुरक्षित नहीं है या आर्थिक दृष्टि से यहाँ रहना उपयुक्त नहीं है तब हमें मानस में विद्यमान राजनीतिजनित सामाजिक सरोकार से जोड़कर देख सकते हैं।

2. **सचिव बैद गुरु तीनि जौं, प्रिय बोलहिं भय आस। राज धर्म तन तीनि कर, होइ बेगहीं नास–** यद्यपि यह राजनीति प्रेरित सामाजिक सरोकार का सीधा संबंध तुलसी के काल माने राजतंत्रीय काल से है। तथापि यह कथन आज के लिये भी प्रासंगिक है कि– यदि सचिव (मंत्री या प्रधान मंत्री का सचिव जनता के संदर्भ में उनका हितैशी) डर या अनिष्ट की आशंका के कारण ही सही परामर्श न दे तो राजा का निजी नुकसान

होगा तो होगा ही, साथ में इसका दुष्प्रभाव देश और जनता पर भी हो सकता है। इसी तरह से वैद्य या डॉक्टर भय में रह कर इलाज करें तो उससे बीमार का शरीर का नाश तो होगा ही। इससे कोई इन्कार नहीं कर सकता। यही बात गुरु के लिये भी कही जा सकती है। वर्तमान में इसे भारतीय राजनीति में आसानी से देखा और समझा जा सकता है। मीडिया के कृत्य भी इसका अपवाद नहीं है।

3. **जासुराज प्रिय प्रजा दुखारी। सो नृप अवस नरक अधिकारी –** राजा को ऐसा कोई कार्य नहीं करना चाहिये जिससे उसकी प्रजा को दुख पहुँचे। प्रजातंत्र के संदर्भ में देखें तो सरकार को ऐसा कोई कार्य नहीं करना चाहिये जिससे जनता को अनावश्यक परेशानी का सामना करना पड़े। भारत में हुई नोटबंदी, आदि को इसी परिपेक्ष्य में देखा जा सकता है, जिसमें आम जनता को खासी परेशानियों का सामना करना पड़ा था।

4. **मुनि तापस जिन्ह तें दुखु लहहीं। ते नरेस बिनु पावक दहहीं–** यद्यपि यह कथन राजतंत्रीय युग जो तुलसी का था के लिये कहा गया है, तथापि इसे प्रजातंत्रीय युग माने आज के संदर्भ में उसी तरह से समझा जा सकता है जैसे कि ''जासुराज प्रिय प्रजा दुखारी। सो नृप अवस नरक अधिकारी'' को सामाजिक सरोकार के अन्तर्गत समझाया गया था। स्वभाविक है यदि तुलसी के इस राजनीतिक सामाजिक सरोकार से सरकारों को अवगत कर दिया जाय तो इससे करप्शन कम हो सकता है। जिसका सीधा फायदा वहाँ कि जनता को ही होगा। इस दृष्टिकोण से देखें तो यह सरोकार वर्तमान समय में अत्यधिक महत्वपूर्ण हो सकता है ।

5. **रामराज–** वैसे तुलसीदास ने रामचरितमानस में रामराज की भी कल्पना की है। उस हिसाब से राम राज्य में किसी को भी कोई परेशानी नहीं रही है। पंक्ति देख लीजिए–

दैहिक दैविक भौतिक तापा। रामराज नहिं कहुहिं व्यापा।

नोट –

जानकारी के लिये बता दें कि सामाजिक सरोकार संबंधी यह सूची अन्तिम सूची नहीं है जो रामचरित मानस में प्रयुक्त हुये हैं। इसे आप उदाहरण मात्र समझ सकते हैं। क्योंकि यहाँ पर हमारा उद्देश्य मानस में व्यवहृत सामाजिक सरोकारों की पड़ताल करना नहीं है, बल्कि उसका उदाहरण मात्र प्रस्तुत करना है। अन्यथा किताब का लक्ष्य ही दिशाहीन हो सकता था। इसलिये पाठक हमें माफ करें।

***

www.ingramcontent.com/pod-product-compliance
Lightning Source LLC
LaVergne TN
LVHW050848051026
849532LV00006BA/2158
* 9 7 8 9 3 6 4 3 1 3 5 2 0 *